ZIG ZIGLAR
CON KEVIN HARRINGTON

SECRETOS
PARA
CERRAR
LA VENTA

TALLER DEL ÉXITO

SECRETOS PARA CERRAR LA VENTA

Publicado por:
Taller del Éxito, Inc.
1669 N.W. 144 Terrace, Suite 210
Sunrise, Florida 33323
Estados Unidos
www.tallerdelexito.com

Editorial dedicada a la difusión de libros y audiolibros de desarrollo y crecimiento personal, liderazgo y motivación.

Director de arte: Diego Cruz
Diagramación y diseño de carátula: Joanna Blandon
Corrección de estilo: Nancy Camargo Cáceres
Traducción: Carolina Jiménez

ISBN: 9781607388241

25   26   27   28   29   R|GIN   09   08   07   06   05

Contenido

Introducción de la edición actualizada

Cuando *Secretos para cerrar la venta* fue publicado en 1984, yo estaba convencido de que seguiría vigente durante muchos años. Y dos décadas después, sigo creyendo que así será por mucho tiempo. Estos principios, procedimientos y técnicas han soportado la prueba del tiempo desde mucho antes de 1984 y aún lo siguen haciendo, pues los principios de integridad siempre serán vigentes. En vista de los recientes escándalos corporativos en los Estados Unidos, pienso que el vendedor ético de hoy, que construye su reputación con base en la integridad, encontrará que dichos principios son más valiosos en este momento que nunca antes.

Esta edición actualizada de *Secretos para cerrar la venta* contiene cambios mínimos. Con la ayuda de Michael Norton, quien tiene el don de explicar la aplicación práctica de la tecnología en las ventas, hemos incluido el enfoque en tecnología tan indispensable en el mundo de ventas actual, pero el resto (excepto algunas actualizaciones necesarias) se presenta de forma casi exacta al original. Estoy seguro de que estos principios y procedimientos todavía son vigentes porque, con frecuencia, después de mis seminarios, se me acercan personas y me dicen: "Su libro *Secretos para cerrar la venta* revolucionó mi carrera". En una ocasión, un hombre me dijo que su porcentaje de cierre había pasado del 16% a más del 60%. ¡Eso es emocionante! Por todo esto estoy convencido de que, a medida que leas estas páginas y las hagas parte de ti, también tú lograrás resultados fascinantes.

Mi certeza es que, entre todas las tareas que nos proponemos en la vida, fuera de las relacionadas con el clero, las ventas profesionales requieren del máximo grado de integridad. La razón es esta: nos entrenan para persuadir. Es así como, desafortunadamente, un vendedor poco ético (que en realidad es un estafador) es capaz de persuadir a la gente para que compre mercancía sobrevaluada que en realidad no debería comprar.

Nuestra filosofía afirma que *todos tenemos la capacidad de tener todo lo que queramos en la vida en la medida en que les ayudemos a otros a obtener lo que ellos quieren* y es más cierta en la actualidad que cuando este libro fue publicado por primera vez. El objetivo de cada venta es que, como vendedores profesionales, nos aseguremos de que el cliente reciba un valor justo. Y en caso de que reciba más que un valor justo, no solo lograremos la venta, sino que también habremos construido una buena relación inicial con él, hecho que, a su vez, nos ayudará a construir buenas relaciones con otros clientes.

De manera que, a medida que leas este libro, te invito a entender que los principios son sólidos, pero muchos requerirán de cierta personalización y adaptación para que puedan amoldarse a tu producto específico y a las necesidades de tu cliente potencial. La experiencia, el sentido común y un análisis juicioso de los métodos y procesos incluidos en este libro te serán de gran ayuda. Te invito a ser ese alumno constante, a entender que no es posible captar lo esencial de este libro con una sola lectura. Ten una libreta a la mano a medida que lees, pues habrá palabras clave y puntos que necesitarás recordar. Atrévete a hacer notas en el libro, pues querrás preservarlo. Lo usarás y "gastarás" con el tiempo y a medida que sigas los procesos y pongas tu corazón en estas páginas, descubrirás que esta obra tendrá un impacto a lo largo de tu vida, en tu carrera como vendedor, así como en tu día a día, pues es un hecho que todo en la vida implica ventas y que todos vendemos algo cada día de nuestra vida.

Por último, te invito a recordar siempre que, excepto los artículos de compra rápida como bolígrafos, corbatas, grapadoras, carpetas, etc., la venta no está completa hasta que la orden no esté firmada, la mercancía haya sido enviada y el cliente la pague y esté feliz con ella. Esa es la clase de venta que construye carreras exitosas.

PARTE 1

La sicología del cierre

Objetivos

"Vender" la importancia de la credibilidad del vendedor.

"Vender" y enseñar la importancia de la sicología del sentido común en el proceso de la venta.

"Venderte" la idea de por qué debes aprender a usar tu voz en el proceso de la venta.

Familiarizarte con el concepto de que no solo la capacitación en ventas forma a un vendedor, pero sí hace que este sea más efectivo.

Presentarte un profesional en ventas real y varias técnicas de ventas profesionales.

1

Haz que el "rey" cliente sea el ganador

A lo largo de este libro, tú y yo tendremos una experiencia de aprendizaje motivacional que te permitirá vender más de lo que sea que hoy vendas. Necesitarás un bolígrafo de comienzo a fin, pues tendrás que encerrar, subrayar, marcar y tomar notas en casi todas las páginas, así como en un cuaderno o agenda en los cuales querrás anotar y repasar tus notas. *Secretos para cerrar la venta* es un libro fácil y agradable de leer, pero mi objetivo principal como autor no es informarte ni entretenerte, sino lograr que te involucres por completo en un proceso de crecimiento y acción que será estimulante y satisfactorio a nivel financiero.

Si ya tienes tu bolígrafo a la mano, empecemos de inmediato, pues eso significa que ya estás listo para empezar a crecer. Si todavía no lo tienes, debo hacerte una pregunta: ¿compraste este libro porque tenías curiosidad, conocías al autor y estabas buscando un milagro? ¿O porque querías mejorar en tu carrera mediante ventas más efectivas y saber cómo persuadir mejor a otros?

Si escogiste la última opción, y espero que así haya sido, estás de suerte, porque este libro contiene métodos y técnicas *comprobados* que les han funcionado a otros y también te funcionarán a ti *siempre y cuando* te involucres en el proceso de aprender y *hacer*. Esta condición es importante, pues será la clave para que puedas escribir "vendido" o "rechazado" en tus futuros negocios.

No es fácil

Se requiere de esfuerzo para convertirte en vendedor profesional o mejorar de manera sustancial tu porcentaje de ventas mientras generas clientes, en vez de solo hacer ventas. Dicho de otra forma, desarrollar por completo tu potencial de ventas requiere trabajo de tu parte —de mucho trabajo.

Va más allá de solo leer el texto, pero para darte algo de tranquilidad, permíteme asegurarte que es un hecho que repasar estas páginas tendrá un valor significativo en tu carrera como vendedor. Te generarán pensamientos, ideas y sentimientos que reforzarán muchas cosas que ya sientes y crees, pero no has logrado articular. Aprenderás frases poderosas y palabras específicas que harán que las que ya usas sean aún más efectivas. Te sentirás motivado por hacer más y usar más aquello que ya tienes. Incluso es probable que *tus ventas mejoraren antes de que hayas terminado tu primera lectura.* Descubrirás nuevos aspectos sicológicos que te ayudarán a entender *por qué* los posibles clientes "responden" o "reaccionan" a ciertas técnicas y procedimientos de la forma que lo hacen.

Esto es muy importante, porque si sabes cómo hacer algo y lo haces, siempre tendrás trabajo. Pero si sabes *por qué* lo haces, serás el jefe. En este caso, el jefe de ventas.

Y algo todavía más importante es que adquirirás actitudes y sentimientos acerca de las ventas y de la profesión de vendedor que marcarán una diferencia inmediata en tu productividad y en tu carrera a largo plazo en la profesión más emocionante de los Estados Unidos (según mi opinión y la de la mayoría de vendedores *realmente* exitosos).

Convence y luego persuade

Quizá, la experiencia más frustrante para un vendedor es lograr que el cliente admita que sí, que el producto sí es bueno; sí, le ahorrará dinero; sí, realmente lo necesita; sí, le gustaría tenerlo; sí, podría pagarlo de la forma propuesta; pero no, no va a comprarlo. En muchas ocasiones, esto indica que el cliente potencial está convencido de los méritos del producto, o por lo menos, parece estarlo, pero no ha sido *persuadido* a actuar al respecto.

Se considera que Aristóteles es uno de los pensadores más brillantes de todos los tiempos. Sin embargo, emitió un concepto 100% erróneo al sostener que, si dos pesos diferentes, pero del mismo material se lanzaban desde la misma altura, caerían a diferentes velocidades. Esta idea fue enseñada en la Universidad de Pisa y, años después, Galileo la desafió al afirmar lo contrario. Los otros profesores y estudiantes estaban impresionados al ver que Galileo se atrevía a refutar lo que el gran Aristóteles había enseñado y lo retaron a demostrar su idea con hechos.

Entonces, Galileo aceptó el reto. Subió a la cima de la Torre Inclinada de Pisa con dos pesos diferentes del mismo material. Los dejó caer de un solo golpe y ambos llegaron al suelo al mismo tiempo *convenciendo* así a los estudiantes y profesores de que él estaba en lo correcto y Aristóteles estaba equivocado. Pero... adivina qué siguieron enseñando en la Universidad de Pisa.

Estás en lo cierto. Siguieron enseñando la teoría de Aristóteles. Galileo los había *convencido*, pero no los había *persuadido*. Las preguntas son: (a) ¿Cómo persuadir a la gente? y (b) ¿Qué es la persuasión? Las respuestas son: (a) No se les "afirma"; se les "pregunta"; y (b) La palabra *persuasión* proviene del francés y significa "dar *buen* consejo de antemano". En el siguiente ejemplo, te demostraré de manera específica en qué consiste la técnica de hacer preguntas.

Por todo esto, a lo largo de este libro, exploraremos y demostraremos el rol que juega el profesional en ventas en el proceso de convertirse en un "consejero" o comprador asistente que da verdaderos "buenos consejos de antemano". En el proceso de cubrir todos los aspectos de las ventas, como lo mencioné antes, encontrarás más de 700 preguntas. Ahora, veamos el ejemplo que te mencioné antes.

El cierre mediante "persuasión"

Estas preguntas son ridículamente simples, pero es vital que las contestes, porque aclararán tus ideas y establecerán en qué consiste la propuesta de este libro. Lo que contestes guardará relación directa con tu actitud y, en consecuencia, con tu éxito como vendedor. Por favor, toma tu bolígrafo y responde las siguientes preguntas, una a la vez:

Pregunta: ¿Vendes un producto bastante bueno?
Sí   No

Pregunta: ¿Vendes un producto excepcionalmente bueno?
Sí   No

Pregunta: ¿Vendes un producto que soluciona uno o varios problemas?
Sí   No

Pregunta: ¿Sientes que te mereces una ganancia cuando vendes un producto que soluciona un problema?
Sí   No

Pregunta: ¿Sientes que te mereces dos ganancias cuando vendes dos productos que solucionan dos problemas?
Sí   No

Es bastante probable que hayas respondido que sí a todas estas preguntas. Si así fue, lo que en realidad estás diciendo es que sientes que, entre mayor sea la cantidad de problemas que soluciones, mayor ganancia mereces. Así es como debe ser.

Pregunta: ¿Has estado vendiendo desde, por lo menos, hace un año?
Sí   No

Pregunta: En caso afirmativo, ¿todavía tienes todo el dinero que te ganaste durante los últimos 12 meses como vendedor?
Sí   No

Creo que puedo asegurarte que tu respuesta a la última pregunta fue no.

Pregunta: ¿Tienes clientes a quienes les vendiste hace más de un año que todavía están usando o disfrutando en este momento los beneficios de lo que les vendiste?
Sí   No

Si contestaste que sí, y en la mayoría de los casos es probable que así sea, la siguiente pregunta es ¿quién fue el *mayor* ganador? En caso de que haya sido el cliente, ¿quién tiene que agradecerle a quién al final de la transacción?

Lo más seguro es que ya te hayas gastado toda o gran parte de la ganancia o comisión que te ganaste poco después de haber hecho la venta o incluso desde antes. También es casi seguro que tu cliente potencial o real haya usado o se haya beneficiado durante semanas, meses o incluso años de lo que le vendiste. Entonces, lo que esto significa es que, si estás vendiendo a un precio justo un producto legítimo que soluciona un problema, es el cliente quien obtiene la mejor parte del trato.

Pregunta: ¿El proceso de ventas es algo que tú haces *por* alguien o lo haces *para* alguien?

Sí   No

(Este es uno de los temas más importantes y profundos que exploraré a lo largo de *Secretos para cerrar la venta*. Tu respuesta revelará tus sentimientos e intereses en el mundo de las ventas).

Si sientes que el proceso de la venta es algo que haces *por* el cliente potencial, entonces eres un manipulador. El diccionario define *manipular* como: "Controlar la acción mediante manejo; también, manejar de forma artística o fraudulenta". Manipulación: "Manejar hábilmente, a veces, con fines fraudulentos; estado de ser manipulado". Soy el primero en admitir que los manipuladores hacen ventas, pero en mis más de 50 años en la profesión, nunca he conocido ni un solo manipulador que haya sido *exitoso* en este campo de acción. (A medida que leas el libro, descubrirás mi definición de *éxito*).

Ahora, si sientes que el proceso de venta es algo que haces *para* el cliente potencial, entonces esta será una adición significativa a tu colección de libros sobre ventas. Tus beneficios serán considerables, pues tu verdadero interés es beneficiar a los demás.

El mundo de las ventas es exactamente lo opuesto al mundo de los deportes. Fui boxeador durante dos años. De hecho, la única razón por la que dejé de serlo fue por mis manos. ¡El árbitro no dejaba de pisármelas! Una de las primeras cosas que el entrenador me enseñó cuando subí al ring fue: "Zig, encuentra la debilidad del oponente y explótala. Descubre dónde tiene menos defensas y sácales provecho. Aprovéchate de él". En fútbol, se le dice al mariscal de campo que descubra cuál es la debilidad del otro equipo y la explote. En otras palabras, lo que buscas en las competencias deportivas es la debilidad del oponente para luego explotarla.

En el mundo de las ventas, lo que buscamos es la debilidad (necesidad) del oponente (cliente potencial) para fortalecerla mediante la venta de nuestros productos o servicios. Sí, el proceso de venta es algo que hacemos *para* el cliente potencial y no *por* él. Conclusión: si eres un verdadero profesional en ventas, buscarás todos los medios legítimos para persuadir al cliente potencial de tomar medidas para su beneficio (de él o ella).

El ganador y campeón: el "rey" cliente

Utiliza las preguntas anteriores para establecer en tu mente la idea de que el cliente es quien más se beneficia. (Obvio, estoy asumiendo que el producto es legítimo, tiene un precio justo y funcionará como se espera). Ahora, invirtamos ese proceso y asumamos que, en vez de haber hecho esas preguntas, yo te hubiera dicho: "Afrontémoslo, amigo vendedor. Como todo el mundo sabe, el cliente es el gran ganador". Muchos lectores habrían estado de acuerdo, pero un alto porcentaje habría pensado con cierta ironía: *"Sí, ellos son los grandes ganadores, de acuerdo, ¡pero yo tampoco lo hice tan mal!"*. Y lo más probable es que acompañarían este pensamiento con una ligera sonrisa sarcástica de satisfacción.

Sin embargo, el método que usé es simple y claro, porque no intenté "decirte", ni "venderte" nada. Si lo hubiera hecho, te habrías resistido. Al hacerte preguntas, no hay forma de que te molestes conmigo por las respuestas que *tú* mismo le diste a esas preguntas.

Ahora, traslademos esta técnica a tu contexto con tus clientes. Cuando preguntas o usas este procedimiento en particular, lo que ocurre es que el cliente se está persuadiendo a sí mismo. No hay resentimiento y, por lo tanto, la posibilidad de que pases a la acción, que es tu objetivo como vendedor, es mucho mayor. Así que te recomiendo que utilices esta técnica de hacer preguntas, pues funciona.

Por esto es que no compran o no comprarán

Hay cinco razones básicas por las que la gente no comprará. Estas son: no hay necesidad, no hay dinero, no hay prisa, no hay deseo y no hay confianza. Ya que *cualquier* "razón" o "excusa" para no comprar te costará no hacer una venta y le costará al cliente potencial el hecho de perderse de los beneficios que obtendría de la compra, una venta que no se hace es una pérdida tanto para el comprador como para el vendedor.

Ahora bien, como una venta perdida es costosa tanto para el comprador como para el vendedor, analicemos con cuidado cada razón por la cual un cliente potencial no te compra. Al identificar y manejar eficazmente cada una de ellas, aumentarás la eficacia en tus ventas y, por lo tanto, tu servicio a tus clientes potenciales, lo cual se traduce en más ganancias para ti, porque significa beneficios para más personas.

Una de las cinco razones por las que los clientes potenciales no comprarán es porque *no sienten que necesitan lo que les estás vendiendo.*

Si todo el mundo perteneciera a la vieja, vieja, *viejísima* corriente de pensamiento que dice: "Debemos comprar solo lo que necesitamos", entonces, tanto tú como todos los demás vendedores estarían en serios problemas. Digo esto, porque la mayoría de la gente tiene muchísimo más de lo que en verdad "necesita". (¿Cuánta ropa, cuánto espacio, cuántos carros, cuántos televisores, cuánta comida realmente *necesitas?*) Por fortuna para nosotros, y en la mayoría de los casos, también para el cliente potencial, compramos lo que queremos o deseamos. En mi opinión, el deseo o la falta de él es la cuarta razón por la cual el cliente potencial no compra.

Ahora, volvamos a la pregunta sobre necesidad y lo que esta significa cuando el cliente potencial dice que no. En muchos casos, si no en la mayoría, tu prospecto te dice que no, porque no *conoce* lo suficiente de tu producto o servicio como para decirte que sí. Más adelante, profundizaré en este aspecto de la venta.

La segunda razón por la que la mayoría de la gente no compra es porque no tiene dinero (y hay gente que no tiene nada de dinero o, por lo menos, no el suficiente). Podrás usar todas las técnicas del mundo que quieras y aun así no vas a poder fabricar dinero. Habiendo hecho esta observación, permíteme decir que no quiero desilusionar a nadie, sobre todo, a ti, si eres nuevo en el mundo de las ventas. Lo cierto es que, cuando se trata de dinero, algunas personas *te mentirán* cuando te digan que no tienen dinero suficiente para comprarte lo que vendes. (Estoy seguro de que sospechas ya haber conocido a algunas de esas personas).

Un cierre al estilo *"lo quiero"*

Esta pequeña historia ejemplifica mi punto. Hace muchos años, cuando acababa de entrar al mundo de las ventas, llamé a una familia de apellido Funderburk, localizada en el Condado de Lancaster, Carolina del Sur, la cual criaba pollos y vendía huevos. La llamada era para hacerles una presentación de mis productos y, ciertamente, hicimos la cita y tuve la oportunidad de mostrarles un juego de utensilios de cocina no solo a ellos, sino también a varios de sus amigos. Fue una demostración completa y, como estaba en su casa, tuve la oportunidad de revisar su alacena y ver la cantidad de utensilios de cocina que *no* tenían. Su necesidad de mis productos era obvia, así que intenté durante dos horas seguidas de hacer la venta, pero no parecía ser posible. La Sra. Funderburk insistía en repetir una y otra vez: "No hay dinero, es demasiado caro, no puedo pagarlos". ¡Sonaba como un disco rayado!

Entonces, de alguna manera, en algún momento de la conversación, alguien dijo algo sobre una vajilla de porcelana fina. No sé si fue la Sra. Funderburk o si fui yo. El hecho es que, al mencionarle la porcelana fina, sus ojos se iluminaron como un árbol de Navidad y ocurrió el siguiente diálogo:

- Sra. Funderburk: "¿Tienes porcelana fina, Zig?", me preguntó sonriendo.

- "¡Resulta que tenemos la mejor del mundo!". ¡Al menos, así la veía yo!

- Sra. Funderburk: "¿Trajiste alguna, Zig?".

- "¡Es su día de suerte!", le respondí levantándome para ir corriendo al coche.

Unos minutos más tarde, salí de la casa de los Funderburk con un pedido de una vajilla que costaba mucho más que el juego de utensilios que había estado tratando de venderles. De hecho, no hice ninguna "venta" como tal. Solo fue cuestión de que ella eligiera el modelo que prefería y hacer los acuerdos de pago.

Pregunta: si ella compró la vajilla, que costaba más que los utensilios que le parecían "demasiado caros" y que "no podía pagar", ¿estaba mintiendo cuando dijo que no tenía dinero? Interesante pregunta, ¿no? En realidad, la respuesta es sí, ella estaba mintiendo... y yo soy uno de esos puristas que cree que una mentira es una mentira.

Sin embargo, el propósito de este libro es ayudarte a persuadir a más personas a actuar en pro de su propio beneficio, así que pongámonos del lado del cliente para pensar y sentir como él. Seamos su *asistente de compras*.

(Es importante serlo en caso de vender vajillas, autos, computadoras o cualquier otro producto).

Cuando la Sra. Funderburk decía que no tenía dinero y que no podía pagar los utensilios de cocina, implícitamente, completaba la frase de esta manera: "No tengo dinero para esos utensilios porque *no los quiero*". Así, racionalizaba que estaba "diciendo la verdad", ¡aunque dijo esa parte de forma tan silenciosa que nadie más podía oírla!

La clave en situaciones como esta es tratar de descubrir la verdadera razón por la cual la gente no compra lo que le ofrecemos. En este caso, la verdadera razón para no comprar los utensilios era la falta de *deseo* de tener ese producto y no la falta de dinero. A lo largo de este libro, hablaré de esta técnica. La Sra. Funderburk compró la vajilla porque: (1) la quería; (2) confiaba en mí como persona; y (3) fui cortés, pero persistente en mi papel de ayudante de compras y, en el proceso, ella me reveló su deseo de tener una vajilla fina y no los utensilios de cocina.

La gente compra lo que quiere

En el momento en que ella vio esa hermosa vajilla, dijo (para sí misma): *"Tengo dinero para esa vajilla, porque quiero esa vajilla"*. Siendo realistas, ella no necesitaba con urgencia tenerla, ni la habrá usado a diario a lo largo de su vida. Lo más probable es que la use pocas veces al año, por mucho, pero *ella quería esa vajilla*. Un aspecto crítico en las ventas es que:

La gente compra lo que quiere cuando lo quiere más que lo que le cuesta.

Permíteme resumirlo a medida que exploramos sobre la mejor manera de construir una carrera en ventas. En la mayoría de casos, la gente va a comprar lo que en realidad quiere, no lo que necesita. Entonces, tienes frente a ti la oportunidad y la responsabilidad de vender los beneficios legítimos de tus bienes y servicios de manera legítima para que tu cliente potencial quiera comprarte una y otra vez.

Es posible echarse para atrás... Y luego avanzar

La tercera razón por la que mucha gente no compra es esta: no tiene prisa. No le importa si compra hoy o el próximo año. En esencia, a menudo, hay quienes piensan e incluso a veces comentan: "¿Cómo? ¿Tengo que comprarlo hoy? Tengo 39 años. He vivido toda mi vida sin este magnífico producto. Usted no está de paso por la ciudad, ¿verdad?". O responden: "O sea, usted *seguirá* estando por aquí, ¿no? No va a cerrar su negocio, ¿verdad? Entonces ¿por qué la prisa?". Siendo realistas, el hecho de no tener prisa es una de las objeciones más difíciles con las que lidiamos en el campo de las ventas. Pero como lograr que los clientes potenciales se interesen lo suficiente para actuar *hoy* es un objetivo importante, hablaré de esta objeción a lo largo del libro.

El cierre de la "novia"

Esta es una técnica efectiva para sacar a los clientes potenciales del punto muerto. Desde el inicio de mi carrera como vendedor aprendí a estar de acuerdo con ellos y esta actitud ha sido muy productiva para mí. Así es como funciona. Si yo estaba progresando poco o nada en absoluto en el proceso de la venta aun después de haber hecho un esfuerzo sustancial para persuadirlos de hacer la compra, sonreía y les decía: "¿Sabe, Sr. Cliente Potencial? Si me detengo a pensar en su situación y en mis propias experiencias de vida, creo que, tal vez, usted tiene razón. Quizá, lo mejor será que usted espere. En mi propia vida, cuando mi esposa y yo nos casamos, cometimos un error financiero. Casarse cuesta dinero y, cada vez que uno gasta dinero, puede estar cometiendo un error".

Y proseguía: "Por ejemplo, si hubiéramos esperado tan solo 20 años más, ¡podríamos haber tenido una luna de miel como ninguna otra! Haber empezado nuestra familia fue un error. Hacerlo cuesta dinero y aquel fue un error. Si hubiéramos esperado tan solo otros 10 o 15 años más, les hubiéramos dado mucho más a nuestros hijos. Cuando compramos nuestra primera casa, cometimos un error. Si hubiéramos esperado otros 20 o 30 años, podríamos haber construido una mucho más bonita. Sr. Cliente Potencial, el único problema de esperar a que todo esté bien antes de actuar es que uno podría terminar como las dos personas de este poema:

"La novia, de pelo blanco, está encorvada sobre su bastón,

Sus pasos, inciertos, necesitan ser guiados.

Mientras que en el extremo opuesto del pasillo de la iglesia

con una sonrisa pálida y sin dientes,

El novio en silla de ruedas se acerca.

¿Quién es esta pareja de ancianos, que así se casan?

Bueno, lo descubrirás cuando hayas analizado de cerca

A esa rara y conservadora pareja

Que esperó hasta que pudieran permitírselo".

De *Los vendedores tímidos tienen hijos flacos,*
escrito por el Juez Ziglar

Después del poema, me detenía y decía en voz baja: "Sr. Cliente Potencial, rara vez, hay un momento 'perfecto' para hacer algo. Y si usted espera a que todos los semáforos estén en verde para ir al pueblo, ¡se quedará en casa el resto de su vida! Los chinos dicen que un viaje de mil leguas comienza con un solo paso. Usted y yo sabemos que tener este producto empieza con la decisión de poseerlo. En realidad, la única decisión que tiene que tomar en este momento es si puede o no hacer este primer pago y ya usted me dijo que el primer pago no es problema. Ya que lo quiere, *¿se le ocurre alguna razón por la que en este momento no debería tratarse a usted mismo y a su familia como merecen ser tratados?*".

El cierre bajo la "alternativa de elección"

En ventas directas, sonríe y pregunta: "¿Le pido a la compañía que lo envíe lo antes posible o sería mejor en dos semanas?". En ventas en tiendas o centros de servicio, sonríe y pregunta: "¿Le gustaría llevárselo o prefiere que se lo enviemos?". (Eso es lo que se conoce como la "alternativa de elección"). Nunca le des al cliente potencial la opción de elegir entre algo y nada. Permítele elegir entre algo y algo más. Este cierre se utiliza en muchas circunstancias, como verás más adelante).

Lo compran si en realidad lo quieren

Luego, tenemos *la cuarta razón* por la que mucha gente no compra: *no quiere lo que vendes*. La mayoría de los vendedores, y eso me incluye a mí, encontramos inconcebible que *alguien* no quiera lo que uno les vende. ¡Y eso es bueno! Si no nos sintiéramos así, te aseguro que, salvo pocas excepciones, no seríamos vendedores exitosos. (Si vendes ataúdes, en algún momento, todos vamos a "necesitar" uno, pero la mayoría de la gente no "quiere" uno en este preciso momento).

Tu seguridad en tu producto debe ser tan fuerte que te resulte imposible entender cómo alguien podría *no* querer lo que estás vendiendo. Sin embargo, siendo realistas, algunas personas no lo querrán. Cuando hablemos acerca del rechazo y la negativa, te daré detalles sobre cómo manejar estos aspectos para que entiendas que el cliente potencial está rechazando tu oferta, pero no te está rechazando a ti.

El cierre al estilo "ahora o nunca"

Cuando pienso en el deseo, recuerdo un incidente que me ocurrió al principio de mi carrera como vendedor. Le había mostrado un juego de utensilios de cocina a una viuda que vivía en el pequeño pueblo de Elgin, Carolina del Sur. Cuando terminé la demostración, ella preguntó el precio. Cuando se lo dije, ¡la mujer reaccionó como si fuera a darle un ataque al corazón! Se quejó en voz alta: "¡Oh, yo nunca podría comprar esos utensilios, Sr. Ziglar! Soy viuda. Vivo sola. Todas las mañanas, desayuno con mi hijo y su esposa, que viven en la casita de al lado. Almuerzo en la fábrica y no ceno. Trabajo seis días a la semana. El único momento en que usaría ese juego de utensilios sería el domingo". Y continuó: "Pronto, cumpliré la edad reglamentaria para jubilarme y lo único que tendré a mi alcance será mi Seguridad Social, que no es mucho. ¡Lo más tonto del mundo para mí sería considerar comprar ese juego de utensilios de cocina en este momento de mi vida!".

Es decir, me dio todas las razones del mundo para no comprarlo. Luego, me miró y, con una de las más bellas sonrisas que he visto, continuó: "Pero ¿sabe, Sr. Ziglar? Toda mi vida he querido un buen juego de ollas. Y si no las compro ya, sé que nunca las tendré. ¡Las quiero y las compro!".

Me había dado todas las razones para no comprarlas. Luego, las compró, porque toda su vida había deseado tener un juego de utensilios de cocina. Junto a ese deseo de tener estaba el verdadero temor de que si no lo "compraba ahora", *nunca* lo tendría, lo que significaba que se habría "perdido" de algo muy importante para ella. Es un hecho sicológico que "el miedo a la pérdida es mayor que el deseo de ganancia". (Varias veces, a lo largo de este libro, enfatizo sobre este aspecto).

El único papel que tuve en aquel escenario fue estar en el lugar correcto en el momento correcto con el producto correcto. Además, me mantuve callado mientras ella expresaba sus objeciones. Esto la hizo sentir mejor y la ayudó a "convencerse a sí misma" de hacer la compra.

Hasta ese instante, yo pensaba que creía en el juego de utensilios que estaba vendiendo, pero mi encuentro con aquella viuda que había soñado con tenerlo me hizo ver con absoluta claridad lo importantes que son tanto nuestras opiniones o creencias como el deseo de tener algo. Sería muy triste para ti y para tu cliente potencial perder una venta, porque tus propias creencias, junto con tu deseo de ayudarle a comprar tu producto no son tan convincentes, ni tan profundos como los de tu cliente potencial.

Hay compra si hay confianza

La quinta razón por la que el cliente potencial no compra es la más significativa: no hay confianza. Esta razón es muy difícil de identificar con certeza, porque muy pocas personas se atreven a decir específicamente: "Mira, amigo, tú sabes que me estás mintiendo. ¿Por qué no lo admites y ya? Sabes que tu producto no hará todas las cosas que dices".

Es muy poco probable que el cliente potencial te *llame* mentiroso, pero si *piensa o siente* que le estás estás mintiendo, los resultados serán los mismos: no te comprará. En la mayoría de los casos, ese sentimiento de desconfianza es leve, pero si está ahí, por más pequeño que sea, podría costarte la venta y lo más seguro es que así será.

Según un estudio realizado por el Club de Ventas y Marketing de Nueva York, el 71% de las personas que le compra a alguien lo hace porque le gusta esa persona, confía en ella y la respeta. La palabra *confianza* implica "nosotros". Antes de llegar al punto de venderle algo significativo, necesitas crear un vínculo entre tu cliente potencial y tú.

El punto es que, si esperas ser un profesional en ventas, debes establecer esa confianza y respeto con tus clientes potenciales. Esto debería ser obvio, pero en caso de que no lo sea, te lo explicaré. De nuevo: *no puedes, ni debes ser otro tipo de persona, ni otro tipo de vendedor distinto al que en realidad eres. Ten siempre en mente que, para lograr máximos resultados en la construcción de una carrera en ventas, debes ser coherente en todas las áreas de tu vida.* Esa es una de las razones primordiales por las cuales, a lo largo de este libro, me refiero a la persona completa y no solo a su fase de vendedora. Esta es una de las "no tan pequeñas cosas" que marcan la diferencia en la mente del cliente potencial.

Con base en *evidencia abrumadora* (el estudio de Connecticut Mutual Life Insurance, el estudio de la Universidad de Harvard del Dr. Robert Coles, *Corporate Bigamy* de Mortimer Feinberg y Richard Dempewolff, el Forum Corporation Report, el Cox Report y otros), existe la fuerte percepción de que el aspecto corporativo de Estados Unidos se moverá progresiva y *rápidamente* hacia darle un trato preferencial a aquellos solicitantes de empleo que tengan una sólida integridad moral que les permita construir una carrera. Y estamos hablando de *cualquier* clase de carrera legítima, pero más que todo, de la carrera en ventas.

Un vendedor persuasivo, pero inmoral tiene la habilidad de convencer a mucha gente de querer y comprar mercancía o servicios baratos o inútiles a precios exagerados. Sin embargo, cuando eso sucede, no tenemos uno, ni dos, sino tres perdedores.

El cliente pierde dinero y una cierta cantidad de fe en la humanidad. El vendedor pierde el respeto por sí mismo y sacrifica cualquier posibilidad de una carrera en ventas exitosa de verdad por una ganancia financiera temporal. La profesión de las ventas pierde prestigio y el público en general pierde confianza cuando cualquiera de sus miembros lo traiciona mediante el uso de habilidades profesionales de persuasión para, de forma engañosa, venderles mercancía inferior a precios exagerados a compradores crédulos, desinformados o mal informados.

Tengo la *firme* convicción de que una carrera en ventas o, en últimas, en cualquier otra área, comienza cuando llega la edad de asumir responsabilidades. Si la integridad es una parte tan esencial en ti como lo es tu cabeza, entonces, el éxito en las ventas vendrá a ti mucho más fácil y rápido y será sólido y duradero. Esa es la razón por la que insistiré una y otra y otra vez en que *la parte más importante del proceso de la venta es el vendedor.*

2

Credibilidad: la clave de la carrera en ventas

Nuestros gustos y deseos son los mismos. Alrededor del mundo, los vendedores tienden a decir: "Sí, pero mi situación es diferente, mis clientes potenciales son diferentes, mi producto es diferente". Quizá, sea cierto, pero hay una enorme cantidad de similitudes y creo que quedarás convencido después de participar en un pequeño juego y contestar estas preguntas a medida que te las haga:

1. Deja de leer y levanta tres dedos de tu mano dominante.

2. Piensa en una flor y en nada más.

3. Ahora, piensa en un mueble.

4. Piensa en un color.

5. Piensa en un número del 1 al 10.

Respuestas

1. Hay enorme probabilidad de que hayas levantado todos los dedos, excepto el pulgar y el meñique (el 96% lo hace).

2. Las probabilidades de que hayas pensado en una rosa son casi iguales.

3. Las probabilidades de que hayas pensado en una silla son de una en tres.

4. Aunque hay muchos colores para elegir, las posibilidades de que hayas elegido el rojo son de más del 60%.

5. Las probabilidades de que hayas pensado en el número 7 son de casi 1 entre 4.

Lo que quiero decir es: existe un gran número de similitudes entre nuestros hábitos y en nuestra forma de pensar. También hay muchas similitudes en lo que todos nuestros clientes potenciales, sin importar lo que hagan, ni dónde vivan, quieren en la vida. Una de las ideas centrales de este libro es abordar esas similitudes y aprovecharlas para saber cómo persuadir a otras personas a actuar en su propio interés.

Mi buen amigo y compañero entrenador en ventas, John Hammond, les enseña a los vendedores a ponerse de pie, poner las manos sobre sus hombros y sacar a ese pequeño diablo asesino de ventas que les susurra al oído: "Tu situación es diferente, así que esto no te servirá a ti".

Te invito a que hagas lo mismo. Estos métodos y técnicas no son algo que estoy poniendo a prueba, sino que funcionan cuando tú los *dominas* y los *usas*.

La "ley de los promedios"

A diferencia de la mayoría de entrenadores en ventas, tengo muy poco que decir sobre la "Ley de los Promedios". Existe una alta probabilidad de que tu gerente de ventas te haya dicho casi desde el principio que si visitas una suficiente cantidad de gente, harás algunas ventas. Quizá, te dijo: "Sí, señor. La 'Ley de los Promedios' jugará en tu favor. Haz las llamadas y concreta esas ventas". A mí incluso me dijeron que era posible tomar una libreta de órdenes y amarrarla a la cola de un perro. Después de correr un rato por la ciudad, alguien lo detendría ¡y firmaría la orden! Estoy seguro de que el autor de esa declaración sabía que era una exageración, pero ilustra el punto de que llamar produce ventas y no llamar no produce ninguna venta. Hasta aquí, estoy de acuerdo.

En general, la Ley de los Promedios es confiable, pero en ocasiones, es engañosa. Por ejemplo, si pones un pie en una cubeta de agua helada y otro pie en una cubeta de agua hirviendo, en promedio, no te sentirás cómodo. Y obvio, también es posible ahogarse en un lago con una profundidad "promedio" de 15 centímetros.

Mi buen amigo y colega Mike Frank, que ha hecho, según el recuento real, más de 19.000 llamadas "cálidas" (las personas negativas las llaman "frías"), señala que las claves para manejar los promedios con éxito son (1) hacer suficientes llamadas o presentaciones; (2) ser lo más efectivo posible en cada llamada; y (3) hacer notas mentales y/o escritas en cada llamada sobre lo que se hizo bien, lo que podría haberse hecho mejor y cómo hacer la próxima presentación aún más efectiva.

El cierre de "la próxima"

Estoy convencido de que a ningún vendedor en el mundo, incluido tú, le interesa la Ley de los Promedios. Pregunta: ¿qué te gustaría que pasara en tu próxima presentación? Te gustaría hacer una venta, ¿no? ¿Y en la siguiente? ¿Y en la siguiente?

El punto está claro, ¿verdad? ¡La Ley de los Promedios no te importa ni en lo más mínimo! Eres como un viejo granjero que vivía cerca de casa, que no quería toda la tierra, pero sí la que estaba justo al lado de la suya. Lo más probable es que tú no quieras hacer todas las ventas, pero sí la siguiente. Pues, bien. Este libro fue escrito para ayudarte a hacer esa próxima venta y para que tu nuevo cliente esté dispuesto e incluso ansioso por ayudarte a construir tu carrera en las ventas.

¿Cómo venderle al prospecto con el que tratarás después? A mi modo de ver, debes iniciar y terminar con confianza en la mayoría de las ventas que haces y con los aquellos prospectos que están al borde de cerrar el trato (los difíciles). Aunque también hablaré de la falta de necesidad, dinero, prisa y deseo, la confianza y la credibilidad tendrán un espacio considerable en este libro.

La credibilidad es crucial

Este es un ejemplo de por qué dije que hablaríamos del tipo de persona que eres, así como del tipo de vendedor que eres. No pretendo molestarte, ni ofenderte, pero puedo enseñarle a cualquier chico promedio de 12 años muchas de las técnicas y procedimientos que tú ya conoces y usas en tus citas de ventas. Sin embargo, a esta altura del juego, el chico no sería un vendedor muy eficaz de la mayoría de los productos que tú comercializas.

Aquí está el porqué: porque no es fácil imaginarse a un niño de 12 años diciéndole a un cliente potencial: "Ahora, Sr. y Sra. Anderson, nuestro análisis de mercadeo nos muestra que el precio de venta promedio de las casas en esta área durante los últimos 12 meses es de $196.500 dólares. Sin embargo, nuestras proyecciones me indican que la tendencia actual del mercado, así como el movimiento de la ciudad, implicará un aumento promedio del valor de esta zona del 11% durante los próximos 9 años, lo cual sencillamente".

Nadie se imagina a un niño de 12 años sentado frente a un cliente potencial que le responde: "Sí, así es, jovencito. Creo que compraré esa casa de $196.500 dólares que me mostraste ayer". No es que el cliente potencial no vaya a creerle, pero su credibilidad deja mucho que desear, ¿verdad?

Ahora, existe una brecha de credibilidad incluso más seria si tú, como adulto, no eres la persona adecuada. En resumen, si tienes fallas en tu carácter y si tu integridad es deficiente, dejarás de hacer muchos negocios. *(El miedo de perder del cliente potencial es mayor que tu deseo de ganar* y la mayoría de clientes potenciales sabe que *no se puede hacer un buen negocio con un mal tipo).* Por lo tanto, si existiera falta de integridad de tu parte, tu producto o servicio deberá tener ventajas abrumadoras para que puedas venderlo con éxito. E incluso, de ser así, tu éxito sería temporal, porque una compañía lo suficientemente inteligente para adquirir el beneficio de un producto es demasiado inteligente para desperdiciarlo con vendedores con fallas en su carácter.

¿Qué es la comisión?

Ahora, antes de avanzar, necesitas responder esta pregunta: en tu área comercial, ¿cuál es tu comisión promedio sobre las ventas que *casi* logras hacer? Cuando digo "casi", me refiero a cuando te acercas al cliente potencial y este tiene el bolígrafo en la mano, listo para firmar la orden, pero no la firma. ¿Cuál es tu comisión en ese caso?

Apuesto a que es la misma en tu área que en la mía. *¡Ninguna!* En otras palabras, estar cerca no cuenta, excepto en el juego de herradura y al lanzar granadas. Para ganarte la comisión, tienes que *hacer* la venta, no importa dónde vivas. Por supuesto, eso es justo, porque cuando escasamente logras hacer la venta, la compañía no va a pagarte escasamente parte de la comisión.

Sin embargo, la frase *estar cerca*, como en el juego de herradura, difiere muchísimo de "cerrar la venta". La diferencia entre "estar cerca de la venta" y "cerrar la venta" es radical. Sin duda, lo más frustrante que experimenta un vendedor es acercarse *tanto* a una venta que casi puede tocarla, pero aun así, termina perdiéndola. Yo prefiero que me digan: "No, no quiero comprar y punto" y que casi me saquen corriendo que estar cerca de lograr la venta y luego perderla. Estar cerca de la venta suele ser muy difícil de manejar, sobre todo, si te ocurre muy a menudo.

La sicología (del sentido común) tiene que ver

Este no es un libro de sicología, pero te garantizo que tendrás que saber algo de ella (o de sentido común) para ser un vendedor profesional. Un tema que enfatizaré repetidas veces en este libro es:

> *Obtendrás todo lo que quieras en la vida si les ayudas a otras personas a obtener lo que ellas quieran.*

Permíteme enfatizar que, si alguna vez has cerrado por lo menos una venta, yo no voy a enseñarte *cómo* hacer el cierre, pues ya sabes cómo hacerlo. Lo que sí me gustaría hacer es *mejorar* tu porcentaje de cierre durante las citas, presentaciones o demostraciones que hagas. De antemano, te diré que es posible mejorarlo si entiendes tres cosas muy importantes. La primera, que un buen cierre proviene de una buena venta y una buena venta proviene de buenas personas. (Pregunta: ¿Eres tú una "buena persona"?) La segunda, que este libro está diseñado para ayudarte a desarrollar lo que yo llamo el "instinto para los cierres". Y la tercera, que aprenderás muchas nuevas formas de hacer cierres.

Este instinto o intuición, que las mujeres han desarrollado de forma mucho más aguda que los hombres, es importante en las ventas y tanto ellas como ellos tienen la capacidad para desarrollarlo. Cuando tu cliente potencial da esas señales que indican que él está a punto de tomar la decisión de decirte que *sí*, necesitas actuar instintivamente y convertirte en el "asistente de compras" del que hablaremos más adelante. Ayúdale a tu prospecto a resolver su problema el cual resolverá comprando tus productos, bienes o servicios.

Si mejoraras tu porcentaje de cierre en un 10% (y estoy seguro de que si tu porcentaje de cierre es inferior al 60%, el 10% es una cifra realista), tu volumen de ventas adicional sería significativo o tu tiempo para otras actividades aumentaría bastante.

Por ejemplo, si te dedicas a las ventas directas y hablas con 20 personas a la semana o con 1.000 al año, un aumento del 10% representaría 100 ventas más. Es indudable que ese volumen y esas ganancias adicionales marcarían una verdadera diferencia en tu estilo de vida y tu costo por hacer negocios sería casi el mismo. Un aumento del 10% en tu porcentaje de cierre *aumentaría* tus ingresos *netos* en un 20% si actualmente cierras durante el 50% de tus citas y en un 100% si solo cierras el 10% de ellas.

Si mejoras tu efectividad en un 10%, las otras 100 ventas representarían cinco semanas de trabajo arduo sin tener que pasar nada de tiempo adicional trabajando. Esto significaría 5 semanas adicionales para hacer más de lo que disfrutas o para prepararte a nivel profesional en aras de ascender en tu compañía. Es obvio que también significaría tener tiempo adicional con tu familia —que en nuestra sociedad actual es cada vez más importante y es una *necesidad* para alguien que espera alcanzar el éxito total.

Se trata de mucho más que de un cierre

Cuando hablamos de los cierres, me gustaría enfatizar algo que considero importante en gran manera. Por alguna razón, el cierre se ha convertido en la parte "glamurosa" del proceso de la venta. Mucha gente trabaja con la ilusión de que, si logra dominar la técnica de cierre correcta, mejorará radicalmente su productividad. Es lógico que saber cómo cerrar y usar esas técnicas contribuiría a elevar la cantidad de ventas. Sin embargo, me gustaría decir que *el cierre no es ni más ni menos importante que cualquier otra fase del proceso de la venta.*

Si no tienes un cliente potencial, ¿cómo harás el cierre? Si no sabes cómo concertar una cita, ¿cómo harás el cierre? Si tu proceso de presentación es débil, no importa cuántos cierres uses, en nuestra sofisticada sociedad, no sabrás cómo "presionar" a tus clientes potenciales para que compren. Si lo haces, tendrás una cancelación, o peor aún, un cliente descontento. Entonces, en realidad, el cierre es solo *una* parte del proceso. Y como es la parte final, se le ha dado una importancia desproporcionada dentro de todo el proceso de la venta. Quizá, esto que digo te desconcierta un poco, dado el título y la estructura de este libro. Sin embargo, quiero mantener las cosas en perspectiva y si quieres construir una carrera en ventas satisfactoria, debes ser eficaz en todas las fases del proceso de la venta.

Con frecuencia, escucho a vendedores decir que consiguieron clientes potenciales, hicieron citas y contaron una buena historia, pero no pudieron cerrar la venta. Interpretación: *no saben vender*. Como diría John M. Wilson, de National Cash Register: "No es buen vendedor quien es mal cerrador". Otro entrenador lo manifestó de esta manera: "Vender sin cerrar es como enjabonarte sin afeitarte". Amigo, si tú no puedes cerrar la venta, no sabes vender. *Punto.*

Cuando consigues un *cliente potencial*, estás en primera base. Cuando concretas la *cita*, estás en segunda base. Cuando haces una *presentación eficaz*, estás en tercera base. Pero si no vas más allá, lo único que hiciste fue *desperdiciar* tanto el tiempo de tu cliente potencial como el tuyo. Hasta que no pases a *home* con el cierre, no habrás hecho nada constructivo para nadie.

En las ventas, como en el béisbol, debes tocar *todas* las bases. Aunque el bateador saque la pelota del estadio, si no toca todas las bases, no anotará.

Para seguir con la analogía, el cierre es el marcador y es importante, pues convierte el tiempo *invertido* en tiempo *rentable*. Insisto en que el cierre no es más importante que ninguna otra fase del proceso de venta. Sin embargo, sin el cierre, el resto del proceso es un desperdicio.

Los cierres se basan firmemente en técnicas de venta sólidas. Por esa razón, se le da tanta importancia a la parte sicológica, así como a tu propia actitud mental.

"Pequeñas" cosas determinan los resultados de las ventas

En ventas, las pequeñas cosas son las que marcan la gran diferencia entre hacer o no una venta, al igual que en todas las áreas de la vida. Dile a una chica "gatita" y te amará. ¡Dile "gata" y te meterás en un gran problema con ella! Dile a tu esposa que se ve como el primer día de la primavera y así te ganarás todo tipo de puntos. ¡Dile que se ve como el último día de un largo y duro invierno y estarás en problemas!

Cuando esas "pequeñas" cosas están a tu favor, *existe* una gran diferencia en cuanto a los resultados. Cosas como tener los zapatos brillantes; traje, falda o vestido bien planchados; cabello pulcro; nudo de la corbata bien hecho; magnífica afeitada y, en general, buena apariencia; maquillaje bien aplicado; demasiada o poca ropa; ser sonriente, cortés, puntual, atento y considerado con el tiempo de tu cliente potencial; no fumar, ni masticar chicle; ser organizado y tener buenas relaciones interpersonales mediante recordatorios de seguimiento y notas de agradecimiento y un sinnúmero de otras "pequeñas" cosas, todas ellas determinarán si pierdes o haces la venta.

La lista es interminable, pero en el análisis final, la mayoría de las veces, una o más de esas pequeñas cosas le transmiten a tu cliente potencial que tú crees en lo que estás haciendo, que estás interesado en servirle y que sientes que le estás ofreciendo el mejor producto o servicio al mejor precio, lo cual le ayudará a él y a sus necesidades. Cuando todas estas cosas están a tu favor, la pregunta no es: "¿Tendré éxito?", sino más bien: "¿Cuándo y qué tan grande será mi éxito?".

¿Cuándo deberías hacer el cierre?

A menudo, los vendedores se preguntan: "¿Cuándo debería hacer el cierre?". Siempre he escuchado a vendedores y entrenadores en ventas decir: "Cierra temprano, cierra a menudo, cierra tarde". Si llevas tres días vendiendo, es muy probable que también hayas oído esta frase. En muchos casos, ese consejo es acertado, pero existe una excepción importante. Si cierras o intentas cerrar demasiado pronto, perderás cualquier posibilidad real de hacer la venta más tarde. Pregunta: ¿qué o cuándo es "demasiado pronto"? Respuesta: demasiado pronto es cuando intentas cerrar antes de haber establecido en la mente del cliente potencial un valor significativo para lo que estás vendiendo.

Los clientes potenciales, sin tener en cuenta cuál sea el producto que vendas, *siempre compran los beneficios que dicho producto tenga para ellos.* En resumen, cuando convences al cliente potencial de que tu producto le rascará donde a él le pica, lo comprará. Cuando tú lo "picas" con la idea de tener ese producto, el cliente se "rascará" hasta que consiga el dinero para hacer su compra.

Quien trata de cerrar la venta antes de establecer el valor del producto en la mente de su prospecto es un vendedor que presiona para lograr la venta y pasar al siguiente cliente potencial sin siquiera considerar las necesidades y deseos de su cliente potencial actual. Así, parecerá estar interesado solo en lo que *él* quiere y esta actitud creará un muro entre él y su cliente potencial. Por esa razón, es crucial que sepas escalar ese muro antes de hacer la venta, pues de lo contrario, el cliente potencial se sentirá "bajo presión" y ese sí que es un muro difícil de escalar, y si no lo escalas, tu registro de ventas mostrará con más frecuencia de la que te gustaría que "no hubo venta".

Luego, una vez lo veas convencido de las ventajas de adquirir tu producto o servicio, es conveniente que, en una siguiente cita, le informes a tu cliente potencial que vas a solicitarle que haga su orden de compra. Este un ejemplo específico de lo que te digo: cuando yo trabajaba en seguros de vida, el proceso de venta tenía dos citas. La primera, consistía en obtener información general sobre el cliente potencial y en explorar sus necesidades futuras en cuanto a su jubilación y a la protección de su familia (eso es evaluar al cliente potencial). Y cuando regresaba a la segunda cita (con la propuesta), hacía la presentación completa, establecía el valor y *luego* intentaba cerrar la venta.

El cierre "justo"

Al comienzo de la segunda cita, sacaba la propuesta elaborada y una hoja en blanco, la sostenía, miraba al cliente y le decía: "Sr. Cliente Potencial, como verá, esta es una hoja en blanco. Como no hay nada escrito en ella, no hay nada por entender o malinterpretar. Aquí también tengo su propuesta, que está bastante elaborada. Esta propuesta fue preparada exclusivamente para usted y, para ser franco, es bastante detallada. Sin embargo, Sr. Cliente Potencial, me gustaría hacerle una promesa".

Y proseguía: "Voy a mantener la explicación de la propuesta tan simple y clara como esta hoja en blanco. Si no lo hago, entenderé si no quiere tomar una decisión sobre la propuesta. Por esta razón, le prometo que cuando termine la explicación, la propuesta será tan clara y sencilla como esta hoja en blanco. En ese momento, le pediré que tome una decisión. Si considera que le conviene aceptar la propuesta, voy a pedirle que diga que sí. Sin embargo, si piensa que no le conviene, entonces voy a pedirle que, simplemente, diga que no. *¿Le parece justo, Sr. Cliente Potencial?".*

En otras palabras, haciendo este tipo de cierre justo, mi porcentaje de cierres mejoró en aproximadamente el 10% y mi volumen de negocios aumentó incluso más, porque eliminé o, por lo menos, reduje en gran manera el riesgo de visitar una y otra vez al mismo cliente potencial teniendo que enfrentar las posibilidades de perder no solo ventas, sino algo más valioso: mi tiempo. Fue así como logré tanto una mayor cantidad de ventas como más tiempo disponible para visitar a nuevos clientes potenciales.

3

El sentido común en las ventas

*L**os clientes potenciales no "cambiarán" de forma de pensar.* Piensa en esto: Cuando un cliente potencial te dice que no, las probabilidades son de 100 a 1, como mínimo, con respecto a que nunca lograrás hacerlo cambiar de opinión. Ahora, ya sé lo que estás pensando, pero te lo volveré a decir: cuando un cliente potencial te dice que no, las probabilidades son de, al menos, 100 a 1 con respecto a que nunca lograrás hacerlo cambiar de opinión.

En este momento, estoy casi seguro de que estarás pensando: "Ziglar, hasta ahora, sentía que usted era bastante acertado, pero disentiré en esta afirmación, pues la mayoría de negocios que hago surge después de que el cliente potencial dice: 'No, no, no, no'". Lo curioso aquí es que yo no dudo ni por un momento que tú tengas la razón.

El cierre de "nueva decisión"

Le pedí a mi pelirroja (ella es pelirroja "por decisión", es decir, un día, ella decidió ser pelirroja) que se casara conmigo y me dijo que no. Se lo pedí la segunda vez y volvió y me dijo que no. La tercera vez, no. La cuarta vez, no. La quinta vez, no. La sexta vez, sí. No, no cambió de opinión. Lo que ella hizo fue muy simple. Tomó una *nueva* decisión basada en *nueva* información que le produjo un *nuevo sentimiento*.

Antes de poder lograr que un cliente potencial cambie de opinión, primero, tienes que conseguir que admita que se equivocó, que cometió un error cuando dijo que no. Bueno, amigo, permíteme hacerte una pregunta: ¿cuántas veces, en los últimos 12 meses, *tú* has admitido que te equivocaste, que cometiste un error? Otra pregunta: si es difícil para ti admitir que te equivocaste ¿cómo harás para que tu cliente potencial admita que se equivocó, que cometió un error? Eso sí que es aún más difícil, ¿no?

Cuando un cliente potencial te dice que no, y tú le respondes de una u otra manera: "¡Bueeeno, vamos, usted sabe que va a comprarlo tarde o temprano, firme aquí!", lo único que estás haciendo ante los ojos de ese cliente potencial es tratar de presionarlo para que admita que se equivocó, que fue un tonto al decir que no. Y lograr que un cliente potencial admita su "error" es, prácticamente, imposible. Lo único que lograrás será molestarlo o contrariarlo. Y esa *no* es la forma de persuadirlo para que compre.

A menudo, "no" significa que el cliente potencial no sabe algo

No, el cliente potencial no cambiará de opinión, pero estará encantado de tomar una *nueva decisión* con base en *nueva información*. Ejemplo: "¿Por qué no me dijo que la propiedad quedaba fuera de la ciudad y así no tendré que pagar impuestos municipales?". Aquí, tu cliente potencial está en el proceso de tomar una *nueva decisión* con base en *nueva información*. "¿Por qué no me dijo que podíamos imprimir en ambos lados del papel? Aunque es un poco más caro por hoja, ahorraré dinero, porque duplicaremos su uso". El posible cliente está tomando una nueva decisión con base en *nueva información*. "Debería haberme explicado que este modelo viene con transmisión manual. Mi hijo adolescente no quiere ningún otro modelo". Está tomando esa nueva decisión con base en nueva información. Como los clientes potenciales toman nuevas decisiones con base en nueva información, el proceso de venta exige que intentes hacer el cierre tan pronto como hayas establecido el valor del producto o despertado en tu prospecto el deseo de tenerlo, pero antes de dar toda la información.

Esperar a dar toda la información antes de intentar hacer el cierre sería un error grave. Algunos clientes potenciales suelen decir que no desde el primer intento que haces de lograr el cierre con el fin de no parecer "fáciles" y que no investigaron con el suficiente cuidado antes de comprar. Más importante aún, temen parecer tontos si toman una decisión rápida que resulte no ser buena. Muchas veces, estos clientes potenciales que al principio dicen que no, lo que en realidad están diciendo es: "Cuénteme más. Deme más información. Hágame sentir *seguro* de que decirle que 'sí' es la mejor decisión. En resumen, facilíteme la compra". Por lo tanto, tu trabajo como vendedor es hacer justo eso: facilitarles la compra a tus clientes potenciales.

Cuánto pagarías

Amigo lector, como comprador, permíteme hacerte una pregunta: ¿le darías a un vendedor $100 dólares por un producto o servicio del cual tú estás seguro que no vale más de $50 dólares? Sí _____ No _____, Es apenas obvio que la respuesta sea no, ¿verdad? Segunda pregunta: cuando negocias con un cliente potencial, ¿crees que este te dará $100 dólares por algo que él considera que vale solo $50 dólares? Sí _____ No _____, Tercera pregunta: de nuevo, con respecto a ti: supongamos que el vendedor utiliza 10 de sus mejores, más efectivos y poderosos cierres de venta contigo. En esas circunstancias, ¿le darías $100 dólares por un producto que solo vale $50 dólares? Sí _____ No _____, Apuesto a que la respuesta sigue siendo no. En realidad, son interrogantes ridículos, ¿cierto?

Cuarta pregunta: supongamos que el vendedor se puso sensible por eso, lo hiciste sentirse culpable y él insistió en que debías hacer la compra para ayudarle a él, a su familia o a alguien más. Entonces, ¿le darías $100 dólares por un producto que vale solo $50 dólares? La respuesta sigue siendo no, ¿verdad?

Por qué el cliente potencial dice que no

Cuando un cliente potencial te dice que no, está diciendo que no tiene el dinero (y toda la experiencia en ventas del mundo no lo generará) o bien está diciendo: "No voy a darte más por ese producto o servicio que lo que sé que vale".

El punto es simple: cuando presionas a un cliente potencial y persistes en tus esfuerzos por conseguir que compre, lo único que lograrás será contrariarlo o hacer que quieras alejarte de él. Cuando un cliente potencial dice que no, hay una alta probabilidad de que él no sienta que, *para él*, el producto valga lo que le estás pidiendo.

Ahora bien, en la mayoría de los casos, *tú no puedes cambiar, ni bajar el precio de manera significativa, pero sí puedes cambiar drásticamente el valor que tu posible cliente ve en tu producto.* Y para lograrlo, necesitas darle información adicional sobre tus bienes o servicios. Por lo general, esto implica confianza y buena comunicación entre el cliente potencial y el vendedor. Teniendo esto en cuenta, un procedimiento realmente profesional y efectivo debe incluir la forma en que aumentarás el valor del producto en la mente del cliente potencial. Ese es uno de los propósitos de *Secretos para cerrar la venta*.

Los cierres deben ser educativos

Cada cierre que hagas debe ser un proceso educativo mediante el cual incrementes el valor del producto o servicio en la mente del cliente potencial.

En el momento en que el valor es equivalente al precio, ya tienes un cliente potencial frente a ti. Hasta que el valor sea igual o superior al precio, *en la mente del cliente potencial,* todavía no tienes un cliente potencial. Por lo tanto, toda tu técnica, tu capacidad de persuasión y la presión que ejerzas sobre él no te servirán de nada.

En cambio, cuando tu cliente potencial considera que el valor del producto o servicio que le ofreces excede el precio, ese es un cliente potencial "en caliente" *con el que hay que cerrar la venta.*

Recuerda que todavía tendrás que manejar el factor miedo en la mente de tu cliente potencial. Su miedo es cometer un error si dice que sí, aun cuando él vea que el valor de tu oferta excede el precio. Por esta razón, enfatizo con mucha frecuencia que el vendedor y su integridad personal son los factores determinantes en el cierre de muchas, muchas ventas. Lo que estoy diciendo es que, si eres el tipo de persona adecuado, vendes el producto adecuado y usas la técnica adecuada con el cliente potencial por la razón adecuada, eso significa que tus posibilidades de cierre aumentarán de forma considerable.

No exageres

Un peligro real al que nos enfrentamos como vendedores es que, a veces, por medio de nuestras presentaciones demasiado detalladas o debido a nuestra frustración, tratamos de hacer un cierre tras otro sin obtener resultados. No es raro que, en ocasiones así, la tendencia sea a exagerar las bondades de lo que estamos vendiendo. Y exageramos a tal punto que esa actitud termina por abrumar a algunos de los vendedores más débiles y de poca integridad o cuyo interés es obtener un beneficio inmediato y no el de construir una carrera en ventas a largo plazo.

Cuando exageras, lo único que logras es perder. La historia de la chica católica romana que salía con el chico bautista del Sur ilustra este punto bastante bien. Después de la cuarta cita, la chica regresó a casa sintiéndose bastante motivada, eufórica y loca de amor y, de inmediato, su madre notó que estaba enamorándose muy pronto, así que decidió tener una pequeña charla con su hija.

Su intención era mostrarle que debía terminar aquella relación, pues los católicos no se casan con los bautistas, ni los bautistas con los católicos, así que lo mejor sería terminar esa relación. La chica le explicó entre lágrimas que estaba enamorada y le preguntó a su mamá si se podía "hacer algo".

La mamá actuó motivada por las lágrimas de su hija e ideó un plan. Le "venderían" al chico la idea de convertirse en católico, de forma que la boda fuera aceptable y deseable. Y entre juntas se pusieron a trabajar en esa venta. En realidad, fue fácil, puesto que el chico ya estaba convencido del "producto". Entonces, empezó a seguir instrucciones y fijaron la fecha de la boda, se reservó la iglesia, se enviaron las invitaciones y empezaron a llegar los regalos.

Casi una semana antes de la boda, la chica llegó a casa llorando a mares y entre sollozos le pidió a su madre desistir de la boda, avisarle al sacerdote, devolver los regalos y cancelar la iglesia. Ante esto, la madre le preguntó: "Bueno, hija, ¿pero y qué pasó? Creí que lo habíamos convencido de volverse católico". La chica respondió: "Ese es el problema, mamá. ¡Que va a volverse sacerdote!".

Moraleja: No exageres.

Mentir por omisión

En 1974, cumplí uno de mis sueños: tener una bonita oficina en casa para hacer mis investigaciones y escritos. Parte de ese sueño incluía un sofá de cuero genuino.

Recuerdo con absoluta claridad cuando era niño y mi familia y yo vivíamos en Yazoo City, Mississippi. Mi madre me llevaba al consultorio dental del Dr. C. L. Wallace y en su oficina exterior había un viejo sofá de cuero. Todavía recuerdo que me sentaba en él y estrujaba el descansadero del brazo con el fin de oír cómo rechinaba el cuero. Nada rechina igual que el cuero genuino. Por ese recuerdo, yo quería ese sonido en mi nueva oficina.

Así las cosas, mi pelirroja y yo nos fuimos de compras a una tienda importante de la ciudad y nos encontramos con una enorme variedad de productos. El vendedor se nos acercó amablemente, le contamos nuestros deseos y él nos llevó a la sección de sofás. Cuando vimos el primer sofá de cuero que me gustó, le pregunté el precio. Cuando me lo dijo, quedé muy sorprendido, porque solo costaba la mitad de lo que yo pensaba. Cuando le expresé mi sorpresa y alegría de que un sofá de cuero como ese costara tan poco, el vendedor me aseguró que aquella era una compra extraordinaria y que era una de las razones por las cuales se vendía tanto ese producto.

Me senté en el sofá y me recosté. Se sentía muy bien. Hice sonar el cuero de los descansaderos de los brazos y ahí estaba el sonido aquel. Acto seguido, me levanté y caminé alrededor del sofá en total admiración. Era realmente hermoso y de nuevo le expresé mi alegría por encontrar un sofá de cuero a un precio tan barato. El vendedor también volvió a decir que sí, que era una verdadera ganga y uno de los productos más vendidos de la tienda. En ese momento, le manifesté que lo compraba.

Luego, le dije que necesitábamos una mesa auxiliar para ponerla frente al sofá, así que nos dirigimos a esa sección. Cuando íbamos para allá, vimos otro sofá de cuero muy similar al que acababa de ver. Este me gustaba un poco más, así que me acerqué, lo analicé con cuidado, me senté y me acomodé. Me sentí un poco indeciso sobre cuál me gustaba más. Entonces, le pregunté el precio y, cuando él me lo dijo, de nuevo me sorprendió, porque este valía casi el doble que el sofá que acababa de ordenar. Lleno de curiosidad, le pregunté: "¿Por qué este cuesta casi el doble?". Su respuesta fue una simple frase: "Este es 100% cuero".

Le dije: "Bueno, amigo, ¿entonces de qué es el que acabo de ordenar? Creía que era de cuero puro". El vendedor me respondió: "*Sí, es* de cuero genuino, pero solo en las partes donde el cuerpo entra en contacto con el sofá. La parte superior de los cojines, los brazos y la parte del espaldar son enteramente de cuero genuino. Sin embargo, debajo de los brazos y toda la parte trasera son de cuerina". Fue ahí cuando me aseguró que nadie notaría la diferencia, ya que ni siquiera yo mismo la había detectado. También me aseguró que la cuerina duraba tanto como el cuero y que se vería igual de bien.

Mi respuesta fue: "Amigo, ¿por qué no me dijiste desde el principio que el sofá que ordené no es todo de cuero?". Su respuesta fue: "Tenía la intención de hacerlo, pero de alguna manera, la conversación siempre cambiaba. Iba a decírselo antes de que usted se fuera, porque no soy la clase de vendedor que engaña a las personas".

Pregunta para ti, querido lector: ¿cuál de los sofás crees que compré? ¿O piensas que me fui sin comprar nada? Si crees que me fui sin comprar nada, tienes toda la razón. Fuera de que no compré nada ese día, nunca he vuelto a esa tienda.

Si me preguntaras: "Si te hubiera contado todo desde el principio, ¿habrías comprado el sofá?", La respuesta es no, no habría comprado el que tenía una parte en cuerina. Toda mi vida quise tener un sofá de cuero genuino y acababa de terminar de armar una hermosa oficina tal y como la quería. Bajo ninguna circunstancia habría comprado ese sofá. ¿Habría comprado el de cuero más caro? Quizá, no en la *primera* visita, porque era bastante costoso. Sin embargo, habría visitado otras tiendas y, basado en lo que hubiera visto en el mercado, *a lo mejor*, habría comprado el más caro. En cualquier caso, te garantizo que habría regresado a la tienda por otros artículos.

El punto es muy simple: por omisión, el vendedor me mintió. Él tenía claro que yo quería que mi primer sofá para la oficina fuera todo de cuero. Al no aclararme las cosas, me engañó. Cuando vi el verdadero sofá de cuero y le expresé mi interés en él, tal vez, él pensó en que doblaría la venta, pero su codicia o su deshonestidad le costaron perder una venta inmediata sustancial y además eliminó cualquier posibilidad de futuras ventas.

Es una afirmación trillada, pero es muy cierto que la honestidad no solo es la mejor política, sino que es la única para aquellos vendedores que esperan construir una sólida carrera de ventas.

Moraleja: No mientas, ni engañes por omisión.

Cerrar no es un acto natural

De todas las habilidades que adquirimos, tal vez, ninguna es menos natural que la de cerrar. Esta afirmación es cierta sobre todo para los que somos parte de otra generación y, hasta cierto punto, también sigue siendo cierta hoy. Desde que somos niños se nos dice que no pidamos todo lo que vemos o queremos. Cuando éramos niños nos decían que pedir las cosas no era bueno, pues mostraba interés solo en uno mismo. En otras palabras, nos condicionaron a esperar a que nos ofrecieran las cosas.

Sin embargo, cuando entramos al mundo de las ventas, muchas veces se nos dice que le pidamos al cliente que emita la orden para así animarlo a comprar. Como es obvio que el vendedor se beneficia de la venta, tal petición parece ser un tanto egoísta de nuestra parte. Esa es una de las razones por las que incluí la analogía de la persuasión usando a Aristóteles y Galileo como ejemplo. Este, junto con muchos otros, demuestra *que sí eres egoísta o, por lo menos, despreocupado, cuando no le pides al cliente que haga la orden,* porque, como dije antes, *el cliente es el mayor ganador en una transacción de ventas ética.*

De nuevo, la habilidad de hacer cierres es *aprendida* y no *natural.* Menos mal, una vez tengas esta idea clara, sabrás adquirir un alto grado de habilidad, siempre y cuando estés dispuesto a hacer el esfuerzo.

Si se pierde la venta, ambas partes pierden

En realidad, los vendedores son solucionadores de problemas. Si tú tienes la solución al problema del cliente potencial y él no te compra, entonces él es el perdedor, no tú. Cuando hayas aceptado ese hecho y entiendas que *vender es un proceso educativo* para el comprador y que *el cierre representa un posgrado* para ti, tu carrera se pondrá en marcha. Cuando tus clientes reciben grandes beneficios, los tuyos son aún mayores.

Como vendedor, necesitas entender que cada cierre que aprendas y utilices debe darle al cliente potencial *una razón para comprar, una excusa para comprar* o *información* para que él pueda actuar de forma inteligente y en su propio beneficio. Entender y aceptar esta premisa te ayudará a pasar de hacer *cierres egoístas* a hacer *cierres útiles* para tu clientes potenciales.

Es importante e incluso crucial que entiendas que tu forma de pensar te permitirá comenzar a hacer más cierres. Entenderlo es definitivo para tu carrera, porque un alto porcentaje de las ventas depende de varias pequeñas cosas. Tu actitud hacia tus clientes no es un asunto menor y te garantizo que marcará una gran diferencia en tu estado financiero a fin de mes. Si no tienes esa capacidad de transferirle tus sentimientos de convicción al cliente potencial, no vas a poder hacer cierres, lo que significa que no alcanzarás todo tu potencial.

Como dijo mi difunto amigo Cavett Robert, experto en entrenamiento en ventas y motivación:

"El cliente potencial es persuadido por la profundidad de la convicción del vendedor más que por su lógica".

Algo de sicología común de un siquiatra

Mi amigo siquiatra, el difunto John Kozek, de Dunedin, Florida, diseñó y construyó él mismo su hermosa casa. Un día, se encontraba trabajando en el techo, cubierto de polvo y sudor y hablando en griego con los trabajadores. Entonces, entró un representante de una empresa de ventanas. El hombre estaba de pie en el piso de abajo y John lo saludó en inglés. Dijo mi amigo: "Me ignoró. El tipo pensó que yo 'solo era un obrero'". El vendedor se acercó a María (la Sra. Kozek) y empezó a hablarle de vitrales, pero ella le dijo que lo mejor sería que hablara con su esposo. El representante le respondió que lo haría con gusto. Entonces, ella le explicó que ya había perdido la oportunidad, a lo cual, el vendedor parecía desconcertado, así que María señaló el andamio donde John estaba trabajando.

John me sugirió que les advirtiera a todos los vendedores que "sean amables con todos, porque uno no siempre sabe con quién está hablando". Es un buen consejo del Dr. Kozek.

Cindy aceptó el consejo

Mientras hacía una venta de cosméticos en los almacenes Sakowitz, Cindy Oates (que es mi hija) vio que un cliente esperaba a ser atendido. Por lo general, cuando un cliente se acerca al mostrador de cosméticos, las vendedoras lo atienden de inmediato, pero este hombre no era un cliente regular de Sakowitz. Además, usaba mocasines viejos y calcetines rotos. Su pelo lucía grasoso, su ropa estaba sucia y era evidente que le quedaba demasiado grande para su delgado cuerpo. En fin, parecía (ante los ojos de los empleados que estaban cerca) que no "encajaba" en el mostrador de cosméticos de una tienda de lujo, y más que todo, en el de cosméticos de

Erno Laszlo, así que lo ignoraron. (¡A alguien se le olvidó que no se debe juzgar un libro por su portada!).

Dos cosas hicieron que Cindy se le acercara rápida y cortésmente. Una, que ella es una chica amable (es una opinión imparcial), una vendedora profesional comprometida a darles a *todos* los que se acercan al mostrador una oportunidad de conseguir lo que quieren y necesitan. Dos, que ella notó que el hombre tenía un pedazo de papel en la mano. Para ella, eso significaba que era un esposo con una lista de cosas para su esposa. Y así fue. La lista era corta, de solo tres artículos, pero la venta fue de casi $100 dólares, el equivalente a un promedio de $300 dólares de hoy. El hombre hizo la compra en cuestión de minutos y fue extremadamente agradable y de buenos modales.

La portada del libro (el aspecto del hombre) no era muy buena, pero su billetera sí lo era. Más adelante en este libro hablaré bastante sobre el cierre o la actitud "de presunción". Por el momento, te invito a *asumir* que todas las personas a las que te acerques son buenos clientes potenciales con un problema (necesidad) real que tú podrías solucionarles. Sé amables con ellos. Con *todos*. No tienes nada que perder y sí mucho que ganar.

Vender es como jugar golf

Ahora, para ser más efectivo al hacer una presentación de ventas, empieza dando tu mejor golpe, el que creas que tiene más poder y genera más persuasión. Guarda tu segundo mejor golpe para el final. En términos generales, el cliente potencial escucha el principio y el final, pero no lo que hay en el medio de las presentaciones. Entonces, este procedimiento ayuda a garantizar que el cliente potencial recuerde las dos partes más poderosas de tu presentación. Y si tienes que elegir lo que prefieres que él oiga, escoge la información más persuasiva que tengas.

Debajo de todo esto está el hecho de que *un cliente potencial no compra solo hechos que son fríos. Compra beneficios que sean cálidos para la gente.* También es importante recordar que vender es como jugar golf. En golf, para hacer puntos y ganar, cada tiro debe hacerse para estar en la posición correcta antes de hacer el siguiente. Sin embargo, recuerda que si no haces *este* tiro (venta), la posición no implica mayor diferencia, pues podrías no tener la oportunidad de hacer el siguiente tiro.

Si pierdes demasiadas ventas, quedarás en bancarrota y no tendrás negocios, así que primero, lo primero. Concéntrate en hacer esta venta, pero de tal manera que quedes en una posición que te permita hacer la siguiente. Así se construye una carrera en ventas.

Parte 2

El corazón de tu carrera como vendedor

Objetivos

Prepararte para ser un vendedor mejor y más productivo.

Que entiendas las ventas como una transferencia de sentimientos.

Que aprendas a diferenciar entre simpatía y empatía, así aprenderás a pensar como comprador y como vendedor.

Brindarte preparación profesional y en ventas para obtener mejores resultados.

Explicarte la necesidad de construir y mantener una reserva física, mental y espiritual.

Demostrarte cómo el amor es el factor predominante para lograr una carrera exitosa en las ventas.

Explorar la importancia de la honestidad, la convicción y la integridad como requisitos absolutos para lograr una carrera exitosa en las ventas.

4

El paso crítico en las ventas

Desde el principio, dejamos claro que la parte crítica del proceso de las ventas es la honestidad e integridad del vendedor. Cuando hablo de honestidad, no me refiero solo a pagar tus cuentas o a girar cheques con fondos suficientes. En esta era computarizada en que vivimos, cuando giras un cheque sin fondos, te descubren casi al instante. Si no pagas tus cuentas, las agencias de crédito te reportan de inmediato. Así que siempre es conveniente girar cheques con fondos y pagar las cuentas.

Cuando hablo de honestidad en el mundo de las ventas, voy un paso más allá. Un paso bastante significativo. Las dos historias siguientes ilustran con total exactitud a qué me refiero.

¡Hay que creer!

Años atrás (1963), yo era el vendedor #1 de utensilios de cocina en Estados Unidos. Trabajaba para Saladmaster Corporation, de Dallas, Texas. En ese entonces, mi familia y yo vivíamos en Columbia, Carolina del Sur, y los negocios iban de maravilla. Sin embargo, uno de mis colegas, quien vendía el mismo producto en la misma ciudad, se estaba "muriendo de hambre". Un día, de visita en su casa, mientras tomábamos café en la cocina y hablábamos sobre lo mal que iban sus ventas, tuvo lugar la siguiente conversación:

- Zig: Bill, sé exactamente cuál es tu problema.

- Bill: ¿Cuál es mi problema, Zig?

- Zig: Tu problema es simple. Estás intentando hacer algo sicológicamente imposible.

- Bill: ¿De qué estás hablando?

- Zig: Estás tratando de vender un producto en el que no crees verdaderamente.

- Bill: ¡Zig, no sabes lo que dices! ¡Hombre, tenemos el mejor juego de utensilios de cocina en el mercado! ¡Es fantástico! De hecho, dejé la compañía en la que había estado cuatro años y vine a trabajar con Saladmaster, porque creía en la superioridad del producto. Incluso, en la otra compañía, era gerente y aquí comencé como vendedor, todo por mi confianza en el producto.

- Zig: En serio, Bill. ¡Esas tonterías se las puedes decir a otros! Te conozco y sé que no crees lo que estás diciendo.

- Bill (ya un poco enfadado): Puedes decir lo que quieras, pero *yo sí creo* en el producto.

- Zig: Bill, te puedo probar sin lugar a dudas que en *realidad* no crees en el producto que vendes.

Y entonces, señalé hacia la estufa.

- Bill: ¡Bah! ¿Lo dices porque cocinamos con un juego de ollas de la competencia?

- Zig: Es exactamente a eso a lo que me refiero, Bill.

- Bill: Zig, no le prestes atención a eso, hombre. No tiene nada que ver. Tengo pensado comprar uno de nuestros juegos de cocina, pero sabes que he tenido problemas últimamente. Tuvimos un inconveniente con el auto y por un par de meses hemos estado usando un carro prestado o el autobús o taxi. Ahora bien, Zig, tú sabes que no se puede trabajar en el mundo de las ventas a menos que tengas transporte confiable las 24 horas del día.

Y prosiguió:

- Además, mi esposa estuvo un par de semanas hospitalizada, perdí mucho tiempo de trabajo y gasté bastante dinero, porque no tenemos seguro médico. ¡A todo esto, súmale las preocupaciones y angustias que hemos tenido y entenderás por qué esta situación nos tiene como locos! Y aún hay más, pues parece que tendremos que llevar a los niños al hospital para que les saquen las amígdalas y, Zig, ¡todavía no tenemos seguro! Tienes razón cuando dices que deberíamos tener uno de nuestros juegos de utensilios de cocina y sí vamos a comprarlo, ¡pero este no es el momento indicado!

Vender es una transferencia de sentimientos

• Zig: Bill, permíteme hacerte una pregunta: ¿cuánto tiempo llevas con esta empresa?

• Bill: Oh, unos cinco años.

• Zig: Bill, ¿cuál fue tu excusa el año pasado y el año anterior a ese y el año anterior a ese y el anterior a ese y el anterior a ese? [Pausa]. Permíteme decirte qué sucede cuando llega "la hora del té" [es un dicho que usamos para referirnos al momento de la verdad] y le preguntas a tu cliente potencial cuál es su decisión final y entonces te dice que "lo está pensando". El balón está en el aire: *sí* significa comisión completa, *no* significa que no hay comisión.

Y continué:

• Puedo visualizar la escena perfectamente, Bill, así que déjame describírtela. El cliente piensa en voz alta y te dice: "No sé, Bill. Claro, necesitamos un buen juego de ollas. No sé cómo cocina mi mujer con esas cosas viejas que tenemos, pero este no es el momento indicado para comprarlas. Mi esposa estuvo hospitalizada, tenemos problemas con el auto, parece que a los niños les van a tener que sacar las amígdalas, ¡y ni siquiera tenemos seguro!".

Bien, Bill, sabemos que no van a darte estas mismas excusas que tú me has estado dando, pero sí sabemos que te darán las mismas excusas que te has estado dando a ti mismo durante los últimos cinco años. Estás bien entrenado, Bill, así que sé muy bien lo que vas a hacer cada vez que te den una excusa para no comprar. Te vas a quedar sentado con una sonrisa forzada, diciéndote a ti mismo: "¡Piensa positivo, Bill, piensa positivo!" Pero, muuuuuuy en el fondo, estarás diciéndote: *"Te entiendo, sé exactamente a qué te refieres. Es la misma razón por la que yo mismo no tengo un juego de estas ollas".*

Permíteme decirte algo, Bill. Lo más inteligente que puedes hacer, así tengas que hipotecar hasta los muebles, es comprar un juego de ollas de las que vendes. Escúchame bien, Bill [y voy a decirles esto a *todos* mis colegas vendedores que están leyendo estas líneas, aunque decidan parar de leer aquí o no crean ninguna otra cosa más de las que diga en este libro, pero si logran convencerse de lo siguiente, de inmediato, serán vendedores más efectivos de lo que sean en este instante]:

Vender es esencialmente una transferencia de sentimientos.

Si yo (como vendedor) puedo hacer que tú (como cliente potencial) sientas por mi producto lo mismo que yo siento, estoy seguro que me lo comprarás, si de alguna forma consigues el dinero.

Ahora bien, para transferir un sentimiento, debes estar experimentando ese mismo sentimiento. Cuando intentas persuadir a alguien de hacer algo sin tú haberlo hecho antes, esa falta de sentimiento se la transmites a tu cliente potencial. Por supuesto, cualquier vendedor puede engañar de vez en cuando a alguien para que compre algo en lo que él mismo no cree. Pero si el objetivo es construir una carrera sobresaliente en las ventas, debes estar 100% *comprometido* con tu producto o servicio. Necesitas creer, porque como dijo Bernie Lofchick, de Winnipeg, Canadá, el mejor gerente de ventas que he conocido: "El que cree en sus productos o servicios, *cierra la venta*".

La palabra *cerrar* comienza con *c*, la *c* de *convicción*. Si eliminas la c de cerrar, la acción se convierte en errar. *Errar* es lo que tanto el vendedor *como* el cliente potencial hacen cuando su falta de convicción influye para que la respuesta sea *no*.

Seguro ya lo has visto antes

Lo anterior es evidente cuando a la empresa entra un empleado nuevo y sin experiencia, sin tener ni idea de los "trucos bajo la manga" útiles para cerrar una venta. Ciertamente, un novato no sabe cómo manejar científica, sicológica, ni técnicamente todas las objeciones a las que se va a enfrentar. Sin embargo, ¡vaya si cree en el producto que está vendiendo! El novato cree ciegamente que sería un error gravísimo que una persona no comprara, ni usara de inmediato su producto. El resultado final: vende por montones superando de lejos a muchos de los vendedores profesionales con más experiencia que la suya. En mi opinión, esto prueba que un vendedor inexperto, pero convencido, es más eficiente que uno experto, pero que no está convencido de lo que vende.

El epítome de este sentimiento lo representa Willa Dorsey, la gran cantante de música espiritual. Escuchar su canción *Peace in My Soul* es una de las experiencias más hermosas de la vida. Willa dice algo de lo que todos los vendedores pueden aprender mucho con respecto al tema de creer: *"¡Si vas a convencer, hermano, tienes que estar convencido!"*.

Si lo compras, puedes venderlo

Amigo lector, ¿estás convencido de los méritos de tu producto? Si vendes autos Ford y conduces un Chevrolet, entonces, amigo mío, estás perdiendo dinero a montones. Debes creer en lo que vendes o hazle un favor a tu empresa, a tus amigos, a tus "víctimas", a la profesión de vendedor y háztelo a ti mismo: cambia de producto o cambia de profesión. Tu fracaso está predestinado. Entonces, ¿para qué prolongar la agonía? Cuanto antes te cambies a algo que puedas realizar con honestidad y entusiasmo, más pronto que tarde comenzarás a subir la escalera hacia el éxito. Obvio, habrá algunas excepciones al comprar o usar lo que vendes. Por ejemplo, si vendes locomotoras, computadores de $1 millón de dólares o aviones 747, ¡no creo que tengas que comprarte alguno de esos productos para demostrar que crees en ellos!

Y para enfatizar mi punto, escribo la siguiente frase con absoluta convicción: si no crees de verdad que los clientes están perdiendo al no comprar tu producto, estás vendiendo el producto equivocado. Si no tienes la verdadera sensación de que ellos están perdiéndose de algo maravilloso, nunca lograrás ser ni efectivo, ni persuasivo a la hora de vender. Vender *es* una transferencia de sentimientos y tus clientes potenciales se sienten más convencidos por el orgullo y la confianza que sientes en tu producto que por cualquier "prueba" que les presentes con respecto a su desempeño.

Solo hasta que de verdad sientas que nadie vende un mejor producto que el tuyo y por tu precio, no serás 100% honesto, ni tu rendimiento estará al máximo nivel que puedes alcanzar. En ese caso, seguirás siendo incapaz de cerrar muchas ventas.

El difunto Charles Roth solía decir que muchas personas sienten que si dicen las tres palabras mágicas, *"negocios son negocios"*, entonces, ya tienen licencia para mentir, engañar, robar y, en general, "estafar" a sus semejantes. A menudo, el temor a ser estafado cruza la mente del cliente potencial. Sin embargo, Roth también decía que *un vendedor tranquilo, seguro y positivo que trabaja basado en honestidad e integridad es la herramienta más efectiva para calmar los temores del cliente potencial y cerrar la venta.* Sí, la honestidad es más que un asunto moral. Es práctica.

El cierre del "creyente"

Para resumir, al fin, le vendí a Bill uno de nuestros juegos de cocina. No es lo que piensas, él hizo su propio pedido y se lo compró a sí mismo. ¡El "broche de oro" de la historia es que las ventas que hizo Bill esa semana fueron las que pagaron sus nuevos utensilios de cocina! El motivo es simple. Cada vez que alguien decía que en ese momento no podía comprarlo, Bill sabía manejar la situación con la cabeza y *con* el corazón, pues él mismo había hecho el esfuerzo de comprar su propio producto, aun cuando su situación financiera no era fácil, así que entendía a la perfección cómo se sentían sus posibles compradores, pero ahora podía tratarlos con empatía y no con simpatía. (Explicaré la diferencia entre la una y la otra en el próximo capítulo).

Bill ya *entendía* cómo se sentían sus posibles compradores aunque en el momento no *sintiera* igual, pues había hecho el esfuerzo de comprar su propio juego de ollas. Lo hizo para poder mirar a sus posibles clientes a los ojos y decirles: "Sé cómo te sientes, pero sé por experiencia propia que vale la pena el sacrificio. No te arrepentirás". Los resultados fueron increíbles. *Sus ventas se dispararon, porque ahora él estaba vendiendo con base en una convicción directamente conectada con su corazón.*

Hay que creer. Personalmente, pienso que *ser honesto significa creer tan profunda, tan completa y tan fervientemente en lo que vendemos que no entendemos por qué los demás no lo compran.* Cuando tu creencia es tan profunda, tus compradores potenciales se contagian. Es muy probable que alguien te haya dicho: "No sé por qué te entrego mi casa para que la vendas o por qué te encargo mi negocio. Varias personas estuvieron aquí esta semana y las rechacé a todas". Muchas veces, tus clientes no saben por qué hacen negocios contigo, pero todo se reduce al hecho básico de que confían en tu convicción. Ellos "sienten" que pueden confiar en tu integridad y rectitud. La mayoría de las veces, este nivel de confianza obedece a la reputación que has construido a lo largo de los años *y* a esa profunda creencia que tienes en tu producto, la cual le *transfieres* a tu cliente potencial.

Uno de los puntos principales, o mejor, *el* punto principal, revelado por el estudio realizado por The Forum Corporation, es el hecho de que los clientes *confían* en los vendedores más exitosos. En síntesis, creen en ellos por una muy buena razón: porque *los consideran dignos de su confianza.* Como mencioné antes, ser honesto resulta muy práctico.

Quienes "cierran ventas" poseen lo que venden

Las compañías de seguros tienen la habilidad de tomar a 100 vendedores con un promedio de un año de experiencia y, sin mirar sus registros de ventas, predecir con un 5% de margen de error cuánto venderán ellos a lo largo del año. Sus predicciones se basan única y exclusivamente en la cantidad de seguros que ellos han comprado para sí mismos. Como he venido explicando, vender es una transferencia de sentimientos. *El paso crítico que hay que dar en el mundo de las ventas es ser honesto. Tener total convicción y creer de verdad que el producto o servicio que uno vende es en realidad la mejor opción de compra para el cliente potencial.*

Cuando ingresé al mundo de la capacitación en ventas a nivel profesional, compartí mi experiencia con Bill (posee y usa lo que vendas) en una serie de audios. Entonces, un joven y entusiasta vendedor de alarmas contra incendio escuchó la historia y se dio cuenta de que todo parecía indicar que él no creía en su producto, pues no había comprado el sistema de alarmas que vendía, así que decidió intentarlo y lo compró e instaló en su propia casa. Tiempo después, me escribió: "Zig, te cuento que el primer mes que instalé el sistema de alarmas en mi propia casa cerré suficientes ventas adicionales y lo pagué por completo".

Revisión del cierre de "propiedad"

Muchos otros vendedores, desde los que venden autos o cosméticos hasta los que venden seguros o jabones, han tenido la misma experiencia. Solo hasta que hacen el compromiso emocional y financiero de decir: "Creo tanto en mi producto que por eso lo compré" están en condiciones de transferirle con propiedad ese mismo sentimiento a otra persona. En pocas palabras, *los que cierran ventas, poseen y usan lo que venden.*

Cuando un cliente potencial te diga: "En este momento, no puedo comprarlo", respóndele con total convicción que tu producto es tan bueno que *vale la pena* sacrificarse para tenerlo. Desde luego, sería un acto de hipocresía, y por lo tanto, muy poco convincente, *si antes no has comprado* el producto o servicio que vendes.

Insisto una vez más, si vendes autos Ford, deberías conducir un Ford. Si vendes aviones 747, locomotoras, barcos de vapor o computadores de millones de dólares, no necesitas comprarlos. Sin embargo, de ser factible, debes creer tanto en lo que vendes, que necesitas estar dispuesto e incluso *empecinado* en sacrificarte para poseer lo que sea que vendas.

Para enfatizar aún más mi punto, te diré que si no sientes que tu cliente potencial es quien pierde al no comprar tu producto, entonces, no llegarás a ser efectivo en el mundo de las ventas. ¿Cómo puedes sentir de verdad que tu cliente potencial "perderá" si tú no estás "ganando" como dueño de tu propio producto? Lo que vendas debe reflejarse en tu hogar, en tu auto, en tu negocio o donde sea que lo uses. Con su sola presencia en tu vida estás diciendo: "Creo". Insisto: *los que cierran ventas, poseen y usan lo que venden.*

No solo debes creer en el producto que vendes, sino que también debes creer y serle leal a la empresa que representas. Tu efectividad y productividad se verán afectadas por tus sentimientos hacia tus jefes y tu empresa. Cito el libro *Acres of Diamonds (Acres de diamantes)*, de Russell Conwell, quien ilustra muy bien el hecho de que las oportunidades y las "minas de oro" están en todas partes, incluso donde estás en este momento. Sí, es posible lograr lo que uno busca en la vida.

Como procedimiento de venta, es aconsejable ser un profesional que elogia y recomienda su empresa en todas partes. Al fin y al cabo, ¿cuánta confianza generará alguien que habla mal de sus compañeros, su ciudad, su compañía o de cualquier otro de sus asociados?

En síntesis, necesitas creer en tu producto y en tu empresa. Transfiéreles esa convicción a tus clientes potenciales y no solo venderás más, sino que venderás más fácilmente y esos clientes te traerán otros clientes. Ese es el tipo de venta que forma verdaderos profesionales.

5

La "E" mayúscula en las ventas

El sicólogo H.M. Greenberg realizó un estudio sicológico con 186.000 individuos y descubrió que el 20% de ellos puede ser entrenado para llegar a ser un vendedor exitoso. También descubrió que si alguien va a sobresalir como vendedor, debe tener un tipo especial de ego que requiere como "alimento" la aceptación por parte de sus posibles clientes.

Cuando un vendedor llama a un posible comprador y este le concede una cita, lo que realmente le está diciendo es: "Le creo, así que venga y cuénteme la historia". Cuando el cliente potencial se convierte en comprador, le está diciendo al vendedor: "Confío en usted y creo que me está diciendo la verdad, así que haga el pedido".

El Dr. Greenberg asegura que el mejor vendedor necesita hacer ventas, porque cada una de ellas es una confirmación de su propio poder, de su propia habilidad. Tanto es así, que cuando no logra cerrar la venta, su autoestima se ve amenazada. Por eso, disfruta del conflicto con su prospecto, porque le encanta ganar y le encanta vender.

Por lo tanto, para convertirte en un vendedor sobresaliente, necesitas tener bastante ego. Sin embargo, según el Dr. Greenberg, es mejor cuidarse de un vendedor cuando este *solo* tiene ego, pues será capaz de cualquier cosa con tal de hacer la venta. El resultado será un desastre, tanto para el cliente como para el vendedor, quien tenderá a abusar de sus clientes y nunca desarrollará una carrera de ventas exitosa. En muchos casos, le irá bien de manera temporal, pero en algún momento, sus artimañas y exageraciones terminarán por pasarle la factura y este inescrupuloso tendrá que cambiarse de ciudad o de trabajo. El Dr. Greenberg enfatiza que, para construir una carrera en las ventas, además de ego, también hay que tener *empatía*.

Empatía vs. Simpatía

A pesar del uso generalizado de la palabra *empatía*, muchos desconocen la diferencia entre ella y simpatía, así como su aplicación en el mundo de las ventas. Tal diferencia es importante, porque si unimos la empatía al ego, se reduce el riesgo de exagerar, lo que suele ser un problema en esta industria.

Tener simpatía significa tener la capacidad de sentir lo que está sintiendo tu interlocutor. Es *entender* sus sentimientos, aunque en tu propio ser no te sientas igual. Por ejemplo, al ver a un pasajero mareado sosteniéndose de la baranda de un barco, el observador de la situación demuestra por completo su simpatía hacia el enfermo cuando él también se agarra de la baranda. La empatía es entender cómo se siente el pasajero y por esa razón le alcanzas una compresa fría y unas pastillas para el mareo, entendiendo que hay necesidad de ayudarlo a resolver el problema. La empatía te permite entender y ser sensible a los comentarios de la otra persona. Y al no ser parte del problema, tienes una mejor perspectiva para ser parte de la solución.

Un consejero matrimonial que siente simpatía corre el riesgo de involucrarse tanto en los problemas de sus pacientes que, en determinado momento, él mismo también podría llegar a necesitar de un consejero. Un exalcohólico, al sentir simpatía mientras trata de aconsejar a alguien sumido en el alcoholismo, podría recaer de manera trágica. Un gerente de ventas que siente simpatía hacia los miembros de su equipo podría terminar en la quiebra y, en algunos casos, hasta llegar a perder su efectividad en las ventas dado que su simpatía podría llevarlo a prestarles dinero a sus vendedores y, en ocasiones, terminar haciendo el trabajo por ellos.

Los padres con demasiada simpatía suelen dejar que sus hijos hagan y tengan todo lo que ellos mismos no pudieron hacer o tener cuando eran niños. Como resultado, sus hijos tienden a ser malcriados, indisciplinados e improductivos.

La razón por la cual la mayoría de los médicos y abogados no trata a los miembros de su propia familia, ni los toma como clientes es porque ellos sienten que podrían involucrarse tanto en la situación que no tendrían la mejor perspectiva para buscar soluciones objetivas.

La empatía es diferente, ya que entiendes el problema y sabes con exactitud cómo se siente tu cliente potencial. Sin embargo, como tú no estás sintiendo lo mismo, puedes observar con mayor objetividad el problema y ofrecerle una posible solución. En esta parte del libro, mi objetivo es lograr que pienses como comprador y también como vendedor. Para llegar a ser un verdadero profesional, debes saber ponerte tanto en la situación del vendedor como en la del comprador. Si comprendes cómo piensa y se siente tu cliente potencial, es un hecho que estarás en la capacidad de vender más, porque te comunicarás de manera más efectiva.

Con respecto a la empatía, la siguiente disertación sobre los negocios (de autor desconocido) adquiere un significado relevante:

"En los *negocios*, tú y yo somos los protagonistas. De hecho, si no lo *fuéramos*, no sería un *negocio*. Es evidente que tus prioridades están primero que las mías y que yo guardo silencio para ser visto, pero no escuchado. Tus intereses se amalgaman con los míos y, cuando se fusionan de la manera adecuada, los negocios entre nosotros se vuelven armoniosos y rentables".

No confundas las situaciones

Muchos de estos conceptos obedecen al sentido común y, hasta cierto punto, algunos podrían calificarse como de "la vieja guardia". Pero antes de descartarlos por ser tan antiguos, recuerda que si un *procedimiento o una información se mantienen, es por su calidad y efectividad*. Si sus resultados no fueran buenos, estas técnicas antiguas ya estarían extintas. Así que unimos el material de "la vieja guardia" con el nuevo para que te familiarices con toda la información, y si ya la conocías, *no sobra recordarla*.

Como vendedor, debes recordar nunca confundir tu situación con la de tu cliente potencial. Ten en cuenta que tus deseos, necesidades, gustos y capacidad de pago no tienen pertinencia con las necesidades, deseos y capacidad de pago de tu cliente potencial.

Por ejemplo, supongamos que eres un vendedor de ropa y tienes gustos personales llamativos, pero te tocó atender a un hombre de negocios que viste de manera conservadora. El hombre busca un traje y, como es apenas obvio, tú debes prestarle atención a su indumentaria y necesitas pensar en términos de lo que él quiere y busca. Si él se fija en un traje costoso o en una chaqueta deportiva que a ti como vendedor quizá no te gusta o no podrías pagar, eso no significa que debas tratar de convencerlo de llevar un artículo menos costoso, ni cosa por el estilo.

Por otro lado, si tú como vendedor puedes comprar algo costoso, pero tu cliente potencial no, deberás abstenerte de intentar venderle a tu cliente algo fuera del alcance de su bolsillo. Además, en tu papel de vendedor también deberás cuidarte de mirar con desprecio un traje en oferta por el simple hecho de que *nunca* lo comprarías. Recuerda, para el cliente, ese traje quizá sea el epítome de la elegancia.

El mismo principio aplica para la venta de autos, casas, seguros de vida o acciones bursátiles. En resumen, *no confundas tu situación con la de tus clientes potenciales*. Observa los bienes, productos o servicios que vendes a través de *los ojos de ellos*. En eso es en lo que consiste la empatía y esa es la forma de usarla de manera profesional en este campo.

Tenía entusiasmo, pero no profesionalismo, ni empatía

Una buena técnica en el momento equivocado puede ser desastrosa. Por ejemplo, hay momentos bastante inapropiados para tratar de vender incluso el mejor de los productos. Sin duda, el peor ejemplo con el que me he topado ocurrió poco después de mudarme con mi familia a Dallas. Mi hijo Tom apenas iba a cumplir cuatro años. De pronto, una tarde no lo encontramos en la casa y de inmediato fuimos a preguntarlo en las casas de nuestros vecinos. Lo buscamos por las calles aledañas, por los callejones y nada que lo encontrábamos; incluso conduje hasta un pequeño centro comercial cercano y atravesé el estacionamiento tratando de hallarlo, pero no lo encontré. Mientras tanto, mi esposa y mis hijas se ocupaban da llamar a los vecinos y de recorrer el vecindario llamando al niño a toda voz y no recibían respuesta alguna.

Buscamos por cielo y tierra durante lo que pareció una eternidad, que en realidad fueron unos 20 minutos. Para entonces, ya estábamos bastante preocupados. Llamé a la Policía y les conté el problema y, en cuestión de minutos, respondieron y unos oficiales se nos unieron en la búsqueda. Mientras tanto, hice otro viaje al centro comercial, di vueltas por un lado y otro y conduje por los callejones con las ventanas abajo llamando a Tom por todas partes, pero sin encontrarlo. Varios vecinos que vieron lo que estaba sucediendo también se unieron a la búsqueda.

Naturalmente, yo volvía a pasar por la casa cada cinco minutos y en una de esas oportunidades me encontré con un vendedor de patrullaje local, que hoy en día hay bastantes en nuestras comunidades.

Ahí mismo, le dije que mi hijo había desaparecido y le pregunté si podía ayudarnos a encontrarlo. Entonces, de la forma más inaudita posible, el hombre comenzó a tratar de venderme su servicio de patrullaje. Cuando comenzó su presentación, me sorprendí. Pero al ver que continuó durante unos segundos más, me detuve y, con una mezcla de incredulidad y enojo, le propuse que, si me ayudaba a encontrar a mi hijo, *entonces sí* hablaríamos de sus servicios.

Carecía totalmente de empatía

Su elección del momento oportuno no podría haber sido peor. Seguro que nadie con dos dedos de frente hubiera cometido semejante equivocación en una situación así. Utilizo este ejemplo para demostrar que la elección del momento oportuno, en combinación con la empatía, son requisitos indispensables para tener éxito en las ventas. Ser sensible hacia las necesidades e intereses de los demás es muy importante. Por ejemplo, si el vendedor del servicio de patrullaje se hubiera unido a la búsqueda, en tan solo 20 minutos habría hecho la venta más fácil de su carrera. Y como te imaginarás, por fin, encontramos a mi hijo.

Como regla general, cuando hago una llamada telefónica, ya sea personal o de negocios, después de saludar, siempre pregunto: "¿Es este un buen momento? ¿Tienes cinco minutos para que hablemos?". No solo es cuestión de cortesía, sino que, a mi juicio, es una buena estrategia de venta. Si la atención de mi cliente potencial está puesta en algo más, mis posibilidades de venta se reducen bastante.

Si al hablar frente a frente con tu cliente potencial es evidente que no te está prestando atención, es recomendable detener la presentación. Trata de decirle algo como: "Sr. Cliente Potencial, al parecer este no es un buen momento. ¿Le parece si hablamos de esta propuesta después, cuando usted lo considere más pertinente?". Es difícil realizar una venta cuando no te están prestando atención. Un gesto como este volverá a centrar la atención de tu cliente potencial en caso de que estuviera distraído. Si está preocupado, lo más probable es que aprecie tu consideración y te dé una cita para otro momento. Este gesto de tu parte, le creará una especie de gratitud hacia ti y la próxima vez sí te prestará toda su atención.

Como habrás podido observar, muchas veces en este libro el sentido común y las buenas técnicas de venta se entrelazan por completo, a tal punto que es imposible separarlos.

El cierre basado en "sal con una sonrisa"

Como entrenador en ventas, mi sugerencia es que intentes que tu cliente potencial te brinde su sonrisa de aprobación a medida que avanzas en tu presentación. De esta forma, tus posibilidades de cerrar la venta se incrementarán en gran manera. La razón es simple: *los clientes potenciales deben estar convencidos del vendedor antes de comprar sus ideas, productos o servicios.* Una sonrisa amable o una buena carcajada de su parte son una indicación razonable de que te están aprobando como persona. Por lo tanto, es más probable que te compren lo que vendes y de paso reduces la probabilidad de que ellos alberguen sentimientos negativos sobre tu producto o servicio.

Como vendedor, estoy convencido de que al estar 100% comprometido con lo que haces, *habrá momentos* en que algún cliente potencial se enojará ante tu nivel de convicción y entrega. Es de *esperar* que este tipo de situaciones suceda. *Sin embargo,* (y lee con atención) deberán ocurrir tan de vez en cuando que, cuando suceden, tú sabes que es tu *cliente potencial* y no tú quien tiene el problema. Más adelante, me referiré al procedimiento que deberás usar para calmarlo cuando eso suceda *y además,* cerrar la venta.

A continuación, tenemos dos ejemplos que demuestran de manera diáfana que la *simpatía puede salirles cara tanto al vendedor como al cliente potencial, mientras que la empatía suele ser de gran beneficio para ambos.*

El costo de la simpatía

Años atrás, cuando recién comenzaba mi carrera como vendedor de utensilios de cocina, visité a un granjero y a su esposa, quienes habían asistido a mi demostración la noche anterior. Estábamos en la cocina cuando les hice mi presentación del producto. Nunca olvidaré lo que sucedió aquel día.

Cuando terminé, el granjero levantó la mano y me dijo: "Sr. Ziglar, es muy probable que esto no signifique mucho para usted, porque sé que debe tener un baño *dentro* de su casa, pero mi esposa y yo llevamos casados más de 20 años y durante todo ese tiempo he estado prometiéndole: 'Cariño, el año que viene vamos a construir el baño'. Y cada año, siempre se convierte en 'el año que viene', porque un año tuvimos una mala cosecha, otro año el bebé se enfermó o tuvimos que comprar un tractor nuevo o surge cualquier otra eventualidad por el estilo".

Y siguió: "Durante más de 20 años, he luchado por construir ese baño. Por fin, tengo ahorrado el dinero y lo tengo aquí". (Mientras decía esto, se tocó el bolsillo superior de su overol donde tenía el dinero). Y continuó: "Pero ni usted, ni nadie va a tocar un centavo de mi dinero hasta que construyamos ese baño".

¿Quién le vende a quién?

Debo enfatizar lo siguiente: *en cada presentación se hace una venta. El cliente potencial vende el hecho de no poder comprar o el vendedor vende su producto.* En este caso, y en ese momento de mi carrera, fui clara y ampliamente superado por mi cliente potencial. El viejo granjero se comportó como un vendedor experto y su cliente potencial (yo) estuvo dispuesto a comprar lo que él vendía. En resumen, me venció la simpatía que sentí por él y, a continuación, te explico por qué.

Cuando era niño, en casa teníamos "agua corriente", en otras palabras, era "corriente no tener agua". Cuando él mencionó no tener baño dentro de su casa, de inmediato, pensé en el frío e incomodidad que se sienten al usar un baño al aire libre en medio del invierno. ¡Y aunque estábamos en verano, sentí escalofrío en mi espalda! Sentí tanta *simpatía* por su situación que *no me sentí dispuesto* a poner en riesgo su proyecto del baño. Entonces, recogí mis cosas y "me escabullí de allí como un ladrón en la noche".

Salí de su casa en medio de sonrisas y agradecimientos. Como mi amigo y primer entrenador de ventas, Bill Cranford, me había enseñado: cuando pierdes una venta, debes terminar la cita dejando al posible cliente en un estado mental que le facilite las cosas al próximo vendedor. En el mundo del espectáculo suele decirse: "Deja al público con una sonrisa". En ventas, el profesional debe finalizar la cita dejando al cliente potencial con un estado de ánimo al menos amigable. En este caso, me sentí seguro de haber salido en términos amistosos, porque el granjero incluso me invitó a una taza de café si alguna vez volvía a pasar por allí.

Un par de días después, me topé con la hermana del granjero en una calle de Lancaster, Carolina del Sur. Aunque esto ocurrió en 1948, todavía recuerdo a la perfección la conversación. (Por cierto, ella tenía un interés personal en la venta, porque si su hermano hubiera hecho la compra, ella habría obtenido una bonificación). El diálogo fue el siguiente:

- Hermana: ¿Qué demonios pasó con mi hermano?

- Zig: ¿Qué quieres decir con eso de que "qué demonios pasó con mi hermano"?

- Hermana: Está tan enojado contigo que creo que te golpeará si te vuelve a ver.

- Zig: ¿Enojado conmigo? ¿Con un buen tipo como yo?

- Hermana: ¡Seguro que sí!

- Zig: Bueno, ¿y por qué está enojado conmigo?

- Hermana: Muy simple. ¡Quería comprarte un juego de ollas y no quisiste vendérselas!

- Zig: Bueno, ¡volveré a visitarlo ahora mismo!

- Hermana: Ya es muy tarde. ¡Ya no confía en ti!

Préstale atención a lo que te dice tu cliente potencial no solo mediante sus palabras

Por mucho tiempo, no pude entender cuál había sido el problema. No diré que un día de repente lo entendí todo, porque no fue así. Pero después de mucho reflexionar, el problema básico se me fue haciendo evidente. Había escuchado cada palabra que me había *dicho* el granjero, pero no le presté atención a lo que *decía*. Permíteme explicarlo mejor.

Con mi presentación, había logrado demostrar más allá de cualquier duda que nuestro juego de utensilios de cocina ahorraba dinero, trabajo y tiempo. El granjero y su esposa tenían 7 hijos entre los 2 y los 16 años de edad. Era obvio que tenían una familia numerosa, porque no importa lo disimulado que seas, no se pueden esconder 7 niños en una casa pequeña.

El hecho es que, durante mi presentación, el hombre había visto los beneficios de los utensilios de cocina. Al día siguiente, en su casa, *dijo*: "He trabajado durante más de 20 años para ahorrar el dinero para construir mi baño. Lo tengo aquí en mi bolsillo, pero ni usted ni nadie va a tocar un solo centavo hasta que construyamos ese baño". *Esas fueron sus palabras, pero eso no fue lo que él quiso decir.*

Lo que quiso decir fue: "Sr. Ziglar, durante más de 20 años he luchado para ahorrar el dinero para construir un baño, pero por fin tengo el problema resuelto". (Incluso se tocó el bolsillo donde tenía el dinero). Su lenguaje corporal y su entorno familiar también decían: "Mire, tengo 7 hijos y quiero alimentarlos con la mejor comida al menor precio posible. Mi esposa es madre de 7 hijos y se mata trabajando en la granja. Sr. Ziglar, ¿tiene *algo* que le ahorre trabajo a mi esposa y mediante lo cual ella pueda darles a mis hijos la mejor comida posible, sin que me cueste tanto dinero?".

¡Eso fue lo que en realidad él quiso decir! Eso es lo que decía su entorno. Pero yo estaba tan envuelto en mi *simpatía* hacia él que no entendí lo que me quiso decir con eso de *"un problema que él ya había resuelto"* y perdí de vista o no reconocí otro problema que era mucho mayor: el problema de alimentar mejor a sus hijos y quitarle una carga de trabajo a su esposa. Obvio, si no estás 100% sintonizado con la principal necesidad de tu cliente potencial, no sabrás ofrecerle una solución. La simpatía me costó la venta, pero mucho más importante aún, le costó a mi cliente potencial la oportunidad de usar un producto que hubiera sido muy beneficioso para él. La simpatía nos salió cara a los dos: a él como mi cliente potencial y a mí como vendedor.

Lo que hubiera podido ser

Hay otros posibles desenlaces en este escenario. El primero, que mi demostración estuviera "arreglada" y que los utensilios de cocina realmente no le ahorraran dinero, ni tiempo, ni esfuerzo a la esposa del granjero. En resumen, que le habría estado mintiendo al hombre. Existe la posibilidad de que el granjero *pensara* exactamente eso mismo al verme salir de su casa tan rápido. Si mi convicción sobre mi producto y mi preocupación por mi cliente potencial hubieran sido más fuertes, yo tendría que haberle hecho sentir que me mantenía firme en mis creencias para que él comprara mi producto.

La segunda interpretación podría haber sido que los utensilios de cocina en realidad sí eran tan buenos como yo dije durante mi presentación y en realidad, sí ahorraban trabajo, tiempo y dinero. Pero el granjero podría haber imaginado que yo, como vendedor, estaba interesado en hacer una venta rápida y obtener dinero fácil. Y al ver que no iba a obtener ninguna de las dos cosas, en esencia, le di a entender: "Olvídalo, amigo, me voy a donde encuentre una venta más fácil".

Es claro que no había forma de que yo pudiera leerle la mente y saber lo que él estaba pensando, pero sí puedo esbozar algunos escenarios. Existe una tercera posibilidad acerca de lo que quizá tenía en mente el granjero. Mi ego podría haber salido lastimado al no poder cerrar la venta y el granjero podría haber pensado que yo era demasiado sensible hacia mis propios sentimientos y no hacia sus necesidades. Por lo tanto, al sentir una ligera amenaza a mi ego, me retiré de inmediato. La posible interpretación del granjero: "Zig solo se interesa en sí mismo, no en resolver mis problemas". Si ese hubiera sido el caso, ¡sería obvio decir que *un vendedor demasiado "centrado en sí mismo" no representa gran cosa para la profesión!*

Insisto, hay muchas posibilidades, pero todas llevan al mismo resultado: perdí una venta y la respectiva comisión. El granjero y su familia se perdieron de los beneficios que hubieran obtenido del producto si, como vendedor, yo hubiera sido profesional y competente al tratar con él como mi cliente potencial.

La empatía sí paga

La empatía es un asunto diferente. Jay Martin, un amigo mío de Memphis, Tennessee, es Presidente de National Safety Associates, una compañía que vende detectores de humo e incendios. Jay solía contarme esta historia: una noche, él estaba trabajando con uno de sus vendedores más jóvenes. Después de hacer una convincente presentación ante un cliente potencial, el joven intentó cerrar la venta. Su cliente potencial era un hombre que parecía no haber terminado la primaria; el caso es que se acomodó en su silla, cruzó los brazos y dijo: "Bueno, hijo, estoy seguro que has escuchado sobre mi accidente". El joven vendedor no sabía nada al respecto, así que el hombre procedió a darle todos los detalles.

El hombre tenía sus problemas

Dijo el cliente potencial: "Hace unos meses, mi esposa y yo íbamos manejando por la carretera cuando un auto invadió mi carril y nos golpeó de frente. El auto quedó destrozado y los dos terminamos en el hospital. Pasé casi dos semanas hospitalizado y el tobillo me quedó algo rígido. Como gano dinero por cada trabajo que hago y no me puedo mover como antes, mis ingresos han bajado mucho. ¡Hombre, eso sí que duele!".

Luego, agregó: "Mi esposa estuvo en el hospital más de seis semanas. Estuvo tanto tiempo sin poder trabajar que su compañía le canceló el contrato y en este momento no está trabajando. Cuando uno se acostumbra a tener dos ingresos y de repente solo hay uno, ¡eso sí que es un problema! La cuenta del hospital de ambos fue de más de $20 mil dólares. Sé que la compañía de seguros la pagará en algún momento, ¡pero hemos estado muy nerviosos a la espera de que eso ocurra!".

Y siguió: "Además de todo, la semana pasada mi hijo regresó a casa de la marina. La primera noche, tomó una curva demasiado rápido, chocó nuestro auto contra una estación de servicio, lo destrozó y de paso rompió un letrero de $6 mil dólares de una compañía petrolera. Sé que el seguro pagará el auto, pero no sé qué va a pasar con el letrero. Si tenemos que conseguir los $6 mil dólares, vamos a estar en un gran aprieto y ¡no sé qué vamos a hacer!".

Y concluyó diciendo: "Como si todo eso no fuera suficiente, anoche tuvimos que internar a mi suegra en uno de los hogares para ancianos más caros del condado. Su único otro pariente vivo es un hermano y sé que él no va a hacer nada. No lo hemos visto desde hace más de un año e incluso si supiéramos dónde está no vale la pena pedirle ayuda, así que yo voy a tener que llevar toda la carga de esa situación".

El cierre con "empatía"

Al contemplar todos los problemas de este pobre hombre, es muy probable que, en este momento, te sientas agradecido de la vida que llevas, ¿no? Es decir, aquella era una carga bastante pesada. Si en esta situación tú fueras el vendedor y te dejaras llevar por la simpatía, lo más probable es que dirías: "¡Todo eso es terrible y apuesto a que es aún peor! Creo que no quieres hacerme sentir mal y por eso no me cuentas el resto. Sin embargo, déjame hacerte una pregunta: ¿el gobierno no te puede ayudar? ¿O la Cruz Roja? ¿O tus vecinos? ¿La iglesia no puede hacerte una contribución? ¿No puedes obtener cupones de comida por lo menos?". *Eso* es simpatía. Aunque, según Jay Martin, este vendedor no sintió simpatía, sino empatía.

La empatía te permite desapegarte emocionalmente del problema para poder ofrecer soluciones. *Es ponerte en los zapatos de tu cliente potencial. Siendo realistas, es ahí donde se cierra la venta. La posibilidad de que esto suceda aumenta en gran manera, porque al estar en los zapatos del otro, sabes cómo hacer la presentación desde su punto de vista.*

Según Jay, eso es justo lo que el joven vendedor fue capaz de hacer. Miró al cliente potencial a los ojos y le dijo: "Discúlpeme, señor. Además de eso que me cuenta, ¿existe alguna otra razón por la cual no pueda tomar la decisión de proteger la vida de su familia instalando nuestros detectores de humo en su casa?".

Me pregunto si alguna vez han visto a alguien tener un *ataque de risa*. Porque eso es lo que sufrió el hombre ante lo que le respondió el vendedor. Literalmente, rugió de risa, se dio una palmada en la pierna y dijo: "No, hijo, esas son las únicas razones por las que no podría comprar las alarmas hoy mismo. ¡Ja, ja, ja!". (En ese momento, creo que el hombre ya no se consideraba a sí mismo un cliente potencial).

El cierre con una "acción física"

Desde el punto de vista estratégico, el joven vendedor realizó una jugada muy hábil. Es recomendable hacer surgir todas las objeciones lo antes posible para luego abordarlas durante la presentación o al principio de la fase de negociación de la venta.

Cuando el vendedor escuchó que no había más razones para no cerrar la venta, obtuvo toda la seguridad que necesitaba. Metió la mano en su maletín y sacó una muestra de los detectores de humo (esto es lo que Jay Martin denomina el cierre con una "acción física"). Luego, sostuvo el detector contra la pared para que el prospecto pudiera verlo y le dijo:

"Señor, según mis cuentas, en este momento usted debe casi $30 mil dólares [pausa] y $300 dólares más no van a hacer ninguna diferencia". (Hizo pausa y a continuación pronunció la frase que cerró la venta). Después, miró al hombre a los ojos y le dijo con voz grave: "Señor, un incendio, *cualquiera sea el caso*, es algo terrible. Pero en *sus actuales circunstancias*, ¡sería devastador!". Su técnica fue profesional y su lógica era sólida. De esta forma, cerró la venta.

El vendedor tomó la razón que el hombre le había dado para no poder comprar y la usó justo como el argumento por el cual *debía* hacerlo. *Sin importar el producto que vendas, es bastante probable que puedas usas la razón del cliente potencial para no comprar como la mejor razón por la que sí debería hacerlo.* Este último concepto es bastante relevante, por lo tanto, ahondaremos más en él.

El cierre de "no puedo pagarlo"

En 1978, hubo una gran tormenta en Dallas. Soplaron fuertes vientos, cayó abundante granizo y la lluvia fue inclemente. A la mañana siguiente, había goteras en el techo de la sala, el estudio y la cocina. Teníamos un serio problema. Llamamos al techador y su cotización fue de $5.300 dólares. ¿Qué hubiera ocurrido si mi respuesta hubiera sido: "¡No puedo pagar eso!"? Él, como vendedor, suponiendo que fuera un profesional, me habría respondido: "Sr. Ziglar, si no puede pagar la reparación de su techo en este momento, ¿no será aún más difícil pagarlo después de otras tormentas y de tener que pintar su casa, comprar muebles nuevos, electrodomésticos nuevos, además de un techo nuevo?".

Insisto que es muy probable usar la razón del cliente potencial para no comprar como la mejor razón por la cual él *debería* hacerlo. "¿Cómo dices? ¿Vale $10 dólares balancear un neumático? ¡No puedo gastar semejante cantidad!". "Sr. Cliente Potencial, si usted no puede pagar $10 dólares por balancear un neumático, ¿cómo va a poder pagar lo que vale un neumático nuevo, pues estoy seguro que lo va a necesitar mucho antes de lo que piensa si no balancea su neumático?".

"¡Hombre, no puedo seguir pagando más primas de mi seguro de vida!". Seguro has escuchado decir eso miles de veces: "¡Los seguros me van a dejar pobre!". Para empezar, puedes responder: "Nunca he conocido a una viuda que pensara que su esposo tenía demasiados seguros de vida". También puede decir: "Si usted trabaja tiempo completo y no puede pagar la prima, ¿cómo podrá su familia pagar la comida y la casa cuando usted ya no esté?".

"¿Cuánto me dijo que costaba aislar mis ventanas? ¡No puedo pagar ese trabajo!" "Sr. Cliente Potencial, si no puede pagar las ventanas, ¿qué pasará con las facturas de electricidad y gas que cada vez le llegarán más altas?". Casi siempre, cualquiera que sea la razón que te den tus clientes potenciales para no comprar puedes usarla como el argumento por el cual ellos deberían hacerlo.

Mis vendedores, e incluso yo, solemos enfrentar la misma objeción después de una presentación: "¡No tengo cómo pagarlo!". Por eso, les enseñamos a nuestros representantes de ventas a mirar al cliente potencial a los ojos y, con una sonrisa, decirle suavemente: "Señor, si es cierto que no puede pagar unos cuantos dólares por este curso de capacitación sobre cómo cerrar una venta, ¿me permite hacerle una respetuosa sugerencia? Debe hacer lo que sea para pagar este curso. Y la razón es simple: nuestras técnicas lo ayudarán a cerrar más ventas. A propósito, señor, ¿cuántas ventas adicionales necesitaría hacer para recuperar toda su inversión?".

A medida que explores los conceptos de empatía y ego, entenderás que mi punto es: "Ponte en los zapatos de tu cliente potencial, *identifica* el problema, participa en la solución y verás que tu probabilidad de cerrar la venta aumenta".

Este maletín es para tu hermano Bern

Un día, hace varios años, recibí una llamada de mi pelirroja mientras hacía sus —aunque deberá decir "nuestras"— compras navideñas. Estaba en la tienda Neiman-Marcus y sonaba bastante entusiasmada debido a un maletín que acababa de ver. Su comentario fue: "Cariño, ¡este maletín es para tu hermano Bern!".

Obviamente, ella no quería decir que el maletín había sido hecho para mi hermano Bern, de Winnipeg, Canadá. Lo que quería decir es que si Bernie Lofchick hubiera estado buscando un maletín en Neiman-Marcus, después de mirarlos a todos, habría elegido este y hubiera dicho: "Este me queda bien. Este va *conmigo*".

La empatía es la capacidad de adentrarte en los sentimientos de la otra persona y analizar sus deseos y necesidades a través de sus ojos. Mi pelirroja hizo eso al comprar ese maletín en particular. Hay un viejo adagio que dice: *si le vas a vender a Pedro Pérez lo que Pedro Pérez compra, debes venderle a Pedro Pérez a través de los ojos de Pedro Pérez.* Eso es empatía.

La empatía es lo que se usa, o se debería usar, cuando se le compra un regalo a un amigo, a la esposa o esposo, a los hijos, al jefe o a un empleado. Es pensar en términos de lo que esa persona elegiría o desearía si estuviera de compras.

La empatía, desde el punto de vista del vendedor minorista suele aumentar bastante las ventas cuando trabajas con clientes que buscan un regalo. Al respecto, el sicólogo Erwin S. Weiss, de Cleveland, Ohio, argumenta que, casi siempre, los abuelos quieren dar regalos que sean recordados, los padres hacen regalos prácticos y los jóvenes hacen regalos para satisfacer sus intereses inmediatos. Con esta información básica en mente, un vendedor atento puede concentrar el *tiempo de búsqueda* de un cliente potencial en aquellos artículos que cumplen con la descripción anterior.

La empatía mejora el trabajo en equipo

Ted Lamb es un exitoso vendedor de Chevrolet en Prescott, Arizona. En 1982 (un año de recesión en la industria automotriz), su empresa, Lamb Chevrolet, aumentó sus ventas el 69% anual y su flujo de efectivo en el 68%. Desde el punto de vista de la rentabilidad, 1982 fue el mejor año para Lamb como vendedor de Chevrolet.

Se deben analizar muchos factores para entender las razones que explican un año tan exitoso. Para empezar, Ted es un hombre optimista y trabajador, buen ciudadano y muy dedicado a la familia. Como gerente, es creativo y tiene un gran espíritu altruista, además de poseer muchísima empatía.

Las empresas exitosas deben tener un espíritu de unidad y fomentar el trabajo en equipo entre todas sus áreas. Esto se aplica especialmente en la industria automotriz, en donde la cooperación entre los departamentos de ventas y de servicios es de suma importancia. En demasiadas ocasiones, se presentan fallas de comunicación porque en el área de ventas no se explican cómo en el departamento de servicios no solucionan de inmediato el 100%

de las solicitudes de todos los clientes, sin importar si son razonables o no. Y de forma similar, al personal de servicios le cuesta entender por qué los vendedores los ponen en aprietos con solicitudes de servicio "imposibles" y hasta "ridículas".

En Lamb Chevrolet, tales problemas de comunicación son escasos, debido a un procedimiento único que empezó hace varios años. Periódicamente, los gerentes de servicios y de ventas (que por cierto tienen el mismo sueldo) intercambian roles, áreas y responsabilidades durante un par de días. De esa manera, cada gerente se pone, literalmente, en los zapatos del otro y así todos obtienen una perspectiva en primera persona de las responsabilidades diarias, las oportunidades e incluso los desafíos que enfrentan sus compañeros de equipo. En el proceso, desarrollan una considerable empatía por el cargo que desempeñan los demás. Sobra decir que, cuando cada uno regresa a su puesto, aprecia y entiende muchísimo más el cargo de quienes hacen parte de la operación diaria del negocio.

Este procedimiento produce tres ganadores principales: cada gerente gana una nueva apreciación hacia su propio trabajo y hacia el de los otros gerentes. El cliente gana, ya que recibe una mejor atención en *ambos* departamentos. Y por último, Lamb Chevrolet gana porque el espíritu de equipo en todos sus departamentos les permite servirles mejor a sus clientes, lo que se traduce en más clientes por atender.

6

La actitud mental correcta

A medida que continuamos trabajando en la construcción de una carrera en ventas exitosa, un concepto *obligatorio* en la lista es cómo desarrollar la actitud mental correcta. Mi libro *Nos veremos en la cumbre* trata en profundidad el tema de la actitud, así que no voy a entrar en demasiados detalles con respecto al papel de la actitud cuando se cierra una venta. Sin embargo, hay cuatro fases de la actitud que considero cruciales para *cerrar* la venta y evitar la frustración de casi *cerrarla*.

Primero, abordaremos el tema de la actitud en general. En segundo lugar, analizaremos tu actitud hacia ti mismo, lo que, en esencia, significa tu imagen propia. En tercer lugar, exploraremos tu actitud hacia tus clientes potenciales. Y por último, discutiremos sobre tu actitud hacia la profesión de vendedor.

El pensamiento positivo puede ser frustrante

Como defensor del pensamiento positivo, con frecuencia me encuentro con personas que no entienden el tema. A menudo, piensan que los pensadores positivos creemos que mediante esta mentalidad podemos lograrlo todo. Eso es ridículo. El pensamiento positivo no nos permite lograrlo *todo*, sin embargo, ayuda a hacer *todo* de mejor forma que el pensamiento negativo.

No importa qué tan positiva sea mi actitud, sin embargo, no será suficiente para ganarle al campeón de peso pesado de boxeo. No creo que solo con mi actitud positiva pueda sacarle el apéndice a alguien y sobreviva para contarlo. Pero sí estoy seguro de que, si estuviéramos en una isla desierta y sufrieras un ataque de apendicitis, ¡tú preferirías que yo me acercara a ti con una actitud ganadora!

Te sentirías mucho mejor si te dijera con entusiasmo: "No soy médico, pero el hecho de leer mucho y mirar bastante televisión me han dado razones para ser positivo. Hace poco, vi tres apendicectomías y, afortunadamente, tengo un cuchillo afilado y medicina para tratarte la infección". [¡Mi naturaleza optimista me haría perseguir a Moby Dick en un bote, llevando salsa tártara conmigo!].

"Personalmente, creo que, a pesar de mi falta de capacitación, podría sacarte el apéndice y decirte con seguridad que ¡vas a sobrevivir!". Es muy probable que prefieras ese enfoque y esa actitud a que te mire a los ojos y te diga: "¡Hombre, vas a morir!".

En términos prácticos, estoy convencido de que la mayoría de los médicos estaría de acuerdo conmigo en que el primer enfoque te daría mayor oportunidad de sobrevivir.

Así es como puedes lograrlo

Siendo realistas, cabe la posibilidad de que el pensamiento positivo y la motivación por sí solas, sin la dirección adecuada, conduzcan a la frustración. Por ejemplo, si alguien te convence de que tienes potencial para alcanzar el éxito y te dice algo como: "Inténtalo, sé que lo vas a lograr", pero luego te deja solo, sin entrenamiento, ni una dirección clara, es muy posible que fracases en tu intento, lo que te dejará frustrado y abatido.

Con esto en mente, permíteme explicarte lo que creo al respecto. El pensamiento positivo se define como la esperanza optimista de poder mover montañas, pero sin basarse necesariamente en los hechos. *Yo he sido testigo de cómo el pensamiento positivo tiene la capacidad de lograr hazañas increíbles.* Esta esperanza optimista implica basarse en razones para creer que podrás lograr tales hazañas. *He presenciado muchas veces cómo el pensamiento positivo es capaz de mover montañas gigantescas.*

En *Secretos para cerrar la venta* exploro el impacto del *pensamiento positivo* explicando las *razones* para creer que este mueve montañas (hacer más ventas). Te presento métodos, técnicas y procedimientos para generar más ventas. La premisa principal es: *nunca hacer una promesa, a menos que vaya acompañada de un plan y un procedimiento para convertirla en realidad.*

En teoría, tú puedes aprender cómo enfrentar cualquier situación posible a través de un libro o en el aula de clases. Sin embargo, es casi seguro que tu primer día de trabajo de campo la teoría se torne inservible al enfrentar a un cliente que no leyó el mismo libro, ni asistió a la misma clase.

Lo más probable es que el cliente planteará una pregunta u objeción en la cual no pensaste antes. La única forma en que sabrás enfrentar esas situaciones es a través de la experiencia personal en el campo, manejando clientes reales. La información contenida en este libro, sumada a la capacitación ofrecida por los entrenadores de ventas de tu empresa y a tu experiencia en el campo, forman una mezcla poderosa de herramientas que te llevarán a convertirte en el profesional que aspiras ser.

Tu actitud mental marca la diferencia

Tu actitud mental y todo lo demás que te caracteriza dependen y están controlados por lo que ocurre en tu mente. Me atrevo a decir que *eres quien eres gracias a lo que ha ocurrido en tu mente a lo largo de tu vida. Cambiar quién eres y dónde estás implica cambiar lo que ocurre en tu mente.*

Es probable que desees para ti lo mismo que todos los demás: buena salud, dinero extra, seguridad financiera, amigos, tranquilidad, felicidad, etc. Suponiendo que aún no tienes todas estas cosas, o al menos, no en la cantidad que las deseas, existen dos posibilidades.

En primer lugar, puede que todavía seas demasiado joven y no hayas tenido suficiente tiempo. (Si tienes más de 30 años, espero que no utilices esta excusa). En segundo lugar, es mucho más probable que tu *comportamiento* no esté produciendo los resultados deseados. Si este es el caso, debes tener claro que necesitarás *cambiarlo* para obtener lo que deseas. Lo que podría no ser tan obvio es el hecho de que, antes de cambiar tu comportamiento, debes cambiar tu forma de pensar. Pero antes de cambiar tu forma de pensar, deberás cambiar lo que llega a tu mente.

Si en verdad deseamos lo que *decimos* (buena salud, dinero extra, seguridad, amigos, tranquilidad, felicidad, etc.), debemos poner todos esos objetivos positivos en nuestra mente. Para esto, es necesario rodearnos de amigos y compañeros positivos. El resto debe provenir de libros y grabaciones apropiadas, además de asistir a seminarios educativos y motivadores. Estas fuentes te ayudarán a plantar en tu cabeza esos pensamientos deseables de buena salud, dinero extra, seguridad, amigos, tranquilidad y felicidad.

Si me *compras* el próximo concepto y lo aplicas en tu vida, te aseguro que lograrás *vender* más de tu producto o servicio:

Tu negocio no es ni bueno, ni malo
"en el mundo exterior".
Tu negocio es bueno o malo solo en tu mente.

Por ejemplo: en este momento, estás en el lugar y el momento perfectos para hacer tu mejor venta. (Siendo realista, el único momento del que puedes estar seguro es del de *ahora*. No puedes estar en ningún otro lugar, ni momento y solo puedes vender desde donde estás. Por lo tanto, ahora estás justo en el lugar y el momento correctos).

Muchos "profetas de la fatalidad" difunden sus sombrías predicciones anunciando de tiempo en tiempo que se avecina una recesión económica. Cada cuatro o cinco años, anuncian la próxima "gran recesión". El gran orador Don Hutson, de Memphis, Tennessee, señala que los medios de comunicación han pronosticado con precisión 18 de las últimas recesiones. (Te invito a reflexionar al respecto). Cuando ellos anuncian la próxima recesión, tú deberás elegir entre unirte o no al club. Yo estoy a favor de unirse a algunos clubes como el de Leones o el Rotario, que prestan un servicio social, pero no estoy a favor de unirse al club de la recesión.

En mis viajes como vendedor, me he cruzado con personas de toda clase vendiendo todos los productos imaginables, desde inventos de $0,10 centavos hasta computadores de millones de dólares. Independiente de cual sea la compañía, la industria o la región del país, a algunos les va extremadamente bien, a otros les va bastante bien y a otros les va pésimo. Hay clientes y oportunidades para todos. Entonces, si las condiciones son iguales para todos, los vendedores con una buena imagen propia y una actitud mental positiva obtendrán muchos más negocios que aquellos estancados en una mentalidad negativa.

El cierre del vendedor entregado

Un excelente ejemplo de la actitud mental correcta es la historia de Calvin Hunt, de Victoria, Texas. Calvin se convirtió en uno de los mejores vendedores profesionales de seguros del país, después de dejar su carrera como futbolista. Como ciudadano extremadamente creativo y de mentalidad cívica, Calvin usó lo que aprendió en el campo de juego para hacer mucho dinero. Su actitud siempre fue su gran activo. Cada año, invitaba a un orador profesional a dar una charla en su ciudad y siempre reservaba las primeras filas del auditorio para sus clientes, permitiendo que el resto lo ocupara el público en general. Nunca cobraba por estas charlas.

Calvin podía producir millones de dólares firmando contratos hasta de $100 mil dólares en primas. Tenía una limusina con chofer y, mientras se dirigía a sus citas, preparaba sus presentaciones y se ocupaba hasta de los más mínimos detalles del negocio.

Hablando con él, en 1982, me contó que cerca de la mitad de los vendedores de seguros sentía que el negocio iba en picada y, en consecuencia, ya no se esforzaba. Calvin estaba de acuerdo en que el negocio había bajado un poco, pero aseguraba que la mitad de sus competidores no estaba haciendo ningún esfuerzo por expandir el negocio. Fue así como logró darse cuenta de que cerca del 90% del negocio en el mercado estaba disponible y que solo tenía activos al 50% de sus competidores, motivo por el cual decidió que su negocio tenía que crecer en gran medida. Como te imaginarás, sus ganancias aumentaron dramáticamente ese año. En definitiva, la actitud sí hace la diferencia.

7

Tu actitud hacia los demás

L a tercera fase de la actitud que deseo analizar es tu propia actitud hacia los demás. ¿Cómo percibes a tu cliente potencial? ¿Es solo alguien a quien le "sacarás dinero" o se trata de una persona con un problema que tú podrías ayudarle a resolver? ¿Sientes consideración hacia esa persona o solo estás enfocado en hacer la venta y cosechar tus beneficios?

En todas las encuestas de satisfacción sobre el servicio de ventas, las quejas más comunes de los clientes suelen ser: ineficiencia, descortesía e indiferencia. Como es obvio, dos de estas quejas tienen que ver con las relaciones humanas. Y si no las ponemos en práctica, no tendremos con quién relacionarnos, ni a quiénes venderles.

Cavett Robert solía señalar que casi las tres cuartas partes de la población mundial se acuestan con hambre todas las noches. También afirmaba que un porcentaje aún mayor de personas se acuesta todas las noches con *hambre* de reconocimiento. Por lo tanto, es importante que, como vendedor, reconozcas el valor de cada persona con la que tratas así como la importancia de cada cliente potencial. La cortesía y la consideración te ayudarán a mejorar tu negocio y a desarrollar tu carrera en las ventas.

Como ejercicio práctico, te invito a que observes las cualidades y características personales de los mejores vendedores que conozcas y de los líderes políticos y religiosos del mundo. Descubrirás que, casi sin excepción, todos se adhieren a la misma filosofía: ser amables.

¿Cómo ves tu relación con tu cliente potencial? ¿Te consideras su amigo? ¿Estás dispuesto a sacrificar tus propios intereses para ayudarle y asesorar a tu cliente potencial? ¿Estás de acuerdo con que "más gana quien mejor sirve"? Espero que así sea, porque en el mundo de las ventas, la forma de construir una clientela abundante es estableciendo una relación ganadora con las personas con las que tratas.

Según un artículo en la revista *Austin Business Journal*, escrito por Jill Griffin, una compañía promedio en Estados Unidos pierde, anualmente, casi el 20% de sus clientes. Algunas compañías, como los concesionarios de autos y los proveedores de internet, pueden llegar a tener una rotación de clientela de hasta un 50%. Griffin explicó que la mejor manera de ganar la guerra contra la rotación de clientes es asegurarse de que el cliente nunca abandone la compañía. En mi opinión, esto se logra construyendo relaciones ganadoras desde el primer contacto.

Sea cual sea tu negocio, tanto entrenadores como dentistas, ejecutivos, constructores, diseñadores de interiores, etc., todos ofrecen algo para la venta, pues todo tiene que ver con ventas. Con esta idea en mente, tiene sentido convertirte en un profesional altamente productivo. *The Forum Corporation* realizó un descubrimiento interesante. Los profesionales de alto desempeño suelen tratar a otros miembros del personal interno de su compañía con la misma consideración y tacto con la que ellos tratan a sus clientes. Dado que los vendedores, incluso los de alto rendimiento, casi nunca tienen subordinados, ellos suelen depender de otros sobre quienes tienen poco o ningún control directo. Por tal razón, practican buenas relaciones humanas con el personal de envíos, instalaciones, servicios, etc., con el fin de lograr complacer a los clientes. Esta actitud es la que les permite a los vendedores de alto rendimiento cumplir con sus compromisos con el cliente a la vez que les demuestran que son profesionales en las ventas en los cuales es posible confiar por completo.

El breve discurso que te presento a continuación ilustra este punto a la perfección:

Soy el cliente que nunca regresará

Soy un buen cliente. Todos los comerciantes me conocen. Soy el único que nunca se queja sin importar el tipo de servicio que reciba.

Cuando entro a un negocio a comprar algo, no trato de imponerme. Solo intento ser considerado con los demás. Si el empleado es grosero, porque quiero ver varias opciones antes de decidirme, trato de ser lo más cortés posible. No creo que ser aún más grosero con él sea la respuesta.

Nunca hago rabietas, ni me quejo, ni critico. Jamás haría una escena bochornosa como las que les he visto hacer a otros clientes. Soy un buen cliente, pero también soy el buen cliente que nunca regresará.

Esa es mi venganza silenciosa por haber recibido un trato abusivo, porque sé que no volveré. Esta decisión no soluciona mis sentimientos de inmediato, pero a la larga, es mucho más satisfactoria.

De hecho, con muchos más buenos clientes como yo, juntos podemos arruinar un negocio. Somos muchos los buenos clientes y cuando abusan de nosotros nos vamos a otro lugar donde sí nos aprecien.

Dicen que el que ríe de último, ríe mejor. Yo río al ver tu publicidad suplicando para recuperarme cuando podrías haberme mantenido contento desde el principio con unas palabras amables y una sonrisa.

Tu negocio puede quedar en otra ciudad y tu situación puede ser "diferente". Pero si las ventas van mal, hay una buena probabilidad de que, si cambias tu actitud, se corra la voz y yo deje de ser el buen cliente que nunca regresará para convertirme en el buen cliente que siempre regresa y trae a sus amigos.

Anónimo.

Hacer el mayor esfuerzo posible para conservar los clientes tiene mucho sentido desde el punto de vista económico. Según Larry J. Rosenberg y John A. Czepiel, en la edición de marzo de 1984 de *The Journal of Consumer Marketing*, perder un cliente reduce las ganancias promedio de la compañía en $118 dólares, en comparación con los $20 dólares que cuesta mantener al cliente satisfecho. ¡Y estamos hablando de cifras de 1984! ¡Imagínate lo que cuesta hoy en día! A pesar de esto, se estima que las empresas gastan en promedio seis veces más para obtener un cliente nuevo que para mantener uno actual.

Vale la pena agregar que, si un cliente se va descontento, hablará en promedio con otras 11 personas sobre su *problema*. En últimas, esta situación puede salir bastante costosa para un negocio.

No es casualidad que los *perdedores* piensen en términos de "remplazar" a los clientes, mientras que los *ganadores* piensen en mantener a sus clientes y *además* sumar otros nuevos para construir un negocio más grande y mejor.

Hablando sin rodeos, si esa es tu actitud al tratar con un cliente potencial, no lograrás vender, ni ganar mucho. En páginas anteriores, hice énfasis en que vender es una "transferencia" de sentimientos. También señalé que tu cliente potencial percibe tus sentimientos de codicia y egoísmo y es así como se te "escapará" otra venta.

La siguiente historia sirve para identificar la actitud ganadora (tuya y del cliente). Hace unos años, mientras jugaba bolos en Omaha, Nebraska, me lesioné la rodilla derecha. Uno de mis amigos, en tono de burla, hizo referencia a mi edad. Mi amigo no era muy brillante o se habría dado cuenta que la rodilla izquierda tenía la misma edad que la derecha y estaba perfecta. ¡Obviamente, mi edad no tenía nada que ver con la condición de mi rodilla derecha!

Unos días después de lastimarme la rodilla, tenía que dar una charla en San Francisco, frente a unas 2.500 personas. Al subir cojeando al escenario, pude *sentir* las miradas de condescendencia entre el público. Tal vez, pensaban: *¡"Por Dios, pobrecito Zig! Está lisiado, pero apuesto a que hará lo mejor que pueda".* Como orador, pude *percibir* el sentimiento de mi audiencia.

Tengo que confesar que no sé si el hecho de tener un micrófono en la solapa tenga algún valor terapéutico. Todo pareciera indicar que sí lo tiene, porque cuando me pusieron el micrófono, ¡la rodilla dejó de dolerme! Durante la siguiente hora, caminé de arriba a abajo, di vueltas, me agaché, salté e hice todas las cosas que mi público está acostumbrado a verme hacer. Y durante ese tiempo, nunca sentí dolor. Cuando terminé de hablar, bajé del escenario, mi rodilla colapsó y caí al piso.

Vender es una transacción en la que todos los involucrados salen ganando

Me atrevo a decir que sabes exactamente lo que me pasó. Durante una hora completa, no estuve pensando en la rodilla de Ziglar, pues estaba enfocado pensando en mis clientes potenciales y en cómo podría ayudarlos a resolver sus problemas. Todo eso lo hice de forma inconsciente. Así que, cuando terminé de hablar, me relajé. Fue como si dijera: "Está bien, Ziglar, ya puedes olvidarte de toda esa gente. Ahora, piensa en ti mismo". Y cuando mis pensamientos se volvieron hacia mí mismo y se desentendieron de los demás, caí de bruces.

Esto mismo debe pasarte a ti. No me malentiendas. Lo que te estoy diciendo es que, en determinados momentos, tú también deberás enfocarte más en tus clientes potenciales que en ti mismo. Sin embargo, soy muy escéptico con los vendedores que ponen cara de santos y dicen: "Vendo mi producto solo porque me encanta ayudarle a la gente". (¡Aunque siempre cobran sus cheques de comisión!). A mí también me gusta ayudarles a las personas, pero hay algo en lo que todos somos iguales: si la empresa dejara de pagarnos por vender, entonces, la necesidad financiera nos obligaría a dejar de ayudarle a la gente con nuestros productos y servicios, independientemente de lo profunda que sea nuestra convicción y nuestro amor por el trabajo que hacemos y por los demás.

Al hablar con un cliente potencial, es importante que te involucres y te empeñes en resolverle sus problemas, pues a lo largo del proceso tú también terminarás por mejorar tus ventas y objetivos profesionales. Con esta actitud frente a las ventas, seguro lograrás que tanto tu cliente *como* tú terminen en una situación en la que las dos partes salgan ganando.

Para desarrollar una actitud que lleve a la construcción de una relación ganadora con tu cliente, analizaremos lo que DeMarco y Maginn, de *The Forum Corporation*, descubrieron acerca de cómo los clientes de los vendedores de alto rendimiento ven al vendedor y su papel.

Cómo el "rey" cliente ve al vendedor (informe)

El cliente ve al vendedor de alto rendimiento como una persona que en verdad se interesa en sus necesidades, a la vez que promueve la posición de su propia empresa. Este "equilibrio" alienta a los clientes a sincerarse a sabiendas de que el representante de ventas tratará de comprender sus preocupaciones y será justo a la hora de negociar. Es decir, el cliente ve al vendedor de alto rendimiento como alguien *que intercambia* información con él y no como alguien que apenas cumple con realizar presentaciones de ventas desde su propia perspectiva.

El vendedor de alto rendimiento es considerado con el tiempo de sus clientes. Pasa más tiempo de *calidad* frente a ellos, porque le dedica más tiempo a la estrategia y a la planificación de su visita. A su vez, los clientes perciben esto y lo valoran mucho. También es consciente de las presiones y necesidades personales que enfrentan sus clientes, por lo tanto, les vende a las *personas*, no a las empresas.

Existe el mito de que un vendedor no debe involucrarse en las preocupaciones personales de los clientes, sino dedicarse a cumplir con el propósito de la visita para hacer la venta. También se suele creer que el precio no es tan importante y que hay que "prometerle lo que sea" al cliente con tal de cerrar la venta. Sin embargo, los clientes esperan que el vendedor sea confiable, que les responda y les brinde su experiencia y respaldado sin restricción. *Igualmente, el vendedor de alto rendimiento debe estar dispuesto a explicar los inconvenientes del producto, si los hay.*

Para los clientes, un vendedor entusiasta e interesado en trabajar con ellos con el fin de ayudarles a resolver sus problemas suele ser considerado como un profesional en las ventas de más alto rendimiento que los demás. De igual manera, los vendedores que crean relaciones y proporcionan un servicio valioso, ya sea en términos de asesoramiento, información u opinión, también son considerados por los clientes como vendedores de alto rendimiento. Este tipo de vendedores suele ser mucho más valorado en los diferentes niveles de su organización. Los clientes sienten que la capacitación básica en habilidades de ventas, que prevalece en la industria actual, debe continuar. El conocimiento del producto, de la competencia y de las habilidades interpersonales (características de venta/beneficios, manejo de objeciones, etc.) sigue siendo requisito importante en el campo del trabajo en ventas.

Por lo tanto, al buen entendedor, pocas palabras. Si le prestas atención detallada a lo que dicen los clientes de las compañías más importantes, tus posibilidades de realizar negocios con ellos aumentarán a un nivel bastante considerable.

8

Tu actitud hacia la profesión de las ventas

Vender es el trabajo duro que mejor paga y también es el trabajo fácil que peor paga. Para quienes "entran en las ventas" y luego dejan que sean las ventas las que "entren en ellos", la profesión les ofrece una carrera emocionante, gratificante y exigente. Como enunció Fred Herman en el título de su excelente libro sobre ventas: *Vender es simple (no fácil)*. Así que le daremos un vistazo completo a esta profesión que ha sido mi vida desde la época en que vendía verduras y leche de puerta en puerta cuando tenía ocho años de edad.

Muchos vendedores sienten gran entusiasmo hacia el producto que venden. Sienten que su compañía es la mejor y están contentos de estar afiliados a ella, de representarla y ser parte de su equipo de trabajo. Sin embargo, un gran porcentaje de ellos duda al tener que admitir que vende para ganarse la vida. Haré mucho énfasis en este punto, ya que tu *actitud* hacia ti mismo, hacia aspectos como tus posibles clientes, tu producto, tu empresa y tu *profesión* como vendedor determinará si cierras o no tus ventas, sobre todo, en los casos en que te faltó muy poco para cerrarlas. Y aunque este capítulo no incluye ninguna técnica de ventas en sí, te será de gran ayuda para que no sigas perdiendo esas ventas que se te escapan de las manos así sea por lo más ínfimo.

Siéntete orgulloso de ser vendedor

Por muchas razones, me siento orgulloso de ser vendedor. Creo que Estados Unidos es una gran nación, pero es, precisamente, porque somos una nación de vendedores. América fue descubierta por un vendedor y estoy convencido de que no se debería tildar a Cristóbal Colón de ser navegante. La Historia afirma que él estaba buscando una ruta comercial más corta para llegar a la India. Lo que pasó fue que se quedó corto por casi 20.000 kilómetros, y aun así, regresó a casa diciendo que la había encontrado. De donde yo vengo, eso no es navegar.

Me dirás: "Bueno, esa no es una prueba de que él fuera vendedor". Es cierto, pero hay que tener en cuenta que, en primer lugar, Colón era un italiano en España, o sea que hablaba un idioma extranjero. Según las divisiones territoriales, Colón estaba bastante lejos de su territorio de ventas. Además, no tenía ni un solo cliente potencial a quien recurrir, de modo que, si no hubiera cerrado la venta, habría tenido que devolverse nadando a casa. Por eso, desde mi punto de vista, ¡Colón tuvo que haber vendido realmente bajo presión!

El cierre de "colón"

Colón habló con Isabel y le contó su historia. Después de escuchar su presentación, Isabel le dijo: "Suena bien, ¡pero $12 mil dólares por cinco barquitos es ridículo!". (Muchos no saben que, en un comienzo, eran cinco barcos, ¡pero dos se *perdieron en la negociación!*). Colón escuchó la objeción monetaria que Isabel le planteó, pero como le prestó atención a mucho *más que a sus palabras,* comprendió que el dinero no era el problema.

De inmediato, reconoció que la reina no estaba convencida de todas las ventajas que traía consigo el hecho de descubrir una nueva ruta a la India. Observó que ella sentía que el costo era mayor que el beneficio. Su sentido común le dictaba que ni Isabel, ni ningún otro cliente potencial pagarían por algo que parecía no valer la pena. Con esto en mente, Colón se puso su traje de vendedor y comenzó a describirle todas las cosas buenas que le sucederían a su nación y todo el reconocimiento que obtendría si era ella quien descubriría la nueva ruta a la India.

Así, Colón le señaló la posibilidad de conquistar las tierras que seguro descubriría. Y como argumento de venta, hizo hincapié en el ahorro de tiempo, en las posibilidades de encontrar nuevos alimentos, especias, gemas y pieles. Sin lugar a dudas, también le mencionó la posibilidad de llevarles la cristiandad a los "salvajes" de más allá del horizonte. Y también tuvo que haberle pintado la imagen de España tomándoles ventaja a Francia e Inglaterra en la carrera por dominar el mundo.

Cuando Colón terminó y llegó el momento de la decisión (había *mucho* en juego en esta presentación, ¿no?), Isabel le respondió: "Está bien, Cris, me convenciste. El único problema es que no tengo dinero", a lo cual Colón respondió: "Mira, Isa" (no estuve allí, así que no estoy seguro de que sea literal), "tienes ese collar de perlas en el cuello, lo empeñamos y financiamos el viaje".

Los libros de Historia afirman que se usaron métodos inusuales para financiar el viaje. Y una vez que este se puso en marcha, Colón todavía tuvo que seguir vendiendo mucho más. Sus marineros amenazaban a diario con tirarlo por la borda y regresar a casa. Y como Colón debía venderles el viaje, o le costaría su propia vida, estoy seguro de que su presentación diaria debió ser bastante convincente. Pocos vendedores en la Historia han tenido la necesidad de *convencer* como en el caso de Colón. Día tras día, tenía que *vender* para *navegar*. Por fin, una mañana se escuchó el tan anhelado grito: "¡Tierra a la vista!". Fue de esta forma como Cristóbal Colón "desembarcó" la venta más rentable de la Historia.

Diles a tus clientes que los amas

Acto seguido, Colón hizo lo que muchos vendedores suelen hacer y en el proceso cometió el mayor error de su carrera en las ventas: *no atendió el negocio como debía*. Todo parece indicar que él asumió que, como fue *su* idea y fue *él* quien descubrió las nuevas oportunidades, *sería* recordado y celebrado para *siempre*.

Si recién comenzaste tu carrera en las ventas, deberá quedarte claro que las cosas no funcionan de esa manera. Si ya eres un profesional experimentado en este campo, espero no tener que recordarte esto mismo. El asunto tiene que ver con la competencia. Siempre hay competidores tratando de cortejar a *tus* clientes, ofreciendo lo mejor de sí mismos para convencerlos.

Cuando realizas la venta es como si te sentaras en el asiento del conductor, pero cuando quitas la vista del camino (el cliente) y el pie del acelerador (servicio), la competencia te alcanzará e incluso te superará ofreciendo más y mejores opciones.

El servicio es la clave para una carrera exitosa en las ventas

En el caso de Colón, su "competencia" era Amerigo Vespucci, quien comenzó a atender mejor el negocio. Resultado: no nos convertimos en los Estados Unidos de Colón, nos convertimos en los Estados Unidos de *América*. Colón no atendió su negocio como debió.

El cierre con "cortejo"

Estoy convencido de que este mismo error suele ser un factor determinante en la ruptura de muchos matrimonios. ¡Los novios se intercambian una increíble historia de ventas durante el proceso del cortejo (venta)! Durante esta etapa, muestran su "mejor comportamiento" y se esfuerzan por cumplir sus compromisos y promesas. Él se ducha y se pone colonia todos los días y ella se viste insinuante y también usa perfume a diario. Los dos son siempre atentos y considerados, ¡hasta que por fin se convencen de caminar juntos al altar!

Y entonces, las cosas cambian

Entonces, llega el fin del cortejo. No al otro día de la luna de miel, ni una semana o un mes después. Sino que, gradualmente, ambos comienzan a olvidar esos pequeños actos de amor y consideración. Abandonan sus hábitos de coqueteo y poco a poco se desvanecen las muestras de compromiso y afecto por el otro. Empiezan a dejar que otras cosas sean más importantes que su relación. En definitiva, no creo que en el matrimonio se pueda mantener siempre el mismo nivel de éxtasis que durante la luna de miel, pero sí creo que el cortejo y la cortesía son requisitos fundamentales para que el matrimonio, no solo perdure, sino que también sea emocionante y significativo para los dos.

A menudo, escuchamos sobre el "otro hombre" o la "otra mujer". De hecho, no habría lugar para un tercero en discordia si marido y mujer revisaran sus prioridades y continuaran cortejándose el uno al otro durante el matrimonio. En resumen, la tasa de divorcios se reduciría en gran medida si tanto hombres como mujeres "cumplieran" durante el matrimonio con lo que "vendieron" durante el cortejo.

Del mismo modo, creo que, en la mayoría de los casos, cuando perdemos un cliente al él irse con la competencia, no se debe a un mejor precio, ni a un mejor producto, aunque es obvio que esos suelen ser factores importantes. En la mayoría de los casos, es porque la competencia "cortejó" *al cliente* como lo habíamos "cortejado" nosotros antes del "matrimonio" (la venta), con un mejor servicio, más interés, más preocupación y una atención más personal y acorde *a sus necesidades.*

Para cerrar la metáfora de las ventas y el cortejo, existe la pregunta retórica: "¿Cuándo debes decirle a la esposa que la amas?". Y la respuesta ingeniosa es: "¡Antes que alguien más se lo diga!". ¿Cuándo deberías decirles a tus clientes que los amas? La misma respuesta: ¡antes que alguien más se los diga! *Por lo tanto*, debes demostrar tu sinceridad y amor por tu cliente a través del servicio.

Colón no atendió su negocio como debía, pero eso no cambia el hecho de que fuimos *descubiertos* por un vendedor y que nuestro continente lleva un *nombre* distinto al suyo. Norteamérica fue *poblada* gracias a un vendedor. Sir Walter Raleigh recorrió Londres vendiendo la idea de que sus clientes deberían abandonar la seguridad de Inglaterra y venir a Norteamérica. Los convenció de que aquí iban a tener libertad de credo y la posibilidad de tener sus propias tierras. Muchos le compraron sus ideas y es por eso que Estados Unidos fue, al menos, en parte, poblado por un vendedor.

George era vendedor

Estados Unidos fue *liberado* por un vendedor. ¿No es evidente el tremendo trabajo de ventas que hizo George Washington para ganar la Guerra de Independencia? En ese momento, el país estaba dividido en tres fracciones. Un tercio de los colonos quería su independencia, otro tercio quería quedarse con Gran Bretaña y el otro tercio dijo: "Mira, George, nos pondremos del lado del que gane. Durante el conflicto, nos mantendremos neutrales, pero cuando el peligro haya pasado y se establezca el ganador, nos pondremos en contacto con ese ganador. Y eso es exactamente lo que haremos".

George Washington logró formar el ejército continental reclutando granjeros, comerciantes, marineros, obreros y constructores navales, entre otros. Tenía que ser sincero y decirles: "Caballeros, si ganamos, lo más probable es que no podré pagarles. Y si perdemos, los colgarán como traidores". Hay que recordar que solo un tercio de los colonos quería la independencia y *todos* sabían que Inglaterra tenía el *ejército y la armada* más poderosos del mundo. Hay que reconocer que el trabajo de reclutamiento (ventas) de Washington fue realmente formidable.

En comparación, tu trabajo de reclutar en ventas no suena tan difícil. Supón que tuvieras que decirles a tus posibles reclutas que cada presentación de ventas sería ante un cliente potencial que jamás le ha comprado nada a nadie. Además, si lograran cerrar una venta, no habría fondos para pagarles, pero si perdieran la venta, serían ejecutados sin misericordia. ¡Insisto, George Washington era un vendedor excepcional!

Los vendedores son importantes

Estados Unidos se convirtió en una nación con dos océanos y en una potencia mundial, gracias a vendedores. Una vez obtenida la independencia, Alexander Hamilton convenció a Washington y al Congreso para que estudiaran los métodos usados por los británicos con el fin de establecer sus colonias y comercializar sus productos por todo el mundo. Hasta ese momento, a pesar de existir como país desde 1608, en los 168 años siguientes solo habíamos logrado crecer hasta los Apalaches.

Como consecuencia de la independencia y de los beneficios del conocimiento adquirido de los británicos, se establecieron puestos comerciales atendidos por vendedores a lo largo del territorio. Dichos puestos les ofrecían a los colonos que empezaran a desplazarse hacia el Oeste todos los suministros necesarios en su viaje de colonización. Gracias a los vendedores de estos puestos comerciales, en solo 30 años transcurridos desde la independencia, Estados Unidos logró extenderse hasta la Costa Oeste.

Los vendedores marcan la diferencia

Estados Unidos es la nación más poderosa del mundo gracias a los vendedores. No es el país de mayor extensión, ya que Canadá, Rusia y China son aún más grandes. Tampoco se debe a sus grandes recursos naturales, porque siendo realistas, Rusia, China, Canadá y otras naciones tienen aún mayores recursos naturales.

Tampoco se debe a su superioridad tecnológica. Aunque sin duda, Estados Unidos es la nación #1 del mundo en esa área, los japoneses, alemanes, suizos, rusos e israelíes son superiores en muchas áreas del desarrollo tecnológico. En mi opinión, Estados Unidos ha logrado convertirse en la potencia que es gracias a los vendedores, a su estructura de libre empresa y a su libertad de culto.

Las ventas ofrecen seguridad

Una de las razones que me entusiasma mucho de la profesión de vendedor es la seguridad que ofrece. Si mi hijo me preguntara cuál es el trabajo más seguro del mundo, sin dudarlo le diría que es la profesión de las ventas. Muchos creen que los vendedores son las únicas personas que trabajan por comisión. Tal creencia conlleva a la pregunta: "¿En realidad, el trabajo de vendedor ofrece seguridad?".

La respuesta es que sí ofrece seguridad real. Todos los trabajos son pagados por comisión. Mi asistente ejecutivo, al igual que cualquier otra persona en nuestra sociedad, trabaja, literalmente, por comisión. En últimas, tanto los vendedores como los demás trabajadores, ya sea que reciban salario o les paguen por comisión, también *trabajan* por comisión.

De modo que, sin importar cuál sea tu trabajo, si no mantienes tu nivel de producción, perderás la seguridad de tu trabajo. Entonces, ya sea que tengas un salario o una comisión, al final del día, recibes comisión. Incluso el presidente de los Estados Unidos, si no hace bien su trabajo, perderá su puesto. No se diga más.

El trabajo en ventas sí ofrece seguridad y lo demuestro con el siguiente ejemplo. Entre 1981 y 1982, el país entró en recesión. En consecuencia, miles de personas honestas y trabajadoras perdieron sus trabajos. Empleados de todo tipo, desde maestros y pilotos hasta camareros y abogados, todos fueron despedidos. No porque no estuvieran dispuestos a trabajar, ni por no tener las capacidades necesarias, sino por el estado de la economía.

Te invito a que nombres tan solo un vendedor honesto, sincero y dedicado que haya perdido su trabajo. Si algún vendedor llegaba a perder su trabajo por razones ajenas a su voluntad, como por ejemplo la quiebra de su empresa, en la mayoría de los casos, podía ir a cualquier lugar y casi de inmediato obtener empleo.

Nuevos empleos disponibles de inmediato

Recuerdo un incidente en Atlanta, Georgia, cuando dictaba un seminario en ventas. Antes de comenzar el seminario, dos jóvenes bien vestidos me preguntaron si podía reembolsarles sus boletos. Me explicaron que habían perdido sus trabajos en ventas debido a un conflicto con su gerente. Como en ese momento no trabajaban en ventas, aprender nuevas técnicas para vender sería algo de poca utilidad para ellos. (Obviamente, su perspectiva estaba desenfocada y no se daban cuenta que, en ese momento más que nunca, necesitaban de sus habilidades como vendedores para *venderse* a sí mismos y conseguir otro trabajo).

Ante esa petición, decidí hacerles dos preguntas. La primera: "¿Les gusta vender?", a lo cual ambos respondieron que sí. La segunda: "¿Les gustaría conseguir un nuevo trabajo en ventas?", y de nuevo los dos respondieron que sí. Entonces, les aseguré que si decidían quedarse y asistir a la sesión del día, antes de terminar la noche tendrían una docena de entrevistas de trabajos en ventas.

Durante la charla, al tocar el tema de la seguridad del trabajo en ventas, le hice dos preguntas a mi audiencia. Una: "¿Cuántos de ustedes son gerentes de ventas?". Casi 100 de las 500 personas en el auditorio levantaron la mano. Dos: "¿Cuántos de ustedes estarían interesados en entrevistar a dos jóvenes y entusiastas vendedores con excelentes perspectivas en la profesión, pero que están sin trabajo debido a un conflicto con su gerente?". Más o menos unas 70 personas alzaron la mano. Esa noche, los dos jóvenes pudieron darse el lujo de elegir entre más de una docena de ofertas sólidas de trabajo en ventas.

En definitiva, vender es una profesión que ofrece seguridad.

El general Douglas Macarthur definía
la seguridad como la capacidad de producir.
Mientras puedas producir, amigo vendedor,
tendrás seguridad financiera y profesional.

La actitud marca la diferencia

Los vendedores suelen tener una actitud diferente sobre la vida y los negocios. En los negocios ajenos a las ventas, cuando las cosas van mal, la gente decide hacer una "fiesta de autocompasión". (Denominadas así por Mamie McCullough, creadora del curso I CAN, quien afirma que dichas *fiestas* también pueden ser individuales).

En cambio, en el mundo de las ventas, las recesiones se manejan de manera diferente. Cuando los medios anuncian una recesión, la administración reúne a todos los vendedores y les dice: "Sabemos que han escuchado sobre la recesión y tenemos una manera infalible de superarla. Lo que vamos a hacer es reducir las ventas". ¿Les parece? ¡Pues, no!

Por el contrario, la estrategia de la administración en una compañía de vendedores es sencilla. Se convoca a una reunión de ventas general con el presidente, la junta y el gerente de ventas. Se reúnen los empleados, se despliega la alfombra roja y se da un discurso motivacional: "Amigos, sabemos que han escuchado el rumor sobre una recesión. Bueno, déjenme decirles que aquí no creemos en las recesiones. ¡Creemos que la recesión está solo en la cabeza! Las recesiones son como los clubes, cada uno puede hacerse miembro de ellos o seguir su camino. La política actual de la compañía es no unirse a ella.

Esto es lo que vamos a hacer. ¡Vamos a organizar el más grande concurso de ventas, con los mejores premios que hayan visto! Les vamos a ofrecer incentivos tanto a clientes como a empleados para que todos estén tan entusiasmados que terminen rezando para que continúe la tal recesión. ¡Haremos campañas de promoción y publicidad que los dejarán boquiabiertos! Les daremos capacitación en ventas y cursos motivacionales para que aumenten su efectividad y productividad hasta el techo. ¡Vamos a vender más y mejor que nunca!".

Reflexiona sobre esto

¿Es realista este enfoque? ¿Es efectivo? Contestaré con algunas preguntas para los que han estado en las ventas desde 1990 o incluso desde antes. ¿Lograste ganar más dinero en 1991 que en 1990? ¿Obtuviste más ganancias en 1992 que en 1991? (No olvides que esos fueron años de "recesión"). ¿Estás ganando más dinero ahora que antes en el mundo de las ventas? (Nota del autor: le he hecho estas preguntas a mi público en vivo desde 1976, después de las recesiones de 1974-75 y 1980-82. Puedo decir que siempre hay una cantidad considerable de personas que responden que las cosas van mejor y mejor, sea cual sea el estado de la economía nacional).

En definitiva, si tu pensamiento es negativo, tu negocio también lo será. *Mantén tu pensamiento positivo y tu negocio se mantendrá igual.*

Lo hermoso de vender es que es un acto de democracia. En la mayoría de los casos, a tu empresa no le importa si se trata de un hombre o una mujer, de negro o un blanco o educado o sin educación. Lo único que le importa a la empresa, en la mayoría de los casos, es la integridad y la productividad de cada uno de sus empleados. (Habrá algunas excepciones en el ámbito educativo, con algunas industrias altamente técnicas). El caso es que se te reconoce y se te paga en función de lo que tú, como individuo, hagas.

Buenos días, Sr. Presidente

Al levantarte al comienzo de tu jornada y mirarte al espejo, estás mirando directo a los ojos del presidente de tu junta, tu gerente, tu tesorero y tu conserje. Ese es el momento de darle un discurso motivacional a todo tu personal. "Eres una gran persona y la junta considera que te mereces un aumento". Como Cavett Robert solía decir: "¡El aumento te hará efectivo, tan pronto como tú lo seas!". Eso es lo que me encanta de la profesión de vendedor.

Siempre me causa risa ver a los candidatos presidenciales debatir sobre quién va a dirigir este país. Digo esto porque en Estados Unidos los vendedores son quienes realmente controlan la economía nacional. Y en caso de que cuestiones la validez de esta declaración, te invito a que continúes leyendo.

Las ventas mueven al mundo

Mi amigo vendedor, ¿alguna vez has pensado con total detenimiento en lo que sucede cuando haces una venta? En primer lugar, la venta te produce ganancias, tu gerente obtiene ganancias y, con suerte, tu empresa también obtiene ganancias. De esta manera, el negocio sigue a flote y tú continúas vendiendo.

Parafraseando a Samuel Gompers, uno de los fundadores del movimiento obrero: "La primera responsabilidad de la gerencia es obtener ganancias, porque de lo contrario, la compañía se quiebra. Y si eso sucede, los trabajadores no solo no recibirán un aumento, sino que ¡ni siquiera tendrán trabajo! Por lo tanto, tu empresa *debe* obtener ganancias, porque de esta forma, todos se benefician".

A continuación, quisiera hacer un breve recuento de lo que sucede cuando se hace una venta. Para comenzar, debes escribir el pedido en una hoja de papel. Esa hoja de papel comenzó siendo un árbol, pero alguien tuvo que ir al bosque y cortar ese árbol. O sea que, al hacer la venta, les estás pagando a esas personas que fueron al bosque y cortaron dicho árbol.

Después, muchas personas participan en el transporte de ese árbol hasta la fábrica de papel. Con tu venta, les pagas a esas personas por transportar ese árbol hasta allá. En la fábrica hay cientos de personas involucradas en transformar ese árbol en papel. Y de nuevo, tus ventas pagan el salario de esas personas. Pero la cadena va mucho más allá.

Mucha gente se beneficia

Con tus ganancias, vas al supermercado y compras una lata de fríjoles. Entonces, el dueño de la tienda te dice: "Si tú vas a comprar latas de fríjoles, eso significa que yo debo comprar más", así que él va al mayorista y compra más. El mayorista sigue la cadena y dice: "Si me van a comprar más latas, tengo que conseguir más" y se va a la fábrica de conservas y compra más. La fábrica de conservas necesita más fríjoles, por lo que el gerente acude al agricultor y compra más. Esto agota los suministros del agricultor, lo que significa que tiene que cultivar más fríjoles. El agricultor tiene un problema, pues su tractor se le daño mientras estaba cultivando, así que decide ir al concesionario de tractores y comprar uno nuevo. Y como el distribuidor solo tiene un tractor, tiene que ir a la fábrica de tractores para comprar más.

Cuando el concesionario hace el pedido de más tractores, el gerente de la fábrica de tractores dice: "Si van a comprar más tractores, tendremos que fabricar más. Y para esto, tenemos que traer más hierro, cobre, plástico, acero, aluminio, zinc, plomo, bujías y neumáticos. Además, hay que subcontratar las piezas que no fabricamos". ¡Y todas esas ventas y esos trabajos se crearon porque un día tú, mi amigo vendedor, saliste y realizaste una venta!

Los vendedores hacen que todo se mueva

Si alguien hace un comentario negativo sobre los vendedores, tú debes mirar a esa persona a los ojos y decirle: "Amigo, el dinero que te ganas depende de miles de personas que estamos en las ventas". Y esto aplica para cualquier persona, desde un cartero hasta un general, pasando por un maestro o un diseñador. *Nuestro nivel de vida en Estados Unidos se debe al sistema de libre empresa y el vendedor es el corazón de ese sistema.*

Hace unos años, el Secretario de Comercio de Estados Unidos dijo que se necesitaba reclutar más de un millón de vendedores. Para él, la razón era obvia: *cuando el vendedor cierra una venta, hace girar las ruedas de la industria.* Es obvio que yo soy parcial hacia la profesión de vendedor, pero permíteme hacer un contexto histórico, pues creo que te alentará en la profesión y te ayudará a entusiasmarte más con las ventas, lo cual te será útil en el ascenso de tu carrera. Para empezar, echémosle un vistazo a Cuba.

Antes de que Cuba cambiara de régimen en 1958, nada era racionado y nada escaseaba. Había vendedores en toda la isla y Cuba era 100% autosuficiente. Hoy, no hay vendedores y todo es racionado. Muchas cosas no se pueden comprar a ningún precio. Con respecto a mi observación de que hay muy pocos vendedores en la isla, algunos podrían decir: "Zig, si no tienes excedentes, no necesitas vendedores". Sin embargo, cuando había vendedores, había excedentes. El motivo es simple. Los vendedores crean empleos y oportunidades, y de paso, impulsan la industria y el crecimiento económico.

Los vendedores son buenas personas

Cuando la persona promedio logra entender el rol que desempeña el vendedor, su labor se hace mucho más fácil. Igualmente, al comprender la importancia de la profesión de las ventas, tu entusiasmo como vendedor aumenta y facilita inmensamente tu labor. Como grupo, los vendedores representan lo mejor de la clase media norteamericana, contando en sus filas con gran número de votantes y contribuyentes. La tasa de divorcios y suicidios entre los vendedores suele ser una de las más bajas de todas las profesiones. Como vendedor, es un privilegio ser parte de esta noble profesión.

Entonces, muchos se preguntarán: "Si todo esto es verdad, ¿por qué tanta gente tiene una imagen negativa de los vendedores?". En mi opinión, existen varias razones para tal concepción. Antiguamente, era común que, con el afán de vender, surgieran estafadores inescrupulosos también conocidos como "mercachifles", lo cual impulsó dicha concepción negativa.

Desde entonces, muchas personas mantuvieron la idea de que un "buen" vendedor es aquel que hace lo que sea para que la gente compre cosas que no quiere o, peor aún, que no necesita. Muchos compradores promedio no han logrado entender que el verdadero buen vendedor es en realidad un asesor que logra identificar las necesidades del cliente potencial y luego satisface tales necesidades a través de sus bienes, productos o servicios.

Esa abominable monstruosidad

Los problemas de la profesión se agravaron cuando Arthur Miller escribió esa abominable monstruosidad titulada *The Death of a Salesman (La muerte de un vendedor o más conocida como La muerte de un viajante)*. Esta obra no solo disfrutó de una larga carrera en Broadway, sino que también llegó a la televisión en varias ocasiones. Willy Loman, el personaje central, es vendedor y representa el epítome de un perdedor. Igualmente, el "profesor" Harold Hill en *The Music Man (Vivir de ilusión)* es en realidad un "estafador" consumado y recibió casi tanta publicidad como Willy Loman. En la mente de millones de estadounidenses, estos dos hombres representan la profesión del vendedor. Sin embargo, ¡nada más lejos de la realidad!

Los vendedores necesitan vender, como mínimo, dos productos extra, aparte de los bienes o servicios que comercializan. Primero, necesitan vender la libre empresa. Y segundo, tienen que vender el trabajo de los empleados y dueños de los negocios que fabrican sus productos. Productos que toman jornadas enteras en su elaboración para garantizar su superioridad y mejor precio. Como consecuencia, los vendedores le transmiten al público la confianza en que las manufacturas norteamericanas son aptas para resolver sus problemas y suplir sus necesidades. El público estadounidense requiere el mejor producto al mejor precio para que tanto sus familias como las familias de los vendedores obtengan los mayores beneficios.

Seguridad, longevidad y realización

Los beneficios que obtiene el vendedor en su carrera laboral son enormes. Con excepción de los sacerdotes y directores de orquesta, los vendedores suelen tener las carreras activas más largas que cualquier otra profesión. Yo comencé en las ventas cuando tenía ocho años y espero continuar por muchos años más.

A sus 94 años, Víctor Christen, de South Pasadena, California, continuaba vendiendo automóviles, después de 78 años de carrera. Trabajaba para el concesionario Colliau Chevrolet, y como su salud se lo permitía, nunca consideró retirarse.

Lo satisfactorio de ser vendedor es que, cuanto más tiempo vendas, más efectivo eres. La agilidad mental que se requiere para cerrar una venta mantiene el cerebro del vendedor alerta. Él sabe que, cuanto más tiempo se desempeñe en el oficio, más leales serán sus clientes y, por lo tanto, más ingresos residuales obtendrá. Dado que la integridad es el factor más importante en la construcción de la lealtad del cliente y de la estabilidad del trabajo, mantener una relación totalmente honesta se vuelve primordial para el vendedor profesional. Y cuando él recibe la confianza de sus clientes, los beneficios de la profesión son magníficos.

Puedes empezar desde joven

Lo maravilloso de este oficio es que puedes comenzar a temprana edad. Larry Hawes es un ejemplo clásico de esta premisa. Larry obtuvo su seguro social a los 10 años, pero en ese momento, ya llevaba vendiendo desde hacía tres años. Su madre le pagaba con dulces por hacer publicidad con un letrero frente a la tienda de lámparas de la familia. A los 11 años, ganaba $2 dólares por hora como ayudante en la tienda. Sin embargo, no podía resistir la tentación de colarse en la sala de ventas para vender algunas lámparas. En una de esas ocasiones, logró vender una lámpara de bronce de $300 dólares.

Años después, consiguió trabajo en la tienda The Blind Spot, especializada en persianas y cortinas a la medida. Larry tenía 14 años y su hermano Jay tenía16, pero fueron los primeros vendedores que Sandra Jennings, su madre y dueña del negocio, contrató. La tienda contaba con 7 empleados y Larry, a sus 16 años, se convirtió en el mejor vendedor. A su corta edad, obtenía un promedio de $50.000 dólares al mes en ventas. La gerente de la tienda, Lois Sparks, lo describía así: "Se puede confiar en Larry, porque siempre hace bien su trabajo. Tiene confianza en sí mismo para vender y pocos clientes notan que Larry solo tiene 16 años, pues luce y actúa como alguien mucho más maduro".

Sandra Jennings siempre fue el mayor apoyo para su exitoso hijo. "Él todo el tiempo está conectado con los negocios", decía ella al describir al menor de sus cuatro hijos. "Tiene un sexto sentido para no permitir que se le escapen los clientes. Aprende rápido y siempre le presta atención a todo lo que lo rodea. Él ama trabajar con las personas y es increíblemente curioso. Ha hecho de todo en la tienda: medir ventanas, instalar persianas y cortinas, etc.".

"Vender no es difícil", según Larry. "Es muy fácil cuando conoces tu producto y tienes un propósito. La gente entra a la tienda para cotizar, comprar o comparar marcas y estilos. Mi trabajo es mostrarles nuestro inventario para generar confianza en nuestro negocio y que compren sin preocupaciones".

Larry es un joven con un objetivo muy claro: "Quiero ser rico", dice con seriedad. "Me gustaría ser inversionista privado, comprar y vender propiedades, acciones, petróleo, ser dueño de una tienda por departamentos y de una cadena de restaurantes. Al cerrar una venta, me siento increíble, sobre todo, los sábados, cuando todos intentan alcanzar la meta de ventas de la semana". Larry no piensa que sea adicto al trabajo, pero siempre quiere cumplir o superar sus objetivos. El desafío y la emoción de vender son factores importantes en su trabajo.

Las grandes ventajas de vender, en mi opinión, son que se puede comenzar con poca o ninguna inversión, a una edad muy temprana y trabajar hasta cuando uno desee.

Gracias a la inspiración de Víctor Christen, quien seguía trabajando a los 94 años, a Larry Hawes, quien comenzó a los 7 años, y a todos los vendedores entre los 7 y los 94 años, hoy, sigo adelante con mi carrera como vendedor.

Si un joven me pidiera una sugeriría sobre una carrera en la que pudiera encontrar realización personal y seguridad laboral, le diría sin dudarlo: "No conozco una mejor profesión que la de vendedor".

Escoge un producto o servicio que le resuelva problemas a la gente y en el que creas 100%. Asegúrate de trabajar para una compañía que sea sólida desde el punto de vista moral y financiero. Conviértete en vendedor y comprométete a darlo todo, y te garantizo que lograrás una carrera exitosa. ¡Siéntete orgulloso de ser vendedor! El oficio de vender es un trabajo digno. Si logras sentirte *orgulloso* de tu producto, de tu empresa y de tu trabajo como vendedor, también lograrás cerrar una mayor cantidad de esas ventas que antes se te escapaban por poco. De esta forma, estarás construyendo una carrera valiosa y obteniendo mejores ganancias a corto y largo plazo.

Soy vendedor

Estoy orgulloso de ser vendedor porque, tanto yo como millones de otros como yo, construimos los Estados Unidos.

Si un hombre inventa el mejor abrelatas o cualquier otro aparato, se morirá de hambre esperando que la gente golpee a su puerta para comprárselo, pues independientemente de cuán bueno o necesario sea el producto o servicio, hay que venderlo.

Se rieron de Eli Whitney cuando presentó su desmotadora de algodón. Edison tuvo que instalar gratis la luz eléctrica en un edificio completo antes de que siquiera consideraran su utilidad. La primera máquina de coser fue destrozada por una turba de gente en Boston. Muchos se burlaban de la idea de los ferrocarriles. ¡Se creía que viajar a más de 50 kilómetros por hora podía detener la circulación de la sangre! McCormick tuvo que luchar durante 14 años para que la gente finalmente usara su segadora mecánica. Consideraban loco a Westinghouse por afirmar que podía detener un tren solo con el poder del viento. Morse tuvo que presentar su idea ante mínimo 10 congresos antes de que la gente tomara en serio el telégrafo que había inventado.

¡El público no pedía ninguna de estas cosas, había que venderlas!

Se necesitaban miles de vendedores y pioneros que pudieran persuadir con la misma efectividad que el inventor podía crear. Los vendedores tomaron los inventos, se los vendieron a la gente y les enseñaron cómo usarlos. Luego, les enseñaron a los empresarios cómo sacarles ganancias.

Como vendedor, he hecho más por este país que lo que ha hecho cualquier otra profesión. Mi labor era fundamental en la época de tu tatarabuelo y será vital en los días de tu tataranieto. He educado, creado empleos, facilitado labores y generado más ganancias que nadie en la Historia. He contribuido para darles una vida más plena y abundante a todas las personas. He bajado los precios mientras he aumentado la calidad y he hecho posible que disfrutes de las comodidades y los inventos de la vida moderna. He curado a los enfermos, les he dado seguridad a los ancianos y he enviado a miles de jóvenes a la universidad. He hecho posible que los inventores creen, que las fábricas funcionen y que los barcos naveguen por los 7 mares.

El dinero en tu cheque del próximo mes y los lujos de la vida en el futuro, viajes interplanetarios y casas inteligentes, dependen de mí. Que hoy hubieras podido comprar pan en la panadería solo pudo ser posible porque me aseguré de que el trigo del agricultor llegara al molino, que el molino convirtiera el trigo en harina y que la harina le llegara al panadero.

Sin mi labor, la maquinaria de la industria se detendría por completo. El estilo de vida de las personas y la libertad de pensamiento serían cosas del pasado. SOY VENDEDOR y me siento orgulloso y agradecido de servirle a mi familia, a mi prójimo y a mi país.

Autor desconocido

Definitivamente, los vendedores y su labor son de vital importancia para el crecimiento, la estabilidad y la libertad de los Estados Unidos.

Buenas noticias

Afortunadamente, los vientos del cambio soplan en dirección de los vendedores. El siguiente es un aparte de una entrevista realizada a Allan Cox, autor de "The Cox Report on the American Corporation", artículo publicado bajo derechos de autor en la revista *U.S. News & World Report:*

"La pérdida de estatus del vendedor simboliza el distanciamiento entre las corporaciones y los consumidores. Al inicio de la historia industrial y comercial estadounidense, los encargados de la fabricación y los encargados de las ventas eran héroes a la par. Con el tiempo, el vendedor perdió su estatus a pesar de que era y sigue siendo el vínculo entre el cliente y la empresa. Hoy, veo cómo esta tendencia ha comenzado a cambiar y espero que haya un resurgir del reconocimiento de los que se dedican al marketing y a las ventas. Se hace cada vez más evidente que hay que volvernos a enfocar en el cliente, el cual ha sido descuidado por mucho tiempo.

Muy pronto, será necesario que surja un nuevo tipo de director ejecutivo para las corporaciones. Alguien que le preste atención a su entorno y no solo a las finanzas, como fue la tendencia entre 1965 y 1980. Esta nueva generación deberá estar más orientada al marketing y al contacto con el público. Además, tendrá que ser mucho más sensible a los problemas actuales y enfocarse más en la responsabilidad social. A medida que las corporaciones entiendan que la sociedad y el mercado son lo mismo, se orientarán más hacia nuevas ideas y veremos el resurgimiento comercial estadounidense.

Postdata: una de las razones por las que los vendedores y el personal de marketing volverán a tomar control de las empresas es que, al fin, el mundo corporativo está entendiendo que las ventas son lo único que contribuye a las ganancias. Todo lo demás contribuye a los costos.

Parte 3

El profesional en ventas

Objetivos

Aprender a responder, lo cual es positivo, y no a reaccionar, lo cual es negativo.

Explicar las diferencias entre el vendedor profesional y el vendedor no profesional, el vendedor de alto desempeño y el vendedor de desempeño moderado.

Conocer a algunos profesionales en ventas reales, de todos los ámbitos de la vida y aprender de primera mano algunas de sus características, métodos y procedimientos.

Establecer de manera clara el hecho de que los odontólogos, constructores, camareros, diseñadores de interiores, maestros de escuela, operadores de estaciones de servicio, niños, etc., *todos* somos vendedores.

9

Características del vendedor profesional

Dado que constantemente hago referencia al hecho de que el vendedor es la parte más importante del proceso de la venta, echémosle un vistazo al profesional en este campo. En primer lugar, el vendedor comprende con total claridad que la lógica hace pensar a las personas, pero que es la emoción la que las hace actuar. Él sabe que, si usa toda la lógica en una presentación de ventas, es muy probable que termine con el cliente potencial mejor informado de la ciudad que, a lo mejor, terminará comprándole a otro vendedor. También sabe que, si usa mucha emoción al hacer su presentación, es muy probable que realice la venta, pero también es probable que el cliente potencial termine cancelando el pedido una vez sus emociones se hayan vuelto a estabilizar. Por eso, es consciente de que, cuando usa tanto la emoción *como* la lógica, es muy probable que termine con una venta hoy y con un cliente feliz y firme en el futuro.

El profesional entiende que la lógica es dirigida y es atractiva a la vista. En cambio, la emoción, aunque también es dirigida, es atractiva al oído. Es por eso que, cuantas veces sea posible, no solo le decimos a la gente lo que nuestra mercancía o nuestros bienes harán, sino que también se lo demostramos.

Hemos sido condicionados para creer lo que vemos y no tanto lo que escuchamos. No en vano se les ha llamado a los ojos las "ventanas del alma": el ojo de la mente cree lo que ve. Los ojos son el único de nuestros órganos sensoriales que se conecta directamente al cerebro. Por esta razón, aceptamos con mayor facilidad lo que vemos que lo que escuchamos. Sin embargo, nos mueve a actuar aquello que escuchamos. Recuerda, nuestro cerebro "sensible" es 10 veces más grande que nuestro cerebro "pensante", así que "habla sobre lo que vendes" *y* "muéstralo"; así, tus posibilidades de venderlo se multiplicarán.

Extrovertido o introvertido

Existen miles de opiniones con respecto al vendedor profesional. Por lo general, la gente piensa que se trata de un individuo feliz que cuenta historias, que da palmaditas en la espalda y es extrovertido y jovial. Sin embargo, la verdad es que el vendedor profesional es mucho más propenso a ser introvertido que extrovertido. Lo anterior no es razón para lamentarse, sino que, por naturaleza, este tipo de individuo es más tranquilo y más serio. Como es obvio, hay excepciones a cada regla. Pero echémosle un vistazo al extrovertido versus el introvertido.

El extrovertido tiene más probabilidades de causar una buena primera impresión. Cae bien con facilidad y sabe cómo establecer una buena relación interpersonal. Sin embargo, en demasiados casos, depende de la fuerza de su personalidad para lograr la venta. Esto estaría bien en ocasiones de venta de una única oportunidad, cuando se vende solo un artículo. Sin embargo, si vas a construir una carrera, ese es un asunto diferente. Y si le estás vendiendo de manera continua al mismo comprador, ese también es un asunto diferente.

Es más probable que el introvertido sea *minucioso* en sus estudios, *preciso* en su presentación y *conocedor* de los bienes, productos o servicios que ofrece su empresa. El vendedor introvertido es mejor organizado. Sabe dónde va a estar en un momento dado. Es mucho más probable que planifique su horario y luego lo siga. En la mayoría de los casos, escucha mejor y es un mejor estudiante para descubrir las necesidades del cliente potencial.

Por supuesto, el vendedor profesional *ideal* es un extrovertido que se toma tan en serio su profesión, que trabaja para desarrollar algunas de las características del introvertido para así atender de manera más efectiva a sus clientes. O es un introvertido que está tan comprometido con su profesión que desarrolla algunas de las características del extrovertido también para servirles lo mejor posible a sus clientes.

Profesionales de alto desempeño frente a profesionales de desempeño moderado

El estudio publicado por DeMarco y Maginn, de The Forum Corporation, reveló que los vendedores altamente exitosos practican habilidades de ventas fundamentales, así como de gestión *y* buenas relaciones humanas con el fin de llevarse bien con los miembros del personal, los clientes y con otros vendedores. *Ellos no renuncian a la responsabilidad de la instalación, implementación y servicio al personal de soporte técnico.* Más bien, continúan manteniendo una relación de "servicio" que los vendedores más jóvenes e interesados en desarrollar una carrera deberían aprender.

Sin importar la industria a la que pertenezcan, los vendedores de alto desempeño involucran a otros al solicitarles sus opiniones, compartirles información y estableciendo relaciones de confianza *dentro de* la organización. Además, existen grandes posibilidades de que estos vendedores de alto desempeño podrían pasar de la fuerza de ventas a un banco o a una fábrica y desempeñarse al mismo nivel. Lo interesante es que, quedó demostrado que la *capacidad de vender no es la característica principal que separa al vendedor de desempeño moderado del de alto desempeño.* La verdadera clave son los demás factores (confianza, relaciones, etc.). Los profesionales en ventas que están a un alto nivel de desempeño son personas *íntegras* y bien equilibradas que dominan muy buen conocimiento y un agresivo enfoque creativo para resolver problemas.

Un jugador de equipo con integridad. El vendedor de alto desempeño es un administrador que ejerce cierta influencia, con considerable habilidad, que sirve como enlace o vínculo entre el cliente en el campo y las personas de apoyo en la empresa. Él trabaja con su gente de apoyo de una manera que mejora su productividad y autoestima, a la vez que se concentra en temas importantes para construir y mantener una relación productiva y de confianza con el cliente.

El vendedor de alto desempeño también ayuda con productos y servicios relacionados y simplifica el proceso de la toma de decisiones de su cliente, pues está dispuesto a identificar otras fuentes de ayuda si sus necesidades van más allá de su experiencia y de la capacidad de su propia empresa. Los clientes valoran mucho la integridad y esperan recibir sugerencias y respuestas a sus preguntas que estén basadas en el mejor nivel de información posible.

Los vendedores de alto desempeño representan los intereses de su empresa y de sus clientes con dignidad, integridad y habilidad. Ellos le aportan valor agregado a la venta mostrando gran entusiasmo, habilidades interpersonales más sensibles, así como verdadero sentido de profesionalismo. También se comunican de manera clara y sensible con sus clientes y con el personal de soporte, lo cual aumenta la confianza entre los clientes en el sentido de que el vendedor sabe lo que hace. Y además, entienden que el producto o servicio en sí no genera valor, sino que los *vendedores crean valor con cada visita a su cliente.*

Claramente, construir relaciones internas es una clave para el éxito de los vendedores de alto desempeño. Además, el vendedor de alto desempeño es un jugador de equipo cuyo comportamiento de la relación interna es consistente con el comportamiento que lo hace exitoso con los clientes. Y aparte de eso, ve a sus gerentes comerciales como un recurso al cual él debe recurrir en el momento apropiado lo cual indica que él es un líder efectivo que fomenta la iniciativa y sabe brindar apoyo.

El profesional

Es tan consciente de otras personas que nunca deja que su ego obstaculice sus esfuerzos. Entiende que su función como profesional no es intentar ayudarle al cliente potencial a decidir si comprar o no, sino más bien proporcionarle información para que él tenga el conocimiento que necesita para poder tomar una decisión inteligente. Además, le brinda un aporte inspirador y motivador para que él o ella se inspire y quiera hacer la decisión de compra.

El profesional es de piel gruesa en la medida en que no se ofende con facilidad por lo que el cliente potencial tenga que decir. Esto no significa que acepte lenguaje abusivo, ni modales insultantes. Significa que sabe que, muchas veces, el cliente potencial ha sufrido abusos por parte de otros vendedores y por eso puede entender que el cliente potencial no lo está rechazando a él, sino a la oferta que él le está haciendo.

El profesional entiende

El profesional piensa en términos de servicio, pero *también en términos de su capacidad para realizar la venta en una llamada específica.* Él espera cerrar la venta. Es versátil en su conocimiento y su enfoque de ventas. Trabaja con base en un plan y no improvisa, pero como profesional sabe que, si bien hay muchas maneras de decir las cosas, siempre hay *una* que es la *mejor* manera. Como resultado, en *todas* sus presentaciones de ventas incluye muchas frases textuales, así como explicaciones y expresiones propias de su profesión. El profesional en ventas cree que es su responsabilidad vender tan claramente que el cliente potencial entienda que lo mejor para él es comprar.

Él sabe que, cuando el cliente potencial actúa de manera abusiva, casi siempre, esa es una forma de defensa provocada por una sensación de miedo debido a su propio sentimiento de inferioridad o a la insuficiencia de su ego. También entiende una regla universal en el mundo de las ventas y la aplica con diligencia y entusiasmo: es su convicción absoluta de que *necesita descubrir qué quiere el cliente potencial para luego ayudarle a conseguirlo.*

El diccionario define al *profesional* como "aquel que tiene una competencia asegurada en un campo u ocupación en particular". Es alguien que obra con *calidad* de desempeño, que tiene buen sentido del humor, que se toma en serio su profesión y las necesidades de sus clientes potenciales, pero no a sí mismo.

El profesional es un estudiante

El profesional entiende claramente que la escuela para él no acaba nunca. Conoce la importancia de estudiar a sus clientes potenciales, de estar actualizado en cuanto a la información de su compañía y sabe que es necesario manejar el arte de la persuasión. Por esa razón, lee buenos libros, escucha audios inspiradores, asiste a sesiones de capacitación y, sobre todo, en cada entrevista de ventas, estudia la naturaleza humana. También sabe que, para cambiar su estatus de vida, debe mejorar cada vez más su nivel de desempeño. Y para lograrlo, necesita cambiar su forma de pensar. Y a su vez, para cambiar su forma de pensar, debe cambiar aquello con lo cual alimenta a su mente, motivo por el cual es selectivo en las "calidad" de aquello con lo que nutre su cerebro. Además, entiende con total claridad que su mente no es un basurero; es un templo.

El profesional en las ventas "se educa" observando a los buenos vendedores cuando entran en acción, ya sea a nivel directo, mayorista o minorista. Con frecuencia, se formula preguntas del tipo: "¿Cómo hago para tomar este procedimiento y acondicionarlo a mi propia situación de ventas? ¿Para vender y atender a mis clientes de manera más efectiva?". Él sabe que sus clientes potenciales tomarán una decisión basada en lo que entiendan y crean, por lo cual les vende a mejores precios, mantiene el proceso simple y hace que sea creíble.

El profesional "vive" las ventas

Sí, es consciente de las ventas. Se despierta y comienza su jornada pensando en ventas. Va a trabajar pensando en ventas. Vuelve a casa pensando en ventas. La única diferencia es que, cuando llega a casa, comprende que, aunque su situación es diferente, utilizará los mismos procedimientos básicos y trabajará desde la misma base. El vendedor profesional mantiene en mente el hecho de que vender es una *transferencia* de sentimientos y que la hipocresía en las "llamadas de ventas" producirá los mismos resultados negativos que producen con sus otros "clientes potenciales".

Desde su corazón, también debe venderles a sus hijos la idea de ser lo mejor que ellos puedan. Desde su corazón, le vende a su esposa la idea de que él es un buen esposo y además se lo demuestra. En resumen, el vendedor profesional es empático durante todo el día. Lo hermoso es que este proceso es tan divertido para él que puede ser, y es, su segunda naturaleza.

Él entiende que la gente compra por *sus* razones propias y no por las del vendedor. Por este motivo, estudia mucho sobre la motivación y el comportamiento humano y entiende a cabalidad que, para influir en el comportamiento, es necesario comprender algo al respecto: saber que, ante una buena idea, procedimiento o técnica, no importa quién la posea o la utilice.

El profesional es optimista. Mira el lado positivo de cada aspecto de la vida. Sabe que el cliente potencial promedio experimenta bastante tristeza y fatalidad en su vida y no aprecia el hecho de que un vendedor le infunda más tristeza. También comprende que él, en gran medida, tiene el control del clima de la compra. Con eso en mente, no discute temas irrelevantes, ni trae a colación la más reciente tragedia nacional o local. También crea una atmósfera de entusiasmo y optimismo, por lo que sus posibilidades de lograr la venta aumentan de manera considerable. Tiene una gran singularidad de propósito y concentración en el objetivo inmediato, ya sea hacer la venta, aplacar a un cliente descontento o hacer una llamada de seguimiento. Esta singularidad de propósito le permite concentrarse en el motivo de compra dominante de cada cliente y enfocar sus energías y atención en ayudarle a obtener aquello que este desea. Además, está muy motivado y les transmite su entusiasmo a aquellos de sus clientes potenciales a quienes les interesa responder mediante su decisión de compra.

El profesional es adaptable

Es un pensador, pero entiende a la perfección que es mejor emular al genio que crear mediocridad, por lo que evalúa los materiales y procedimientos en función de los resultados. Si las técnicas y métodos que está utilizando le dan resultados deseables, los mantendrá, pero abandonará cualquier procedimiento o técnica que demuestre ser ineficaz. Tampoco se permite sentirse cómodo con un proceso de ventas determinado y continuar usándolo mucho después de que este haya perdido su efectividad. Es consciente del cambio en el procedimiento, pero es aún más consciente del hecho de que los *principios* no cambian.

El profesional está orientado hacia la construcción de una carrera

Cada acción la adelanta con la idea de construir una carrera y no por solo hacer una venta individual. El profesional comprende muy bien el popular adagio que reza que las *palabras solas a menudo fallan, por eso hace demostraciones en busca de cerrar ventas.* Él entiende que el factor de credibilidad aumenta cuando el cliente potencial *ve* el producto o servicio mediante una demostración. También entiende que si uno escucha algo, lo olvida; en cambio, si lo ve, lo recuerda; pero si uno lo escucha, lo ve y lo hace, lo entenderá realmente y estará mucho más inclinado a pasar a la acción. Con esto en mente, involucra al cliente en la presentación. Lo invita a sentir la tela mientras se prueba el abrigo. Le permite conducir el carro de sus sueños. Deja que se siente frente al teclado y trabaje con el procesador de palabras o la computadora que le está vendiendo. Utiliza imágenes y testimonios en su presentación.

El vendedor profesional exhorta a la ama de casa a probar la aspiradora. Les permite a sus clientas que ellas mismas se apliquen el maquillaje para que sientan confianza en que sí, que ellas también están capacitadas para obtener los mismos resultados que durante la demostración. En resumen, el vendedor profesional involucra al cliente en el uso de los productos, bienes o servicios que él promociona.

El profesional posee convicción, preocupación, confianza y valentía. Está convencido de que su producto le resolverá un problema a su cliente potencial. Le preocupa que este compre sin tener en cuenta el beneficio que pueda o no obtener de su compra. Por eso, confía en que sabrá persuadirlo para que actúe en su propio bien y su coraje le permite pedirle que tome medidas inmediatas para velar por sus propios intereses.

¡El profesional tiene una curiosidad incurable! No solo se pregunta por qué el césped es más verde al otro lado de la montaña, sino que escala hasta la cima para ver desde allí cómo lo fertilizan y así descubrir qué marca están utilizando allá.

El profesional se ve y actúa como un profesional

Su aspecto es el de un profesional. Está vestido de forma apropiada según sea la ocasión. Sabe que no desempeñará un rol exitoso si está usando el traje del fracaso. Entiende que no es posible recoger la cosecha de este año confiando en el fertilizante que echó desde el año pasado, así que, con bastante frecuencia, planta en su mente los pensamientos y procedimientos correctos. En resumen, se viste de forma apropiada tanto a nivel mental como físico.

El profesional es una persona de principios. Entiende que el hombre y la mujer que no defienden valor alguno se dejarán convencer con cualquier argumento de venta. Sabe que, si se le agrega así sea un poco a la verdad, será inevitable restarle pureza. El vendedor profesional se rige por la declaración de Will Rogers, quien afirmó: "Prefiero ser el hombre que compró el Puente de Brooklyn que el que lo vendió". La implicación es clara: se abstendrá de obrar de mala fe para proteger su integridad y evitar aprovecharse de las personas. Entiende que, como dice Ann Landers, "esa es una posición incómoda de sostener, pero él sabe que no se irá de bruces".

El profesional es muy trabajador. Entiende, como lo expresa Steve Brown, el entrenador en ventas de Atlanta, Georgia, que "vale la pena hacer mal cualquier cosa que valga la pena hasta aprender a hacerla bien y mientras tanto uno se dedica a ir estudiándola y practicándola hasta que aprenda a hacerla a nivel profesional". Él sabe que los verdaderos vendedores no hacemos el trabajo a través de las personas, sino que desarrollamos personas a través del trabajo. En resumen, el vendedor profesional sabe que la actividad precede al logro y que, por lo general, el aprendizaje precede a la actividad. Él hace su tarea y practica en reuniones de ventas y frente a su familia. Está ansioso por ponerse al frente del cliente potencial para presentar el examen final y allí pone a prueba su aprendizaje y alcanza sus objetivos. Como dijo Phil Lynch, el entrenador en ventas: "El vendedor profesional *se prepara para el mañana mediante sus actuaciones de hoy*".

El profesional está en crecimiento

El profesional construye una hermosa biblioteca con mucha información sobre la profesión y con respecto al proceso de las ventas y a las personas a quienes les vende. Él nunca iría a ver a un médico que dejó de estudiar cuando terminó el pregrado en medicina, ni a un abogado que dejó de estudiar cuando se graduó de derecho. Se sentiría consternado si se diera cuenta de que el médico o el abogado no tenían materiales para consultar y aprender. Con esto en mente, construye su propia biblioteca en el tema de las ventas y la expande con la mayor frecuencia posible.

También entiende que el vendedor promedio gasta varios cientos de dólares al año arreglándose la parte externa de la cabeza (en afeitadas, cortes de cabello, laca, cosméticos, colonias y perfumes) y un mínimo de $3.000 dólares en vestir su cuerpo, así como varios miles en transporte. Ahora, después de haber gastado miles de dólares preparándose para vender, él *entiende que, como profesional en ventas, necesitará saber qué decir cuando esté frente a sus prospectos y clientes*. Con eso en mente, siempre está ampliando su biblioteca y, lo que es más importante, su cabeza, con nuevos procedimientos y técnicas.

El profesional en ventas invierte en libros, grabaciones y seminarios de capacitación y los capitaliza al entender cuánto le cuesta a él y/o a su empresa *hacer* una llamada comercial y/o *perder* ventas debido a informaciones inadecuadas, erróneas o incompletas. Los portátiles, los celulares y todo aquello que es instantáneo brindan una increíble oportunidad de venta. Y aunque el costo en *dólares* de una llamada comercial es alto, el costo de la frustración humana y las carreras en ventas arruinadas debido a la falta de información, técnica e inspiración en las ventas es bastante mayor. El costo de adquirir la capacitación necesaria es mínimo en comparación con el costo de *no* adquirirla. Como dijo alguien una vez: "Si crees que la educación es cara, solo mira el costo de la ignorancia". O para hacerlo personal, ¿cuántas veces has perdido *tú* una venta y luego has aprendido alguna información o técnica que *sabes* que habría marcado la diferencia en ese momento específico? (Duele, ¿no?)

P:D: Felicitaciones por invertir en *Secretos para cerrar la venta* y por embarcarte en este proceso de aprendizaje. Sigue por esta senda. *¡Estás creciendo!*

El profesional se pone metas cada vez mayores

El profesional establece estándares internos de desempeño. Tiene objetivos en los cuales trabaja a diario. En términos generales, según un artículo publicado en *Psychology Today*, el vendedor profesional establece sus propias cuotas y objetivos más altos que los que establecería la compañía. Está mucho más inclinado a usar su tiempo libre en tareas relacionadas con las ventas. Por ejemplo, cuando el negocio está lento, les escribe notas de seguimiento o de agradecimiento a los clientes en lugar de perder el tiempo leyendo revistas, tomando café o participando en charlas inútiles.

A medida que cambian los tiempos, el profesional cambia su procedimientos y técnicas, pero nunca cambia los conceptos y la filosofía de rendir al máximo, con el mayor entusiasmo posible y al precio justo más bajo.

El profesional sabe que todo el conocimiento contenido en los libros de la Biblioteca del Congreso no funciona sin la magia del sentido común y el juicio. Tras un análisis final, él comprende que su *carrera dependerá* no solo de lo que sepa, sino *de lo que haga con eso.*

Lo que no es un profesional

El profesional entiende que uno no se convierte en vendedor al responder a un anuncio en un periódico y tomar un maletín para ir a visitar a un cliente potencial, así como uno no se convierte en ingeniero al comprar una calculadora, ni en médico al comprar un estetoscopio.

Ser vendedor es mucho más que sonreír, vestirse pulcramente, contar buenas historias y aprenderse algunas buenas líneas.

Cuando hablo del profesional, es obvio que no me refiero al chico o chica que han abandonado otra profesión, ni a quienes se dedicaron a vender porque les pareció que era "fácil". (Piensan: "Lo único que tengo que hacer es hablar, y como yo tengo buena capacidad de expresión, seré buen vendedor". Uno de los mitos que destruyó el estudio de The Forum Corporation es el de pensar que un vendedor tiene que ser un simple hablador). Tampoco estoy hablando del empleado de medio tiempo que se dedicó a trabajar seis semanas en ventas antes de Navidad para ganarse un dinero extra.

El profesional es perseverante

El profesional en ventas ha *elegido* esta profesión y permanece en la escuela a lo largo de toda su carrera. Trabaja siempre en función de ganarse el título de "vendedor". Trabaja duro en su actitud, autoimagen, relaciones y objetivos al igual que en sus procedimientos y técnicas. Entiende a la perfección que debe preparar a la *persona que es él* antes de poder preparar al *vendedor que hay en él.*

También entiende que necesita mantenerse "actualizado y en crecimiento", porque *un vendedor con poca experiencia siempre es mejor que uno que no la tiene.* Sabe que, mientras se mantenga actualizado, estará en crecimiento y que, por el contrario, su falta de crecimiento lo llevará al fracaso.

El vendedor profesional es como la historia del saltador que rompió el récord mundial. Alguien le preguntó cómo lo hizo y él respondió: "Lancé mi corazón por encima de la barra y el resto de mí lo siguió".

Cuando le pongas el corazón a la profesión de vendedor, adquirirás las habilidades, los procedimientos y la técnica necesarios para el éxito. Como afirma el Dr. Robert Schuller, autor de *Move Ahead with Possibility Thinking:*

"A un logro espectacular lo precede siempre una preparación espectacular".

La actitud del profesional es de agradecimiento por *algunas* de las dificultades que afronta. Él no quiere ser como un muchacho de mi pueblo que decía que, a veces, quisiera recibir una bendición que no estuviera escondida detrás de algo. Menciono esto porque cada vez que nos encontramos ante un cliente potencial o una venta difícil, debemos recordar que estos son nuestros mejores maestros; y si todas las ventas fueran fáciles y "cualquiera pudiera hacerlas", nuestras comisiones serían, si mucho, una décima parte de lo que ganamos.

El profesional es consciente de que la competencia cada vez es más fuerte, así que él también debe serlo. Por esa razón, no proyecta un carácter, sino que *tiene* carácter.

Como dice Mike Frank, el profesional en ventas: "El profesional adquiere y mantiene una 'conciencia de prospección'. Busca clientes potenciales entre los actuales y los anteriores, así como entre todos aquellos a quienes llama, sean cuales sean los resultados que obtenga en sus ventas. Los cultiva en el supermercado, el club y los restaurantes, como también en eventos sociales. Utiliza información de la radio, la televisión, los periódicos y de carteles publicitarios y de los que se encuentran en los autobuses. El vendedor profesional 've' un cliente potencial detrás de cada arbusto, de cada árbol y en cada esquina".

Además, lleva registros. Recuerda lo que lo hizo exitoso y mantiene el mismo impulso, entusiasmo y dedicación en su trabajo. Sabe que esos factores que le ayudaron a comenzar, junto con su experiencia, pericia, habilidad y conocimiento son los que lo convierten en un profesional exitoso. Disfruta estudiando y leyendo buenos libros y publicaciones sobre ventas y motivación.

A medida que lees este libro, pregúntate lo siguiente: ¿es este el primer libro que he leído este año o es el sexto? Si es junio o algún mes posterior, espero de todo corazón que sea, por lo menos, el sexto.

10

He aquí a un profesional

V eamos a un verdadero profesional en el mundo de las ventas. Creo que esta historia abarcará tantos puntos sobre ventas, técnicas y procedimientos específicos como los que no verás en ninguna otra historia sobre ventas. No solo será útil para todos los vendedores, sino que sus lecciones de sicología y persuasión también serán útiles para cualquier profesional que alguna vez tenga que "vender" una idea. En resumen, te ayudará tanto a nivel personal como profesional.

En esencia, a lo largo de ella encontrarás aspectos "externos" de la venta, como por ejemplo, cuál es la inflexión de voz más apropiada, cómo hacer preguntas, cuál es la importancia de la habilidad en las ventas *y en el* vendedor, cómo enfrentar el factor determinante en las ventas de manera efectiva, cómo pasar del lado del vendedor al lado del comprador, cómo llevar a los clientes potenciales a hacer nuevas decisiones, cómo desglosar el precio para que este no sea un factor tan importante y cómo y por qué se debe vender el valor de un producto. Es decir, cubre los pasos que debe seguir todo vendedor profesional para que el cliente potencial se sienta bien con sus compras anteriores y mejor atendido con las que le hayan parecido insatisfactorias; también muestra la importancia del seguimiento en la construcción de una carrera en ventas, cómo utilizar el enfoque de Abraham Lincoln para convencer al cliente potencial de pasar a la acción, cómo guiar al cliente potencial vacilante y mucho más.

La gente recuerda historias

Como ya habrás notado, *Secretos para cerrar la venta* contiene muchas, muchas historias. Lo hago por dos buenas razones. Primera, porque es mucho menos probable que uno deje que la mente divague cuando lee una historia (siempre y cuando esté bien contada). Segunda, porque recordamos las historias con mayor facilidad que cualquier otra cosa, y al hacerlo, también recordamos los puntos y las técnicas que aprendemos mediante ellas. Y como solo puedes usar lo que recuerdas, enseñar técnicas a través de historias reales y de analogías es el método más efectivo que haya existido. Recuerda que este fue el procedimiento utilizado por el Carpintero de Galilea, quien fue el mejor Vendedor y el mejor Maestro que jamás haya existido.

Como profesor y formador, soy consciente de que, si el alumno no ha aprendido, es porque el profesor no ha enseñado. Por eso, quiero que este libro te informe y que seas una mejor persona y un mejor vendedor. Mi interés es que te vuelvas cada vez más profesional y más productivo. Y la única forma en que lograrás todo esto es si te *enseño* técnicas efectivas e *inspiradoras*.

En noviembre de 1975, decidí comprar un auto nuevo. Como el Cadillac '76 me parecía muy hermoso, visité dos concesionarios, fui a hacer pruebas de conducción en varios de ellos y comencé a sopesar cuál sería la mejor elección. Dado que conduzco muy poco, solo compro un automóvil nuevo cada cinco o seis años, razón por la cual no tenía ninguna prisa especial por "comprar de inmediato". En esos días, durante una conversación telefónica con un conocido, salió el tema de los autos y le comenté que era muy probable que me comprara un Cadillac nuevo. De inmediato, él me dijo que debía hablar con Chuck Bellows, de Rodger Meier Cadillac.

Ante su comentario, le dije: "Bueno, es obvio que lo conoces. ¡Qué tal si lo llamas, le dices que soy un buen tipo, que voy a pasar por su concesionario y que me trate bien!". Su respuesta fue: "Con mucho gusto, Zig. Y desde ya te digo que puedes confiar 100% en Chuck Bellows. Si te dice que va a llover, ¡ve preparando tus botas! ¡Su reputación de honestidad e integridad es incomparable!".

La conversación llegó a su fin, él llamó a Chuck, yo me subí a mi carro y me dirigí a Rodger Meier. Cuando iba llegando al concesionario, Chuck reconoció mi carro, pues nuestro amigo en común se lo había descrito. Cuando llegué al único estacionamiento disponible, Chuck estaba listo para abrirme la puerta.

El cierre "halagador"

Chuck es un tipo anticuado y, definitivamente, introvertido. Cuando me abrió la puerta, me dijo:

- Chuck: Usted debe ser Zig Ziglar.

- Zig: Sí, soy yo.

- Chuck: Bueno, Sr. Ziglar, permítame comenzar diciéndole que creo que maneja uno de los mejores autos que he visto. ¡Es absolutamente hermoso!

Punto #1. Hacer un comentario positivo acerca de una compra reciente o anterior de un prospecto no es una mala manera de comenzar la conversación. Esa es una muy buena forma de hacerlo sentir bien con respecto a sus decisiones de compra anteriores. Esto era justo lo que Chuck estaba haciendo e implicaba un "sí" a su favor. Es decir, cualquiera piensa: "Sí, este tipo *sí* me está diciendo la verdad". Ahora, si el carro fuera un vejestorio destartalado y él dijera: "¡Hombre, qué lindo auto!", yo agarraría mi billetera y huiría lejos de allí para salvar mi vida financiera, porque sabría que él está tratando de meterme las manos al bolsillo.

Punto. Asegúrate de que la observación o el cumplido sean precisos y sinceros.

Fue obvio que Chuck estaba diciendo la verdad. Aquel era un carro hermoso. Era un Oldsmobile Regency, marrón bicolor, con todas las buenas cualidades que aumentan el valor y mejoran el disfrute de un automóvil. Entonces, cuando me dijo: "¡Hombre, qué lindo auto!", le respondí agradeciéndole y diciéndole que lo había disfrutado mucho y que me había brindado un excelente servicio. Luego, él reiteró: "Bueno, es un auto hermoso. ¿Podría contarme dónde lo compró?".

Formula esas preguntas

Es muy importante que tomes nota de estas preguntas, porque son completamente naturales y parecen casuales a pesar de que lo más probable sea que Chuck las haya hecho muchas veces a lo largo de los años. No eran "de cajón", sino que él las planificó con bastante intencionalidad y cuidado.

Entonces, le respondí que mi vecino de enfrente era ejecutivo de General Motors y que compré el carro gracias a él.

- Chuck: Cuénteme, ¿de casualidad compró uno de los autos ejecutivos?

- Zig: De hecho, así fue.

- Chuck: ¡Seguro! Fue un buen negocio, ¿no? (No sé cómo seas tú, pero hay una alta probabilidad de que, cuando alguien te diga que hiciste un buen negocio hace cuatro o cinco años, tú admitas con cierta modestia que aquella sí fue una buena transacción. Espero que así lo hagas, pues de lo contrario, ¡ese sería un alardeo desagradable!).

Tan modestamente como pude, dije: "Pues mire, Chuck, para decirle la verdad, cuando compré este carro costaba $7.600 dólares". (Recuerda, esto fue en 1975). "Solo tenía 2.100 millas y lo compré en $5.600 dólares". Chuck comentó: "Impresionante; ¡qué buen negocio!".

Era cierto. Hice un buen negocio, pero con esas palabras también hice algo más. Cargué el primer cañón de su escopeta de ventas. Me había pedido información y yo (el cliente potencial) se la había dado.

> *Cuando hables con un cliente potencial,*
> *recuerda que, en la mayoría de los casos,*
> *él estará encantado de darte información*
> *pertinente siempre y cuando se la pidas.*

Chuck continuó: "Sr. Ziglar, me da mucho gusto tenerlo por acá. Permítame hablar con el avaluador para ver cuánto podemos darle por su excelente automóvil. Pero déjeme decirle que si es tan lindo por dentro como lo es por fuera, podremos cambiarlo hoy mismo y hacerlo feliz, porque tenemos un inventario magnífico". Acto seguido, llegó el avaluador, se subieron al carro y se fueron.

Piensa como comprador y también como vendedor

Se dirigieron a donde sea que van los avaluadores cuando hacen lo que sea que hagan al avaluar un carro. Volvieron a los 10 o 15 minutos. Cuando regresaron al parqueadero, Chuck estaba sentado del lado del pasajero, sonriendo como un gato que acaba de tragarse a un canario. Es decir, ¡estaba muy emocionado!

Como vendedor, permíteme recordarte que debes pensar como comprador y también como vendedor. En este caso en particular, ya que estoy comprando, estoy pensando como comprador.

Cuando Chuck entró al estacionamiento con esa gran sonrisa en su rostro, tengo que confesar que un pensamiento vergonzoso pasó por mi mente. (¡Ahora, quiero enfatizar que no dejé que me invadiera ese pensamiento y por eso no tuve que salir corriendo de allí!) La palabra *ganga* llegó a mi mente. (Pensé que Chuck estaba tan deslumbrado con mi carro de solo cuatro años de uso, ¡que me iba a *pagar* por cambiarlo!). Como te digo, es vergonzoso, pero de nuevo, te recuerdo que yo era un cliente potencial, así que estaba *pensando* como tal.

Para mantener las cosas en perspectiva, te recuerdo una y otra vez que, si deseas ascender como vendedor profesional, *siempre debes pensar como vendedor y como comprador en toda situación de ventas.*

Como posible comprador, pensé: "Le encantó mi carro. Me va a hacer una oferta increíble, ¡estoy seguro!". El auto se detuvo y Chuck se bajó. No puedo garantizarlo, pero creo que él ha estudiado algo sobre actuación. Cuando salió, cerró la puerta, retrocedió y sacudió la cabeza. Luego, como si no pudiera creerlo, abrió la puerta y la volvió a cerrar. Fue obvio que le encantó esta magnífica máquina que iba a tener la oportunidad de obtener mediante un intercambio comercial.

Elimina esas objeciones tácitas

Me miró y repitió lo que había dicho antes: "¿Sabe, Sr. Ziglar? ¡Este sí que es uno de los autos más hermosos que he visto! De hecho, está en mejores condiciones por dentro que por fuera. Lo felicito de verdad". Mi respuesta fue: "Muchas gracias, Chuck". Él continuó: "De hecho, estoy un poco perplejo. Por favor, no me malinterprete, porque estoy encantado de que haya venido, pero solo por curiosidad, tengo que preguntarle por qué quiere cambiar un automóvil tan hermoso en este momento".

Tú, lector, que estás involucrado en el mundo de las ventas, sobre todo, si no llevas mucho tiempo en este campo, pensarás que esta pregunta parece un poco negativa. ¡Zig trae un auto de cuatro años de antigüedad para cambiarlo por uno nuevo y Chuck le pregunta *por qué* quiere hacerlo! Sin embargo, en vez de ser algo negativo, creo que es una señal positiva de un profesional competente y seguro.

He aquí el por qué: *si hay alguna objeción, es 100% mejor plantearla desde el inicio para así manejarla como parte de la presentación, en lugar de hacerlo al final de la charla.* Si tú, como vendedor, te aseguras de clarificar cualquier objeción antes, entonces, venderás desde el plano ofensivo y no desde del defensivo.

De vuelta a Chuck

Cuando Chuck me preguntó: "¿Por qué quiere cambiar este auto?", lo miré, sonreí y respondí: "Bueno, Chuck, para ser sincero, tenemos una reunión familiar en Mississippi en unas tres semanas y creo que sería lindo llegar en un Cadillac nuevo". Como era lógico, Chuck también pensó que eso sería agradable, pero no dijo nada. (No tenía que hacerlo, ¡yo le acababa de cargar el segundo cañón de su escopeta de ventas!). Acto seguido, sacó su libreta (he enfatizado a lo largo de este libro que debes tener a la mano tu libreta) y comenzó a hacer cuentas. Tenía una gran sonrisa en su rostro, por lo que aumentó aún más mi confianza en que recibiría una oferta bastante buena.

De los gozosos a los dolorosos
y de vuelta a los gozosos

Por desgracia, ese sentimiento no duró mucho. Después de hacer cálculos durante unos momentos, esa magnífica sonrisa comenzó a convertirse en un semblante neutral. Cuando su sonrisa se disolvió, lo miré y pensé: *"¡Oh, no! ¡Encontró algún problema, tal vez, incluso algo que está mal!",* y empecé a desilusionarme. Chuck continuó pensándolo y, después de unos minutos más, esa magnífica expresión inicial que luego se volvió neutral se transformó en un gesto de disgusto. De hecho, ¡nunca en mi vida había visto tanto disgusto en un lugar tan pequeño! Mi corazón se me bajó a los talones. Estaba pensando (más bien, hablando conmigo mismo): *"¡Oh, no! ¡Encontró algún problema y no voy a poder comprarme ese Cadillac nuevo y hermoso con el que tanto he soñado!".*

Ahora que lo analizo, debí ser más optimista, más que todo, porque tengo la reputación de ser un pensador positivo. En realidad, cometí el error de subestimar a Chuck Bellows y no debí hacerlo, pues, entre otras cosas,

¡es un luchador! Es decir, él estaba allí parado y seguía pensando y pensando y pensando. Por fin, ese aspecto disgustado en su rostro comenzó a volverse neutral y yo resulté haciéndole fuerza: *"¡Vamos, Chuck, fuerza, hombre, sigue así!"*. Y gracias a Dios, eso fue lo que él hizo.

Después de unos minutos más, esa expresión neutral volvió a su magnífica sonrisa. En ese momento, Chuck levantó la mirada de su libreta y con una voz emocionada me dijo: "Sr. Ziglar, ¡le tengo maravillosas noticias! Debido al excelente estado de su automóvil y a nuestro maravilloso inventario, hoy podrá cambiar su carro por tan solo $7.385".

¡Casi me da un ataque al corazón!

No me malinterpretes, por favor. Soy un hombre instruido. Quiero decir, veo televisión y leo los periódicos, pues todos saben que así es como uno se mantiene informado. ¡Yo sabía que el precio de los automóviles había subido bastante! Y no solo eso, sino que mis amigos y parientes habían estado diciéndome: "¡Zig, es increíble lo que ha pasado con los precios de los carros! ¡Se enloquecieron!". Pero mis amigos y familiares estaban hablando de un tema diferente.

¡Eso es mucho dinero!

Ellos hablaban de *sus* autos y de *su* dinero. Chuck Bellows estaba hablando de *mi* auto y de *mi* dinero y esa es una historia completamente diferente. Cuando él dijo: "$7.385", y así lo hizo, (no dijo: "$7.385 dólares"), ¡grité como un cerdo enjaulado!

"¡Dios mío, Chuck!", le dije, "¡Eso es mucho dinero!". Chuck me miró a los ojos y en total silencio me hizo una pregunta muy simple, aclaro, con la inflexión de voz correcta: "Sr. Ziglar, ¿en verdad es demasiado?".

Punto importante: Chuck ni discutió, no se puso a la defensiva, ni trató de justificar el precio. Más bien, en silencio y con una confianza casi casual, volvió a poner la pelota en mi lado de la cancha. ¿Qué pregunta era esa?

Como participante en este juego, tengo que hacerme algunas preguntas y tomar decisiones. La primera es: ¿qué me está preguntando? ¿Me está preguntando si el precio está fuera de mi alcance o rango financiero? ¿Este precio representa una dificultad? ¿En realidad me está diciendo que si no puedo asumir la diferencia de $7.385 deberé confesarle que no puedo pagarlo? Estimado lector, si me conoces, aunque sea en lo más mínimo, tú sabes que yo nunca le habría confesado que no podía asumir esa inversión. De ninguna manera.

¿O su declaración/pregunta se trataba de algo diferente? Me estaba preguntando: "Sr. Ziglar, como el hombre de negocios prudente que usted es, ¿cree que los $7.385 son más de lo que quisiera pagar para intercambiar estos dos automóviles en este momento?".

Si la última era la interpretación apropiada, entonces, yo no tenía problema en declararme culpable, así que le respondí: "Chuck, eso es más de lo que estoy dispuesto a invertir en la diferencia". Chuck se mantuvo a la ofensiva y en un estilo muy agradable y amable me lanzó otra pregunta directa, pero simple: "Sr. Ziglar, ¿cuál cree usted que sería una diferencia justa para entregar su magnífico Oldsmobile Regency de cuatro años de antigüedad a cambio de nuestro nuevo y magnífico Cadillac Sedan deVille?".

El cierre al estilo "Abraham Lincoln"

Ten en cuenta que a lo largo de toda esta charla, Chuck Bellows nunca dijo nada despectivo, ni negativo sobre mi automóvil. Más bien, utilizó el enfoque de Abraham Lincoln, quien solía abogar por ambos lados cuando presentaba un caso ante el jurado. Primero, tomaba el lado de la otra parte y luego el de su cliente. Tenía cuidado de sacar más puntos a su favor, pero cuando se ponía del lado opuesto siempre era justo, aunque no era tan elocuente como cuando presentaba el caso de su cliente.

El cierre de la "compra anterior"

La técnica y la sicología de Chuck eran perfectas. Cualquier ataque a mi auto habría sido algo personal contra mí. Después de todo, *yo* lo había comprado y *cuando se ataca una compra, se está atacando al comprador y a su juicio.* Cuando los padres critican o calumnian al novio de su hija, están atacando el juicio, el gusto y la inteligencia de ella. *Esa es* a menudo la razón por la cual los hijos se rebelan. Por lo tanto, tampoco es la manera correcta de ganar amigos e influir sobre nuestros hijos, *ni mucho menos* sobre nuestros clientes potenciales.

Ten cuidado y tacto cuando te digan algo despectivo sobre una compra que hayas realizado. (El tacto, como ya sabrás, es el arte de reconocer cuándo ser grande y cuándo no menospreciar). Declaraciones como "¡Por Dios, en ese negocio se aprovecharon de ti!", "¡Te vieron la cara!", serían desastrosas para ti si se las haces a tu cliente potencial.

Ejemplo, Si le dices: "Es obvio que no fueron completamente honestos contigo" o "Estoy de acuerdo en que te vieron la cara", estos comentarios llevarán a tu cliente potencial a pensar: *"¡Sí, me vieron la cara, amigo mío, pero estaré atento y te garantizo que tú no me la verás!"*. Así que, si dices cosas como esas, estarás ondeando una bandera roja y alertando al cliente potencial para que él se muestre escéptico cuando tú le digas algo despectivo sobre su compra anterior o sobre un vendedor con el que él tuvo que lidiar en alguna ocasión.

Entonces, ¿qué decir cuando un cliente potencial haga algún comentario negativo sobre una compra anterior que él haya hecho? Intenta esto: míralo a los ojos y dile en voz baja: "En retrospectiva, Sr. Cliente Potencial, estoy seguro de que, si pudiéramos volver al pasado, casi todos tomaríamos algunas decisiones de manera diferente. Sin embargo, usted tomó esta decisión en ese momento, bajo las circunstancias de ese entonces y con la información que tenía a su disposición. Estoy seguro de que muchos habríamos tomado la misma decisión que usted, así que yo no me daría tan duro por algo que sucedió hace tanto tiempo".

> *La mejor manera de hacer que un cliente potencial tome una nueva decisión favorable es logrando que se sienta en paz con respecto a una decisión anterior.*

Haz que el cliente potencial se sienta bien

La pregunta es: ¿has sido honesto con tu cliente potencial? La respuesta será obvia cuando respondas a la siguiente pregunta: ¿alguna vez compraste algo y luego deseaste no haberlo comprado? Piensa en eso por un momento y verás que lo compraste, porque sentiste que estabas tomando la decisión correcta. Cuando adquieres algo de importancia, lo haces porque crees que es un "buen negocio" y lo mejor para ti en ese momento. Entonces, recuerda que tu cliente potencial se sentía *exactamente* de la misma manera cuando hizo su compra.

Siguiendo este procedimiento, Chuck me estaba haciendo sentir bien. Estaba hablando de mi hermoso Oldsmobile Regency de cuatro años de antigüedad, pero no solo eso. Al preguntarme cuál consideraba yo que era un precio justo, también estaba explorando desde los inicios de nuestra conversación si yo era un cliente potencial real. Sabía que si yo le ofrecía $500 dólares a cambio del auto nuevo, solo estaría haciéndole perder el tiempo y lo mejor sería terminar nuestra conversación.

En la misma orilla —en el mismo juego

Una situación similar podría existir en el negocio inmobiliario. Por ejemplo, una casa está en venta a un precio de $395.000 dólares y el cliente potencial dice: "Bueno, ofrezcamos $195.000". El agente de bienes raíces sabe que un cliente potencial real no hace una oferta tan baja, pues esto indica no solo que están en diferentes orillas, sino también que están jugando a dos juegos diferentes. Como vendedor, es importante saber esto lo antes posible para poder decidir si es mejor invertir tu tiempo de manera efectiva con ese cliente potencial actual o con otro. Eso era lo que Chuck estaba haciendo.

La pregunta "Sr. Ziglar, ¿cuál cree usted que sería un precio justo?" le daría a Chuck la respuesta que él necesitaba para decidir si yo era un cliente potencial legítimo o no. Mi respuesta fue: "Bueno, Chuck, siempre he creído en negociar con cifras redondas y estoy convencido de que $7.000 dólares serían una buena diferencia entre esos dos autos [pausa], incluidos los impuestos y los costos".

Chuck me miró sorprendido y dijo: "Sr. Ziglar, me está pidiendo algo imposible. Primero, me solicita un descuento de $385 dólares y segundo, me habla de impuestos y costos que representan casi $350 dólares. Serían $735 dólares y no creo que ese trato sea posible. [Pausa]. Sin embargo, Sr. Ziglar, quisiera hacerle una pregunta: en el improbable caso de que aceptáramos su oferta, ¿estaría preparado para llevarse a su casa este hermoso Sedan DeVille de una vez?".

Está hablando en serio

De repente, me di cuenta: "¡Este tipo sí que se toma en serio las ventas de autos!". ¡También comprendí que alguien (yo) estaba a punto de comprarle algo a otro (él) si ese alguien no hacía algo!

En ese preciso instante, le hice a Chuck algo que tus clientes potenciales te han estado haciendo durante toda tu vida como vendedor y te lo seguirán haciendo mientras sigas en el mundo de las ventas. En el momento de la verdad, cuando en esencia le había hecho una oferta y Chuck me había dado alguna señal de que iba a aceptarla, comencé a echarme para atrás. Le dije: "Hmmm... No sé, Chuck. $7.000 dólares son muchísimo dinero y a mí no me llega la plata así de fácil".

El cliente potencial está temporalmente loco

Debemos entender que si la decisión es importante, en el momento justo de decidir, según el autor Charles Roth, los clientes potenciales están "temporalmente locos". Y la razón es la siguiente: en decisiones importantes, la duda y el miedo entran siempre en escena. En mi caso, yo estaba tomando una decisión de $7.000 dólares que, para alguien que maneja sus finanzas de forma conservadora, es una cantidad bastante importante.

Las preguntas o dudas que comenzaron a surgir en mi cabeza fueron: "¿En realidad, sí quiero este color? ¿Estoy seguro de que quiero un Cadillac? ¿Quiero comprarlo ahora o mejor espero 60 o 90 días después de que el modelo haya salido? ¿Quiero un Sedan DeVille, un Fleetwood o un Coupe DeVille? ¿Podría encontrar una mejor oferta en otro lugar? ¿Estoy 100% seguro de querer comprar? ¿Sería mejor adquirirlo mediante *leasing*? Si opongo mayor resistencia, ¿Chuck me hará una mejor oferta?

En resumen, hay dudas, y las dudas afectan el juicio. De ahí que el cliente potencial se sienta "temporalmente loco". Entonces, Chuck me dejó paralizado con la pregunta: "Sr. Ziglar, si aceptamos su oferta de $7.000 dólares, ¿estaría dispuesto a dar el siguiente paso?".

El punto principal que quiero destacar sobre el manejo de un cliente potencial que tiene dudas es el siguiente: el tipo de *persona* que somos tiene, por lo menos, la misma importancia que el tipo de *vendedor* que somos.

Antes de que el cliente potencial se deje convencer de nuestras explicaciones o nuestros productos, debemos convencerlo de quiénes somos nosotros mismos. Esto significa que el cliente debe comprar nuestra personalidad, sinceridad y credibilidad. La conclusión es que el cliente potencial debe *confiar* en el vendedor.

En este momento, quisiera que notes la forma en que construyó confianza Chuck Bellows, la persona, así como el procedimiento de venta que siguió Chuck Bellows, el vendedor profesional. Como ya he manifestado antes, la razón principal por la que un cliente potencial no te compra es la falta de confianza. Por esta razón, debes tener claro que una carrera en ventas comienza cuando llegamos a la edad de asumir la responsabilidad, no cuando estrenamos nuestro primer kit de ventas, ni cuando nos paramos detrás de un mostrador por primera vez.

¿Habilidad o credibilidad?

En el proceso de ventas, tenemos que pasar de un lado de la mesa (donde pensamos y nos sentimos como vendedores) al otro (donde pensamos y nos sentimos como clientes). Eso fue lo que hizo Chuck en esta situación, sentarse en mi lugar, ponerse en mis zapatos y pensar lo que pensaba yo como cliente. *Debía sentir empatía* hacia mi situación como cliente si quería lograr la venta.

Además, quiero que notes su habilidad de negociación y las técnicas de venta que utilizó como profesional en ventas. Pero una y otra vez, quiero que entiendas que toda *la técnica en el mundo que tú* (o en este caso, Chuck) *uses tiene poco o ningún valor si el cliente potencial no te cree lo que le estás diciendo, ni confía en ti como persona.*

Entonces, ¿qué hizo Chuck en este momento en particular, cuando comencé a dudar la contraoferta que le había hecho? Sacó su bolígrafo, tachó los $7.000 dólares en su libreta y me dijo: "Sr. Ziglar, para ser prácticos, olvidemos los $7.000 dólares, porque no es ni remotamente posible que la empresa le pague todo eso. Pero hagamos esto: sigamos hablando de los $7.385, porque estoy seguro de que ese sería el precio por el que nos iríamos". En este momento, Chuck bajó la voz, me miró a los ojos y, con un asomo de sonrisa, dijo: "Porque, Sr. Ziglar, nosotros no nos echamos para atrás cuando hacemos *nuestras* ofertas".

¿Ligeramente peligroso? Sí. Pero solo ligeramente, porque nuestro amigo en común le había dicho a Chuck: "Zig es de muy buen humor", así que Chuck sabía que podía bromear conmigo un poco. Cuando él dijo: "Nosotros no nos echamos para atrás cuando hacemos *nuestras* ofertas", no me sentí ofendido, sino que me divertí. Más importante aún, entendí su mensaje de que él era un negociador serio y que esperaba que yo también lo fuera.

"Entonces", continuó, "hablemos de estos $7.385, Sr. Ziglar, porque de acuerdo con las cifras que me había dado antes [y de nuevo está usando su libreta], le estamos haciendo una oferta de $2.600 dólares por lo que usted pagó por su Oldsmobile cuando era nuevo. Sr. Ziglar, usted ha manejado su auto durante cuatro años, y si hace cuentas, eso se traduce en un costo anual de unos $600 dólares al año". (Al mismo tiempo, me mostró estas cifras escritas en su libreta). Entonces, Chuck bajó la voz, me miró a los ojos y dijo: "Además, Sr. Ziglar, ¡ni siquiera un Chevrolet es posible conducir a ese costo tan bajo!" (Eso me hizo sentir bien acerca de mi compra anterior).

El cierre de "sentirse bien"

Pensé: *"Ziglar, ¡eres un bribón inteligente! ¡Conduces ese enorme y poderoso Oldsmobile por tan solo $600 dólares al año y muchas otras personas tienen que pagar muchísimo más por conducir un Chevrolet!"*. Entonces, de repente, me di exacta cuenta de lo que él estaba haciendo y le dije: "¡Espere, Chuck, paremos un momento! ¡De ninguna manera le voy a dar $7.385 por ese carro! ¡Le ofrecí $7.000 dólares y eso es todo!".

Chuck había tomado clases de actuación, ¡de eso yo estaba seguro! No se rio. Ni siquiera sonrió. Apenas dijo: "Bueno, Sr. Ziglar, esto se me sale de las manos [ahora se movía hacia mi lado, el lado del cliente, mientras me rodeaba con el brazo], pero le diré lo que haremos: *voy a hablar con el avaluador para ver cómo le puedo ayudar.* Le aseguro que haré todo lo posible para ayudarle a que se lleve *su* auto a *su* precio, porque quiero que *usted* conduzca un carro de los que vendemos en Rodger Meier".

Antes, Chuck me había hecho sentir como un hombre de buen juicio. Ahora, me estaba haciendo sentir importante. Precaución: ten cuidado. Si no puedes hacer esto mismo con convicción y sinceridad, no lo hagas.

Chuck estaba utilizando una versión sutil del cierre de presunción que cubriré en detalle más adelante. Cuando él dijo "su" automóvil, "su" precio y señaló que me había costado solo $600 dólares al año conducir mi Oldsmobile, estaba sacándome de mi carro y sentándome en el Sedán DeVille. Me sentó al volante, porque ya me había generado sentido de propiedad.

Ahora, observa cómo evitar futuros malentendidos al repetir nuestra conversación:

- Chuck: Antes de ir a hablar otra vez con el avaluador, permítame confirmar que nos estamos comunicando bien. Según entendí, usted nos está ofreciendo $7.000 dólares por el intercambio, con todos los cargos incluidos.

- Zig: Es correcto, Chuck.

Habiendo dicho esto, Chuck se fue a hablar con el avaluador. Volvió a los tres minutos y me dijo: "Esto es un poco vergonzoso, pero el avaluador se tuvo que ir para su casa por una emergencia y no volverá sino hasta mañana en la mañana. Mi pregunta es, ¿podrá dormir esta noche sin saber si es o no el dueño de este hermoso y nuevo Sedan DeVille?

El cierre de "amarre"

- Zig: Sí, Chuck, creo que podré hacer ese sacrificio.

- Chuck: Entonces, antes de que se vaya, veamos si nos estamos entendiendo. [Ahora, observa cómo amarra la venta]. Como usted sabe, en el negocio de los autos no consideramos una oferta como tal, a menos que tengamos un acuerdo firmado, pero he estado en este negocio por mucho tiempo y me enorgullezco de ser capaz de juzgar a las personas buenas y de carácter. Creo, Sr. Ziglar, que cuando usted dice que pagará $7.000 dólares por el auto, si eso incluye todo, ese es todo el acuerdo que necesitamos, porque su palabra es su garantía. ¿Estoy en lo cierto, Sr. Ziglar?

¿Qué crees *tú* que yo iba a decir ante una afirmación como esa? ¿Qué hubieras dicho *tú?* Ciertamente, yo no le iba a decir:

- Zig: "No, Chuck, soy un mentiroso".

Cuando alguien lo pone a uno en un pedestal de esa forma, ¿qué puede hacer uno? Así que le dije (modestamente, por supuesto):

- Zig: "Así es, Chuck. Si yo digo algo, ¡puede confiar en ello!".

- Chuck: "Yo sabía que usted era 100% confiable, así que cerraremos el trato con un apretón de manos entre caballeros. Lo llamaré a primera hora en la mañana y espero tener buenas noticias para usted".

La mañana siguiente, cuando entré a la oficina a las 8:30 a.m., el teléfono estaba sonando. Chuck me estaba llamando y, cuando le contesté, sonaba bastante motivado:

- Chuck: "Sr. Ziglar, ¡le tengo noticias fantásticas! ¡Acabo de hablar con el avaluador y podremos hacer el negocio con usted por solo $7.200 dólares, todo incluido!".

En ese preciso instante, supe que había comprado el auto por $7.000 dólares.

Un compromiso conlleva a... Otro compromiso

Como decimos en mi tierra: "Trato hecho, jamás desecho".

> *Cuando una empresa o un individuo se comprometen una vez, ya sea por precio o por principios, el siguiente compromiso es inminente.*

- Zig: Chuck, anoche me impresionó su perspicacia y sabiduría al darme crédito por mi integridad. Pensé que tenía razón y, como soy un hombre de palabra, haré exactamente lo que dije.

- Chuck: Sr. Ziglar, ¿me está diciendo que no pagará más de los 7.000?

- Zig: Chuck, no nos estamos mirando a los ojos, pero nos estamos comunicando. Eso es todo.

- Chuck: Lo vuelvo a llamar en un par de minutos.

Cuando lo hizo, me preguntó:

- Chuck: ¿Quiere que se lo lleve o pasa a recogerlo?

- Zig: Chuck, a mí me gusta que me traigan mis carros.

- Chuck: Nos vemos en unos minutos.

Dos puntos principales para concluir la historia. Primero: cuando comencé a retirar mi oferta de $7.000 dólares, Chuck no trató de hacerme la venta una vez más. Sabía que yo trataría de bajar aún más el precio si él lo intentaba. Segundo: aunque conocí a Chuck el día antes de comprar el carro, en realidad, él comenzó a vendérmelo 22 años antes, cuando tomó la decisión de construir una *carrera* como vendedor profesional de automóviles Cadillac.

Para hacer esto, Chuck sabía que tenía que hacer dos cosas. La primera, fidelizar a sus clientes para así poder venderles una y otra vez. La segunda, persuadirlos para que le enviaran otros. El éxito que Chuck tenía lo evidenciaba el hecho de que la mayor parte de sus negocios es producto de ventas a clientes antiguos. Esto es bastante notable cuando analizamos que vivimos en una sociedad altamente cambiante y que muchos de sus clientes se mudan a otras ciudades. Mi propia compra fue motivada por uno de sus clientes de vieja data.

La manera en que Chuck procede es importante. En primer lugar, ha construido su carrera con base en la integridad. En mi propio caso, no fui donde Chuck a *mirar* un Cadillac. Yo ya había *visto* Cadillacs en otros dos concesionarios. Yo ya estaba decidido por el carro. Fui a ver a Chuck para *comprar* un auto *si* lográbamos ponernos de acuerdo en los detalles financieros. Yo sabía que podía confiar en él y la confianza es el ingrediente más importante en la transacción. En segundo lugar, Chuck es 100% profesional en cuanto a la forma en que conduce el proceso de la venta. Después de 10 días de haber hecho la compra, me llamó para ver cómo me había sentido con el carro, si podía hacer algo por mí, y dijo: "Ah, a propósito: ¿tiene algún amigo al que me pueda referir para hablarle sobre nuestro nuevo modelo?".

La primera vez que llevé el carro a revisión, a la primera persona que vi, casi antes de apagar el motor, fue a Chuck Bellows. Quería saber si podía hacer algo por mí. Pero eso no es todo. Con cierta periodicidad, Chuck llamaba solo para decir: "Hola, y por cierto, ¿conoce a alguien que…?".

Era obvio que yo mantenía su nombre fresco en mi mente, así que, cuando llegara el momento de cambiar el auto, lo recordaría.

Chuck Bellows es un profesional. Vestido de forma prolija y conservadora en todo momento, genera la imagen de un amigo y asesor que quiere ayudarle a su posible cliente a seleccionar el automóvil adecuado y luego trabaja para que él disfrute de su selección. Eso es vender bien. Esa es la forma de hacer cada venta y ganar más que sola esa venta. Así, también se gana un cliente y un amigo. Hoy, esta es la forma de vender más y la será también en el futuro. Mi amigo, este es el tipo de ventas que construye una carrera.

11

Todos somos vendedores y todo son ventas

Tom McDougal es mi amigo y un odontólogo y vendedor *profesional.* Como odontólogo es excelente. Les da conferencias a otros odontólogos a nivel nacional sobre cómo ejercer de forma exitosa. Como *todos* los verdaderos profesionales, Tom practica lo que predica.

Recuerdo que, en mi primera cita, la recepcionista fue cordial, amable y entusiasta conmigo. Una asistente me entregó los formularios para pacientes nuevos y me invitó a tomar asiento en la sala de recepción. Casi inmediatamente después de diligenciarlos, vino otra asistente y me llevó a la consulta preliminar.

Desde su "buenos días" hasta su "adiós", todos allí fueron entusiastas y profesionales en lo que hacían. El Dr. McDougal, por supuesto, se encargó de las partes del tratamiento que solo un odontólogo sabe manejar, pero los miembros del personal también hicieron su trabajo de manera profesional. Quizá, la parte más impresionante de la cita fue que no uno, ni dos, sino tres de ellos "me vendieron" la importancia de usar hilo dental. Cada uno me dijo entre risas que el Dr. McDougal cree que se debe usar hilo dental "solo en los dientes que uno quiera conservar".

El punto es simple: el Dr. McDougal cree en la odontología preventiva. Salí de allí sintiendo que todos querían que yo conservara mis dientes. Eso es practicar una buena odontología y buenas relaciones humanas, y también es un servicio de venta fantástico.

Las palabras sí marcan la diferencia

Cuando fui a ver al Dr. McDougal, noté que él usaba *palabras positivas*. Muchas las tomó de la amplia lista que preparó la consultora dental Gladys E. Cook.

Hablaba de "restauración" en lugar de "calza" y de "cambios en la agenda" en lugar de "cancelaciones" o "aplazamientos". Estuve brevemente en su "sala de recepción", no en su "sala de espera". Al final de la cita, me preguntaron cómo iba a "cubrir", no a "pagar" los servicios. Del consultorio me llamaron a la oficina para "confirmar" o "verificar" la cita, no para "recordármela". Me pidieron que "vaciara la boca", no que "escupiera". Me "prepararon" el diente en lugar de "limarlo". Me aplicaron una "inyección" en lugar de "ponerme agujas" o "pincharme". Sentí un poco de "incomodidad" o "presión", pero no "dolor". Sí, señor, las palabras son importantes. ¡Marcan la diferencia!

¡Ups!

Dos detalles adicionales se destacan en la relación con este dentista. El primero, que un par de noches después, una de las coronas temporales se me desprendió. Entonces, llamé a su consultorio y me respondió el servicio de contestador. A los pocos minutos, mi teléfono estaba sonando y 10 minutos más tarde iba rumbo a su consultorio, donde uno de sus colaboradores me volvió a cementar la corona temporal sin espera alguna. Eso se llama cuidar al paciente (cliente).

En segundo lugar, dado que el Dr. McDougal preparó tres dientes para las coronas, la cita fue larga y el trabajo extenso. Esa noche, él me llamó para preguntarme cómo estaba. ¿Necesitaba una prescripción? ¿Me sentía cómodo? ¿Podía él ayudarme en algo? A decir verdad, en todos los años que he ido al odontólogo, nunca me habían llamado a casa para preguntarme cómo estaba y si algo me dolía.

Siendo sincero, en un comienzo, pensé que me había llamado porque me conocía como orador y escritor. Sin embargo, verifiqué con otros pacientes suyos y descubrí que, cada vez que hace un trabajo extenso con un paciente, el Dr. McDougal lo llama esa noche para asegurarse de que esté bien. Esa es una buena odontología, pero, amigos, desde mi perspectiva, esa también es una buena venta, porque me demostró su cuidado y preocupación por mí como persona.

El Dr. Hugh Russell, de Atlanta, Georgia, señala que es muy frecuente que las personas nos compren no porque entiendan nuestra oferta, sino porque sienten que las entendemos. En el caso del Dr. McDougal, le compro a él porque es un excelente dentista y porque me entiende tanto a mí como a mis necesidades cuando me siento en su sillón odontológico. Todo vendedor profesional debería tener el mismo nivel de preocupación y profesionalismo al cuidar a sus clientes.

Esto lo verbaliza mejor el mismo Dr. McDougal en este párrafo que nos aportó:

"El verdadero secreto para 'vender' en odontología o en cualquier otra profesión o negocio es hablar desde el corazón y no desde la cabeza o el intelecto. Cuando el hombre interior habla, comunica su forma más profunda de sinceridad. Sin embargo, uno no puede hablar desde el corazón a menos que crea 100% en su producto y/o servicio. Esto significa que debe haber pagado el precio de obtener un conocimiento profundo de él. También hay que creer que este producto o servicio es, sin duda, lo que el cliente/paciente necesita".

A los ojos del público en general, el Dr. McDougal no es "vendedor", ni "entrenador en ventas", pero como vendedor, nunca leerás un párrafo más cargado de impacto a nivel de ventas que el anterior.

Un operador profesional de una estación de servicio

Hace varios años, cuando las estaciones de servicio eran realmente eso y no solo tenían proveedores para llenar el tanque de gasolina, conocí a Tom Fountain, uno de los vendedores estrella de nuestra era.

Nunca olvidaré el día que llegué a su estación en Decatur, Georgia. Venía con el tanque vacío. Diluviaba cuando me acerqué a la bomba de gasolina, así que salí y me apresuré hacia la estación indicándole al asistente que no saliera a empaparse, ya que yo no tenía tanto afán.

Me presenté ante el dueño de la gasolinera y comencé la conversación con un comentario negativo atípico: "Tom, esta lluvia debe significar una problema para el negocio de las estaciones de servicio, ¿no?". Al oír esto, él me respondió con entusiasmo: "¡No, Zig, para nada! De hecho, esto es de lo mejor que me puede pasar".

El cierre de "clima lluvioso"

Le respondí que, en todos mis años de vida, nunca había escuchado que el dueño de una estación de servicio se entusiasmara con la lluvia y le pregunté qué lo motivaba a decir algo así. Su respuesta fue:

"Mira, Zig; cuando llueve, es cierto que mi negocio se pone lento, pero cuando tenemos un auténtico diluvio como este, cientos de puntillas y fragmentos de vidrio se van hacia las carreteras y ocurren cantidades de pinchazos durante los días siguientes.

No me malinterpretes, Zig. No me gusta ver que alguien tenga mala suerte, pero es un hecho de la vida que, cuando hay puntillas y vidrio en la calle, la gente pasa sobre ellos. Y además, sucede que tengo los mejores reparadores de neumáticos en esta ciudad y por eso podemos hacer el mejor y más rápido trabajo al mejor precio. Esa es la razón por la que la gente viene. No puedo hacer nada acerca de la lluvia, pero cuando llueve de esta forma, lo que sí puedo hacer es ayudarles a quienes entran a resolver sus problemas".

¡Válgame! ¡Qué visita más encantadora! ¡Con una actitud como esa, no es de extrañar que su negocio tuviera resultados tan buenos!

El cierre del "repuesto"

En otra visita a la estación de Tom, estábamos conversando sobre estrategias de venta y él me compartió un procedimiento fantástico que utiliza para hacer ventas adicionales.

Cuando un automóvil llega a la estación, Tom y su equipo le revisan el aceite, la batería y el agua, así como la correa del ventilador. Cuando esta última está desgastada y a punto de reventarse, Tom le dice al dueño del auto: "Señor, la correa del ventilador está desgastada... si saca el repuesto del baúl, con gusto se lo instalo. No me demoro más de un minuto".

Por lo general, el propietario dirá: "No tengo el repuesto en el baúl". Entonces, Tom le responde: "Venga y mírela, está muy desgastada. Yo sí le recomiendo que le ponga una nueva, porque esta se puede romper en cualquier momento y dejarlo varado en un mal lugar". Ante esa posibilidad, en la mayoría de los casos, el propietario acepta el cambio.

Supongo que ya habrás creado tu propio fin de la historia, ¿verdad? Pues bien, el hecho es que, cuando Tom sale de la estación, no lleva una, sino dos correas. Y no solo termina vendiendo una, sino que, la mayoría de las veces, también vende la segunda. Esa es la marca del profesional. Eso es servir vendiendo... ¿o vender sirviendo?

El profesor es un vendedor

Todo el mundo vende. Repetiré lo que dijo hace muchos años Red Motley, el exeditor de la revista *Parade*: "No pasa nada hasta que alguien venda algo". Nunca olvidaré ese caluroso día de verano de 1943, cuando entré a la clase de Historia de Estados Unidos que impartía el entrenador Joby Harris en Hinds Community College, ubicada en Raymond, Mississippi. Llegué a ese curso a regañadientes, pues tenía que aprobarlo para graduarme de la escuela secundaria, pero, en lo que a mí respecta, aquello era una completa pérdida de tiempo. ¿En qué me ayudaba hoy lo que hubiera pasado 50, 100 o 200 años atrás?

Entré con la actitud de que tomaría la clase y aprendería solo lo suficiente como para "pasar". Mi interés real era acabar esa materia lo más pronto posible para luego tomar cursos adicionales de matemáticas y ciencias en el otoño siguiente con tal de calificar para la Fuerza Aérea Naval. Mi sueño durante varios años había sido volar un avión de combate. En ese verano de 1943, estábamos en medio de la Segunda Guerra Mundial y yo me sentía muy entusiasmado por hacer mi parte. A la avanzada edad de 16 años, yo ya sabía con total claridad lo que quería hacer con mi vida.

Cuando entré al aula ese día, esperaba que el maestro se presentara, hiciera algunos comentarios ligeros y se diera a la tarea de enseñarnos Historia. La primera parte, fue un hecho. El profesor Harris se presentó, hizo algunos comentarios casuales y luego una de las presentaciones de ventas más profesionales que jamás yo haya escuchado. Cuando terminó su "charla de ventas", entendí con claridad diáfana por qué tenía que conocer la Historia de mi país. De hecho, antes que terminara esa primera hora, yo ya había elegido que mi énfasis sería en esa asignatura. Y no solo obtuve la mejor calificación en ella, sino que fue la única en la que obtuve las mejores notas de manera consistente durante el resto de mi carrera académica.

Muchísimo más importante es el hecho de que, lo que me dijo el profesor Harris ese día, influyó en el resto de mi vida. Mi interés en la política, en las condiciones sociales y en hacer todo lo posible para que nuestro país sea un mejor lugar para vivir se remonta directo a esa primera hora de la clase de Historia con el profesor Joby Harris.

¿No sería genial si pudiéramos convencer a todos los maestros de que ellos son vendedores, que *necesitan* y *pueden* venderles a nuestros jóvenes los conceptos que hicieron grande a nuestro país, junto con la idea de hacer y ser lo mejor posible? Deberíamos convencerlos de que logren objetivos más altos y hagan mayores contribuciones. Con este enfoque, creo que la juventud de hoy sería mucho más productiva en su mundo del mañana.

Los constructores profesionales también venden

Como he dicho en media docena de ocasiones diferentes, en *Secretos para cerrar la venta*, todos, desde la madre y ama de casa hasta el técnico informático profesional, son vendedores. Lo mismo aplica para los constructores. En 1981, iniciamos una acción que había estado en nuestros planes durante varios años.

Compramos un lote en Holly Lake, donde se llega después de un agradable viaje de dos horas al Este de Dallas, Texas. Mi sueño durante mucho tiempo había sido reducir mis presentaciones y concentrarme más en la escritura. Mi objetivo personal es influir de la manera más positiva posible en la mayor cantidad de personas posible y puedo lograrlo más efectivamente a través de mis libros que a través de eventos en persona.

Entonces, encontramos en Holly Lake lo que considerábamos el lugar ideal, porque era apartado, tranquilo y hermoso. Después de comprar el lote, tuvimos que elegir un constructor. Solo hablamos con un hombre que se llama Bill Tenison. Desde el principio, sus palabras y acciones nos indicaron que él tenía la *expectativa* de construir nuestra casa (el cierre "presuntivo"). Bill tenía muchas cosas a su favor, incluyendo su comportamiento sencillo, amigable y profesional, además de su *reputación*.

Cuando compramos nuestro lote, conocimos a los vecinos de al lado quienes estaban terminando su casa y ellos nos dijeron que solo había un constructor a tener en cuenta y ese era Bill. Con gran entusiasmo comentaron que él hacía un trabajo excelente, que era un hombre íntegro y cumplía con todo lo que se comprometía a hacer *y hacía incluso* más. Entonces, hablamos con personas a quienes Bill les había hecho alguna construcción un par de años atrás y también nos dijeron eso mismo. Como es de entender, Bill estaba ansioso por llevarnos a ver las casas que tenía en construcción, así como las que construyó desde hacía ya varios años.

El sentimiento general en la comunidad era que Bill Tenison construía cada casa para poder ser buen vecino y amigo de todos sus clientes. Como Bill estaba en el proceso de construir su propia casa en el lago e iría a pescar y a jugar golf con todos o con la mayoría de sus vecinos, su enfoque era muy sabio. (¿Te imaginas lo que sería intentar jugar golf con 50 clientes enojados?).

Entonces, ¿cómo lo hizo?

Te diré con total honestidad que Bill nos construyó la casa con mucho más de lo que habíamos negociado. Sé muy poco o nada del mundo de la construcción, pero varias personas familiarizadas con la industria me aseguraron que Bill usó mucho más aislamiento del que se requería en las especificaciones y que agregó un refuerzo adicional que no era necesario. En innumerables ocasiones, utilizó tablas de 3" x 6" cuando la práctica estándar dictaba el uso de 2" x 4".

A medida que construía la casa, y como no podíamos estar presentes en cada fase del proceso, Bill tomaba docenas de fotos por iniciativa propia y nos las enviaba. Esto no solo nos permitió observar los avances de la construcción de la casa, sino que nos convenció por completo de que estábamos obteniendo todo lo que habíamos negociado y hasta más.

El punto era claro. Bill sabía que cuando sus hombres clavaran la última puntilla en nuestra casa, él estaba sentando las bases para clavar la primera puntilla en todas las otras casas que sus clientes satisfechos iban a vender por él. Como profesional, Bill es tan egoísta como para saber que, si realiza un trabajo excelente conmigo, hace más de lo que se le paga por hacer y me satisface como cliente, yo les diré a personas como tú que, si alguna vez quieren construir una casa en Holly Lake, Bill Tenison es el hombre con quien todos deben hablar. De esto, mi amigo vendedor, es justo de lo que se trata la construcción de una carrera en ventas.

Como uno no deja una hermosa casa vacía, esta historia tiene una secuela y está vinculada, al menos en parte, al que J. Douglas Edwards, el fallecido entrenador en ventas, llamara el cierre del "cachorrito".

El cierre del "cachorrito"

Este cierre es simple y sin lugar a dudas comenzó, o al menos, se hizo popular, durante los días en que los jóvenes convencían a sus padres de ir a una tienda de mascotas "solo para mirar" ese "perrito en la ventana" (no sé si tengas la edad suficiente para recordar aquella canción titulada *Doggy in the Window)*. Si el joven y el dueño de la tienda de mascotas no lograban confabularse para convencer a mamá y papá de comprar ese lindo cachorrito, entonces, el dueño de la tienda los animaba a llevárselo a casa para ver si les gustaba. Te imaginarás cómo termina la historia, ¿no? El punto más importante es que el dueño de la tienda de mascotas permite que su producto (el cachorro) se venda solo. Esa es una buena estrategia.

Los diseñadores de interiores también venden

Cuando Bill Tenison terminó nuestra casa en Holly Lake, la diseñadora de interiores Joyce Wynn, junto con su fabuloso personal (en especial, Kathy Adcock-Smith, quien hizo un gran trabajo al buscar por todas partes *exactamente* lo que necesitábamos) trabajaron detalle a detalle con mi pelirroja y conmigo para asegurarnos de que quedara amoblada como debía ser y de acuerdo a nuestros gustos y deseos.

Nunca olvidaré lo que sucedió cuando ya casi todo estaba listo, excepto un gran espacio vacío que había en una de las paredes de la enorme sala. Siendo sincero, pensé que se veía bien así, pero Joyce trajo una hermosa alfombra de pared para llenar el lugar. Como sospecharás, no se trataba de un artículo en promoción. Me gustó, pero tenía mis dudas de comprarla. Joyce sugirió que la colgáramos por unos días para ver si nos "encariñábamos" con ella. Si eso pasaba, perfecto; si no, no habría problema.

La propuesta tenía cierto sentido, incluso para este obstinado esposo. No fue sino hasta esa tarde, mientras trotaba, que comprendí que Joyce nos había hecho el popular cierre del "cachorrito". No pude evitar reírme, ya que ese hecho demostraba a la perfección que el cierre del que yo había estado hablando sí funciona.

Una buena táctica funciona (sí, compré la alfombra de pared) incluso cuando la persona con quien la estás utilizando tiene conocimientos y experiencia en procedimientos de venta. En realidad, si la táctica es buena, el cliente potencial no es consciente de lo que está sucediendo. E incluso si lo está, si su necesidad y deseo de propiedad están ahí, y las tácticas del vendedor son profesionales, no hay mucho que él pueda o quiera hacer al respecto. Recuerda: el cliente potencial *quiere* que le resuelvas su problema.

El profesional en ventas es tan efectivo que "olvidas" que él o ella es un profesional. Casi un año después de mudarnos a nuestra casa en Holly Lake, mi pelirroja y yo estábamos visitando a Kathy Adcock-Smith. Mi esposa compartía con ella el hecho de que muchas personas comentan que aman el calor de nuestro hogar y que algunas hasta se sorprenden al saber que un diseñador de interiores nos hubiera ayudado, ya que la casa parece "natural" y habitable, mientras que muchos diseñadores de interiores tienden a hacer que las casas parezcan artificiales y extravagantes. Era obvio que estos comentarios deleitaran a Kathy, pues significaba que ella había hecho un magnífico trabajo, que nos había "vendido" tan bien sus muebles, accesorios e ideas, a tal punto que se habían fusionado a la perfección con nuestros gustos, ideas y conceptos, de modo que su experiencia le había dado a nuestra casa una hermosa dimensión adicional.

Dicha conversación me recordó una experiencia temprana que tuve en el mundo de las ventas. Después del cierre de un juego de utensilios de cocina, mis clientes me estaban refiriendo a otros posibles clientes al mismo tiempo que yo les explicaba que lo único que quería era hacerles una demostración y que, si sus amigos decidían comprar, estaría bien, y que si no decidían hacerlo, estaría bien también. Ante esta declaración, la señora de la casa respondió: "Sí, sé que eso es cierto porque, definitivamente, tú no eres un gran vendedor".

Como ella acababa de darme un cheque por el juego de utensilios de cocina más grande de nuestra empresa, quedé encantado con su comentario. En su mente, ella había comprado y yo no había vendido. En un mundo ideal, esa es la forma en que cada cliente potencial debe sentirse al final de la transacción.

También funciona en negocios de millones de dólares

Hace varios años, cuando la corporación era pequeña en comparación con lo que es hoy, un vendedor de aviones llamó a Rich DeVos, Presidente de The Amway Corporation, para venderle un avión con motor de propulsión. Rich era bastante conservador y sintió que la corporación no podía justificar la compra en ese momento. El vendedor sabía que el avión le ahorraría tiempo y desgaste corporal a Rich. También sabía que le permitiría visitar a más distribuidores y aumentar su efectividad en un alto porcentaje.

Este es el enfoque que utilizó el vendedor: "Sr. DeVos, tenemos un jet especial que sería ideal para usted y me gustaría llevarlo a dar un paseo de demostración". Rich aceptó el viaje con cierta renuencia, pero también con algo de emoción. Le gustó, pero de ninguna manera estaba convencido de que debía comprarlo. Ante esto, el vendedor le propuso: "Sr. DeVos, no vamos a usar este avión esta semana, así que queremos que lo use como si fuera suyo. Obviamente, sin ningún compromiso". Un acuerdo como ese es difícil de rechazar, ya que el vendedor enfatizó que no habría obligación alguna para Amway. Por fortuna para él, Rich tenía una semana bastante difícil de enfrentar y llena de muchos viajes. Así las cosas, durante esa semana, Rich viajó por todo el país en ese avión y lo hizo de forma más rápida, cómoda y productiva.

Al final de la semana, el vendedor regresó y trató de cerrar la venta, pero Rich todavía no estaba convencido de que la compra fuera prudente, así que el vendedor le hizo la oferta del "cachorrito" con una pequeña trampa: "Sr. DeVos, dado que no tenemos planes específicos para el avión este próximo mes, ¿por qué no lo alquila por el mes y continúa usándolo como si fuera suyo?". Esta vez, Rich estaba aún más indeciso, pero el vendedor persistió y Rich hizo un uso aún mejor del avión durante todo ese tiempo.

A fin de mes, Rich estaba "enganchado", así que cuando el vendedor regresó por "su" avión, Rich DeVos lo miró y le preguntó: "¿Qué quiere decir con eso de *su* avión?". (Para entonces, Rich se había acostumbrado a la velocidad y la conveniencia adicionales y ya era difícil renunciar a *cualquier* conveniencia satisfactoria, sobre todo, si podía justificarla de alguna manera).

En esencia, Rich no tuvo problemas para convencerse a sí mismo de hacer una inversión que le permitiría servirle a su corporación de una forma aún más efectiva.

Como resultado, compró el avión porque el vendedor logró demostrarle el valor de su producto. En pocas palabras, dejó que su producto demostrara que su enorme servicio haría que Rich fuera más efectivo para cumplir sus responsabilidades corporativas, así que, en el sentido más estricto, el producto "se vendió a sí mismo" *después* de que el vendedor usara el cierre del "cachorrito".

El mesero es un vendedor

Frank Infante nació y creció en Cuba, pero cuando Castro y su séquito comunista se tomaron el poder, él escapó a los Estados Unidos junto con otros miembros de su familia. Conocí a Frank una noche en que mi pelirroja y yo estábamos cenando en el restaurante Farfallo's, en Dallas, y tuvimos la suerte de que Frank fuera nuestro mesero. Es el mejor que he visto. Es 100% profesional en cada uno de sus movimientos y conoce bien todas las bondades de ser un excelente camarero. Habla el idioma, conoce las palabras y tiene la gracia, el encanto y los buenos modales que son vitales para un buen servicio. Es sensible en extremo hacia el comensal y todas sus necesidades, pero sin asfixiarlo con atenciones no deseadas o innecesarias.

Cada vez que nos sirve, Frank comienza por darnos una bienvenida amistosa y discreta. Después de darnos un tiempo razonable para mirar el menú, con ese sexto sentido innato que lo caracteriza, se acerca en el que parece ser el momento preciso en que ya hemos llegado a nuestra decisión. Sonriendo, nos pregunta si estamos listos para ordenar. En términos generales, hay una pequeña charla. Siempre pregunto por las especialidades y, en términos brillantes, pero no demasiado detallados, Frank nos habla sobre ellas. Le pido su recomendación y rara vez me evade. Conoce nuestros gustos y dice: "Creo que disfrutaría este plato en particular. Es muy bueno".

Sin embargo, como somos bastante tradicionales y hay tres o cuatro platos que disfrutamos en particular, por lo general, pedimos la ternera Óscar, el pargo rojo en salsa *bretonne* o *coeur de filet helder* (filet mignon con salsa bernesa). Su descripción de las ensaladas también es bastante elaborada y, sin embargo, no demasiado larga. En otras palabras, se dedica a "decirnos la hora y no a cómo armar un reloj".

El cierre de la "venta con servicio sutil"

Me sorprende que Frank sepa cómo brindarnos con tal precisión lo que queremos y de forma tan rápida cuando estamos cortos de tiempo. Me deslumbra ver cómo cronometra todo a la perfección para que disfrutemos de una cena tranquila, aunque solo se trate de nosotros dos. El té y el café siempre están disponibles y listos; el pan caliente está a nuestro alcance; nunca esperamos más de un minuto cuando hemos terminado un plato y estamos listos para pasar al siguiente.

Cuando terminamos nuestra comida, Frank nos pregunta si queremos postre y, por lo general, decimos que no. A menudo, con un brillo en los ojos, nos dice que la torta de queso está particularmente rica o que el pastel de capuchino está especialmente sabroso, y que si compartimos uno no sería demasiado pesado. Su cierre es "sutil", está orientado al servicio y funciona. Una razón por la que funciona es que Frank es un verdadero "jugador de equipo" que trabaja con su "ayudante de camarero" (es un título horrible que la industria de restaurantes *debe* cambiar para atraer a más personas de calidad) de la manera más efectiva. Lo trata con respeto y cortesía, ya que le solicita su ayuda en lugar de exigírsela. Eso es tener clase.

Frank Infante vende desde que dice "buenas noches" hasta que dice "adiós". Lo hace de manera agradable, discreta y muy profesional, pero está vendiendo. Reconoce que sus ingresos están relacionados por completo con su efectividad y manera de servir. Sin embargo, cuando uno lo observa y lo escucha, Frank tiene la clara sensación de que su única razón de estar allí es ser el mejor en su profesión. Su objetivo es hacer de nuestra comida una verdadera experiencia gastronómica. No hace falta decir que la propina que le damos no es el monto estándar.

Como sabrás, la palabra original era *TIPS* y era el acrónimo de *To Insure Prompt Service (para garantizar un pronto servicio)*. La propina se daba *antes* de la comida, como una recompensa adelantada por un servicio rápido. Mi pelirroja y yo pensamos que la cantidad estándar es para un servicio rápido y cortés. Cuando recibimos un servicio "extra" de quienes nos atienden en forma de sugerencias útiles, modales amables, una sonrisa agradable y algo de entusiasmo amistoso, nos inclinamos a recompensarlos con algo adicional.

Es una pena que los meseros y meseras no tengan a Frank Infante como su modelo a seguir. Estoy convencido de que, si así fuera, y si en realidad les interesara ser más profesionales, muchos aumentarían sus ingresos del 50% al 150%, casi de inmediato.

Pregunta: ¿qué haría él con ese ingreso extra? Respuesta: quizá, te lo habrás imaginado. Por supuesto, Frank Infante lo invirtió en su propio restaurante y le está yendo bien.

Uno de los misterios de la vida es por qué los meseros (o cualquier otro vendedor) no entienden que lo único que tienen que vender es su actitud y su servicio. Si ellos aprendieran algunas de las sutilezas de ser amables, agradables, entusiastas y serviciales, sus ingresos aumentarían en gran medida. Sí, un *buen* mesero es un *buen* vendedor.

El profesional de tres años

Cuando se trata de vender, nadie, pero nadie, es tan persuasivo o eficaz como un niño pequeño. Su convicción es total, su integridad está fuera de toda duda y su entusiasmo es ilimitado. Ahora, agrégale a eso una actitud abierta combinada con las palabras correctas y tendrás frente a ti a un persuasor inmejorable.

Nunca olvidaré un incidente con Suzan, mi hija mayor, cuando ella tenía solo tres años. Cindy, nuestra segunda hija, había nacido hacía solo mes y medio y yo había estado viajando la mayor parte del tiempo las tres semanas anteriores. Una mañana, llegué a la entrada de nuestro garaje en Knoxville, Tennessee, un poco antes del mediodía de aquel frío y nevado sábado de febrero. Después de mi bienvenida a casa por parte de la pelirroja, Suzan, Cindy y nuestra empleada interna, Lizzie Rogers, me dijeron que tenía que ir al supermercado a "buscar algunas cosas".

Como estaba jugando con Suzan y abrazando a la bebecita mientras hablaba con la pelirroja sobre el viaje, no me sentía muy emocionado que dijéramos con respecto a la idea de tener que volver al frío. Sin embargo, esas "cosas" eran esenciales, así que comencé a ponerme el abrigo, el sombrero y los guantes de mala gana. Mientras me preparaba, Suzan comenzó a preguntarme si podía ir conmigo. Le expliqué que el clima estaba demasiado frío para sacarla y que solo iba a salir por unos minutos. Ella me respondió: "Pero, papá, estaré muy sola", así que le dije: "Suzan, sabes que no estarás sola. Tu madre, tu hermanita y Lizzie están aquí, entonces, no estarás sola". Su respuesta fue: "Pero, papi, estaré sola sin *ti*".

Aquella no fue una pelea justa. Mi hija me sorprendió en desventaja y nunca tuve oportunidad alguna. Obvio, Suzan no sabía nada sobre el "motivo de compra dominante", ni sobre la importancia de hacer que el cliente potencial se sienta importante (ni de hacer las cosas con sinceridad), pero ningún profesional en ventas con 30 años de experiencia habría encontrado un mejor argumento que ese. No hace falta decir que yo no quería que Suzan se sintiera "sola, sin mí", así que me la llevé al supermercado.

El ganador y campeón indiscutible

Una de las grandes vendedoras profesionales de Estados Unidos fue la fallecida Billie Engman, quien trabajaba para Saladmaster Corporation, en Dallas, Texas. Para el momento de su muerte, Billie había establecido y mantenido más récords de ventas individuales que cualquier otra persona en la historia de la compañía. Vendía la línea completa de productos de cocina, vajillas, cuchillos, cristalería y cubiertos. Hacia el final de su carrera, les vendía a las hijas de las chicas a las que les vendió en 1950, cuando comenzó su carrera en la empresa.

Billie era una de esas mujeres con un concepto y una filosofía bastante profesionales. Era muy organizada, dedicada, persistente y constante. Cuando estaba en lo suyo, tenía una gran singularidad de propósito.

Billie es una "sicóloga" en ventas

Veamos algunos de sus conceptos, ideas y filosofías. Para empezar, Billie se oponía al uso de la expresión *cerrar la venta*. Ella explicaba que asociaba el cierre con alguien que cierra la puerta y deja afuera a otra persona. Sentía que cuando *abría* su maletín de productos, junto con el repositorio de información que compartía con el cliente potencial, en realidad, estaba *abriendo* la venta en lugar de *cerrarla*.

Billie tenía ideas bien definidas sobre la naturaleza humana y el impacto que todos podemos tener sobre otros si nos tomamos el tiempo de aprender.

A pesar de su fenomenal éxito, ella era bastante modesta y sentía que su papel como vendedora le daba el privilegio y la oportunidad de servir. Esa modestia la demostró con el hecho de no reportar sus ventas durante varios años. No hacerlo le costó una cantidad considerable de premios sustanciales y la inherente publicidad resultante de ellos, pero Billie prefería no ser el centro de atención y en vez de eso servirles a sus clientes.

Según un funcionario de la compañía, quien además era su esposo y era obvio que estuviera orgulloso de ella, Billie vendió mucho más que cualquier otro vendedor. Su mayor competencia era consigo misma y con sus propios registros, al igual que el golfista profesional cuya competencia real es el campo de golf como tal. Billie tenía la capacidad de decir con total exactitud qué vendió esa misma semana el año pasado. Alcanzó su objetivo de mejorar las ventas durante el mismo período de tiempo de manera tan consistente que, casi sin excepción, cada año fue mejor que el anterior. Ella entendía que, a través de los años, habían sobrevenido varias recesiones. Admitía que cualquier conversación sobre recesión la asustaba, por lo que salía y trabajaba más duro aun para que su volumen de ventas continuara aumentando en lugar de declinar. *¡Esa* sí que es una gran actitud!

Billie es una dama inteligente

Su sicología de ventas incluía el involucrar a toda la familia en su presentación, porque casi el 60% de su negocio era con familias y solo el 40% con chicas solteras. Inicialmente, tenía un gran miedo a venderles a los hombres, pero pronto, descubrió que era más fácil venderles a ellos que a las mujeres. Si un niño pequeño estaba presente durante la presentación, ella lo involucraba y hacía que cada miembro de la familia se sintiera importante.

Algo que hacía Billie para orientar sicológicamente al cliente potencial hacia la compra era eliminar su tensión o su sensación de sentirse "encerrado". Cuando comenzaba el proceso de cierre, si observaba que el cliente potencial se ponía nervioso y tenso, le pedía que le llevara un poco de agua. Como ella explicaba, es sorprendente que ese breve interludio le calmara los nervios al cliente potencial.

Billie *nunca* usaba el teléfono para concertar citas. Creía que esa era una forma rápida de quemar una gran cantidad de clientes potenciales y de *sacar* del negocio a una gran cantidad del personal de ventas directas. Ella llegaba directo a la casa de sus contactos. No les avisaba sobre su visita para no darles la oportunidad de pensar en razones para no comprarle. El mercadeo en red es un negocio cara a cara, no un negocio oreja a oreja.

Billie llevaba registros meticulosos y se deleitaba en rastrear a sus clientes de segunda generación. Agrupaba sus contactos en áreas *y cuando salía de su casa era con el único propósito de visitar a todos los clientes potenciales posibles.* (Al igual que *todos* los profesionales en ventas, Billie estaba orientada a la acción y al objetivo). Llevaba su maletín de muestras a la puerta, de manera que si el cliente potencial estaba en casa, ella tenía todo lo necesario para hacer una presentación. Este procedimiento evitaba cualquier pérdida de impulso o la posibilidad de que el cliente potencial cambiara de opinión durante los pocos minutos necesarios para ir al automóvil y sacar las muestras. Como llegaba a la puerta de los clientes con la *expectativa* de entrar, sería inconsistente *no* llevar el maletín de muestras. Billie era discreta y las personas con las que trataba no la consideraban una amenaza.

Sus ventas fueron mayores que las de cualquier otro vendedor en el campo de los utensilios de cocina y de mesa. Con frecuencia, sus pedidos estaban sobre los $2.500 dólares y, con sorprendente regularidad, cerraba ventas de $4.000 y $5.000 dólares.

Cada cliente potencial es diferente

Billie ajustaba su presentación a cada cliente individual. Y aunque le daba a cada uno los mismos hechos básicos del producto, reconocía que la joven que tal vez seguiría soltera para siempre tenía intereses diferentes a los de la joven que planeaba casarse y que a su vez estos eran diferentes a los de las parejas de esposos. Personalizaba el uso del producto en gran medida. Usaba lo que denominaba el "espejo del futuro" y proyectaba a los clientes potenciales utilizando y disfrutando de la belleza y practicidad de sus productos, no solo en su propia vida, sino en la vida de sus hijos e incluso de sus nietos.

Billie resaltaba con considerable orgullo que la porcelana y, sobre todo, la plata fina que les había vendido a sus clientes hacía 30 años, valía mucho más ahora que cuando la compraron. Ella sentía que los clientes que estaban invirtiendo ahora serían igual de afortunados en los años venideros.

Billie estaba al día con los eventos actuales. Relacionaba las necesidades de su cliente potencial con las historias actuales y usaba esa información como una herramienta o apoyo en sus ventas para obtener una acción inmediata. Vendía ideas como amor y cariño bajo el concepto de compartir y estar juntos, afirmando que sus productos contribuían a todo esto. Usaba palabras de venta cálidas mientras hablaba con sus clientes potenciales. Palabras como: *rico, amoroso, buen gusto, gracia, comodidad, seguridad, inversión, cuidado* y muchas otras expresiones positivas eran comunes en ella, por lo que formaban parte natural de su vocabulario. El término más bajo en su lenguaje de ventas era *presentación comercial.* Ella afirmaba (y estoy en total acuerdo) que un profesional *nunca* usa esa expresión.

La vendedora "total"

Billie creía con gran firmeza que uno abre/cierra la venta ("abrir" era su término) por la forma en que se viste, por la pulcritud de sus accesorios y de su vestimenta, por la forma en que sonríe, en que camina e incluso por el tipo de automóvil que conduce. No le gustaba ser demasiado llamativa por temor a que sus clientes potenciales pensaran que ella era "demasiado" exitosa. Y aunque hubiera podido conducir un Mercedes nuevo y haber hecho sus visitas vestida con abrigos de visón, siempre usaba su prudencia para comprar ropa de materiales de buena calidad, pero discreta, para andar en un automóvil adecuado y dar la apariencia de disfrutar de un éxito tranquilo y confiado, como en realidad ocurría en su vida.

Billie nunca les dijo a sus clientes potenciales cuánto llevaba vendiendo (comenzó en 1948). Sentía que esto la marcaría como una persona que estaba "tratando de venderle algo a alguien" y lo único que ella quería era ser considerada como una amiga y consejera cuya función era ayudarles a las personas a hacer la mejor inversión posible para el futuro.

Ella sentía que las crecientes compras por catálogo eran un activo real en su vida, pues la gente podía ver y reconocer que era posible comprar mercancía de calidad sin tener que salir de su casa. Además, tenía la ventaja adicional de saber mostrar y demostrar sus productos mediante sus presentaciones en persona, dejando que el cliente potencial viera, sintiera y examinara lo que estaba vendiendo.

Billie recolectó muchas cartas testimoniales y seguía anexando a ellas las que con frecuencia recibía. De esa manera, lo que decía un nuevo cliente que estaba feliz con su producto complementaba lo que sus clientes de hacía 10 años tenían por decir. Cada vez que ella sacaba algunos de esos testimonios "viejos" era para mostrarles a sus clientes potenciales que una inversión de este tipo no era nueva, ni temporal, pues años atrás, otros inversionistas hicieron eso mismo que ella les estaba invitando a hacer ahora y que sí, que aquella era hacer una inversión *comprobable* y para toda la vida (la convicción es esencial a la hora del cierre).

Esto explica "parcialmente" su éxito

Hay muchas razones por las que Billie Engman tuvo un volumen de negocios tan increíble. Ya he mencionado algunas, pero hay otras tres que eran tan vitales para ella como respirar. Primero, Billie tenía la *expectativa* de venderles a todos los que visitaba. Y no solo tenía la *expectativa* de hacer la venta, sino que tenía la *expectativa* de hacer un pedido grande la primera vez y uno incluso mayor la segunda vez.

Segundo, Billie sentía que la orden de compra era el resultado de la presentación, por lo que consideraba que el "cierre" era una parte natural de esta. Ella les daba a todos los que visitaba la oportunidad de comprar al *pedir* la orden. Si eso suena elemental, permíteme recordarte que el entrenador en ventas, Chris Hegarty, señala que el 63% de *todas* las visitas comerciales terminan sin una invitación específica a comprar.

Tercero, Billie llevaba registros de *todos* sus clientes. Ella sabía *exactamente* qué compraron, cuándo y cómo lo pagaron. Además, planeaba su visita de seguimiento y preparaba al cliente potencial para ello desde que realizaba la venta original. Y algo igualmente importante: se preparaba para la llamada de seguimiento, pues sabía que el pedido inicial había generado el 100% de la confianza del comprador en ella y que eso la colocaba en una posición en la que podría ayudarle al cliente aún más durante la segunda venta.

El cierre "complementario"

El seguimiento que hacía Billie era otra cosa. Antes de volver a llamar para completar el pedido, ella revisaba con cuidado la orden inicial. Luego, preparaba tres ofertas "complementarias". Su primera oferta era la "imposible". Era tan grande, tan completa y tan costosa que resultaba imposible que el cliente potencial pudiera comprarla. En realidad, se trataba de una propuesta de ensueño, pues la mayoría de la gente solo puede soñar con tener tantas cosas bonitas para la mesa. Por fortuna para Billie *y* para sus clientes, muchos de ellos no se daban cuenta de que no podían tener lo mejor, ni lo más grande, así que hacían el pedido "imposible". Como profesional, Billie desafiaba a sus clientes a "ir por el pedido de oro", a esforzarse por lo mejor, a alcanzar su sueño "imposible" y los clientes potenciales respondían. Es un hecho: *a menudo, el desempeño del cliente está directamente relacionado con las expectativas del vendedor. Y la expectativa de Billie siempre era alta.*

El segundo pedido complementario que Billie preparaba también era hermoso y significativo. Era un pedido grande, diseñado para complementar a la perfección el original. El vendedor "promedio" estaría encantado de hacer ventas de este tamaño, pero Billie no hacía parte del promedio. Este era su pedido más popular, en parte, porque era la oferta "intermedia" y, en parte, porque, de manera realista, más personas podían pagarlo.

El tercer pedido hecho por Billie con minucioso detalle para complementar el pedido inicial seguía siendo sustancial, pero más pequeño que las dos primeras propuestas. Después de conocer estas dos primeras, muchos clientes potenciales que al comienzo habían sentido que "no podían pagar" nada se convertían en compradores entusiastas del pedido "mínimo" y luego hacían un tercer e incluso un cuarto pedido.

Muy importante: la visita de seguimiento para vender complementos era considerada por Billie como un todo: una visita comercial y de servicio. Le ofrecía al cliente el "servicio completo" *y hasta más.* Ella se revendía a sí misma. Revendía a la empresa. Revendía los productos. Revendía el concepto de invertir para el futuro. Vendía la idea de actuar hoy, no mañana. Hacía que el cliente sacara su orden original para revisarla. Entonces, lo felicitaba por cuidar tan bien la mercancía o le sugería formas de cuidarla mejor y recibir aún más beneficios. En otras palabras, todo el tiempo se revendía a sí misma y a sus productos.

Billie tenía dos razones legítimas para estar allí. En primer lugar, porque era la visita de servicio. Como Billie le había escrito al cliente una carta de agradecimiento momentos después de la primera venta y además le obsequiaba tarjetas de Navidad, estaba allí como amiga. En segundo lugar, estaba el hecho de que la compañía tenía una *venta especial* que Billie *sabía que* el cliente iba a acoger con entusiasmo. No hace falta decir que, casi nunca, la rechazaron en esas visitas de seguimiento.

Ojalá yo hubiera sabido esto

Personalmente, creo que si yo hubiera conocido este procedimiento cuando estaba en el negocio, mis ingresos habrían sido, como mínimo, un 50% más, porque mis clientes se habrían beneficiado mucho más. Por cierto, en caso de que te preguntes acerca de las tasas de cancelación y morosidad de los clientes de Billie, sus tasas eran demasiado bajas.

¿Les funcionará a otros este procedimiento? ¡Pues, claro que sí! Con los años, además de sus propias ventas, las cuales la ubicaron en el primer lugar, Billie entrenó a muchos otros que terminaron entre los 10 primeros lugares en ventas a nivel nacional. Te preguntarás: "¿Me funcionará a mí?". Solo si lo *usas*. Las técnicas, los procedimientos y las ideas no tienen sentimientos y no les importa quién los use.

Uno de los verdaderos misterios de la vida es por qué más vendedores que trabajan en tiendas no "se van a la venta directa" y generan más negocios desarrollando clientes leales a ellos y a sus tiendas. Ejemplo: en nuestros más de 56 años de vida en pareja, nunca nos han ofrecido ni a la pelirroja ni a mí comprar una casa, ni diamantes, ni pieles, ni muebles o electrodomésticos. Doyle Hoyer, quien me vendía mi ropa, y Chuck Bellows, quien me vendió un automóvil, son de los pocos profesionales que alguna vez le han hecho seguimiento a la venta y que me han expresado su interés por hacer negocios conmigo en el futuro. Durante nuestros años juntos, hemos comprado cuatro casas, más de 35 automóviles, contando los vehículos de la empresa, además de muebles y electrodomésticos completos para cuatro casas, sin contar docenas de artículos individuales importantes. Hemos gastado miles de dólares en joyas y pieles, pero *nadie* ha intentado vendérnoslos. ¡Ni siquiera se han esforzado un poco para que volvamos a sus tiendas!

Pregunta: si vendes alguno de estos artículos, ¿estás *buscando* negocios o esperas a que el negocio te busque? Cuando haces la venta inicial, ¿realizas un seguimiento para asegurarte de que tu cliente esté satisfecho con la compra y plantas las semillas para la próxima vez? En atletismo, el seguimiento es crucial. El golfista, el lanzador, el pateador y el boxeador deben hacer este seguimiento para obtener los mejores resultados. En las ventas, el vendedor debe cumplir con el servicio y con los recordatorios comerciales para poder mantener a sus clientes (y una vez les venda, debe sentir que son *suyos*) y construir una carrera.

> ## *Punto: si alguien te hace una compra "significativa", debes incluirlo en tu lista de "súpercliente" y "cortejarlo" durante el tiempo que represéntes a la misma empresa o vendas la misma línea de productos.*

En muchos sentidos, Billie Engman fue el epítome de lo que hablo en todo este capítulo. Billie hacía todos los procedimientos adecuados, seguía todos los pasos, aprendía sus lecciones, era una estudiante asidua, ingeniosa e imaginativa, del más alto grado de integridad, 100% confiable, una trabajadora excepcionalmente dedicada y leal a sus principios, a su empresa, a sus clientes y, sobre todo, a su propio sentido de lo que era justo y correcto. En síntesis, era un gran orgullo para la profesión.

Pregunta: ¿Cómo resumir o, en pocas palabras, explicar lo que Billie Engman representaba? Respuesta: No se puede. Pero si se pudiera, comenzaríamos con amor. Ella *amaba* su familia, sus productos, su empresa y sus clientes. Quería lo mejor para todos ellos. Luego, podemos hablar de su nivel de compromiso. Se comprometía a hacer el mejor trabajo posible y a utilizar sus talentos y habilidades al máximo, sacándole todo el provecho a cada momento. Y por último, Billie se veía a sí misma como alguien que se merecía hacer una gran venta, un gran trabajo, ganarse grandes recompensas. Ella sabía que esa era la forma en que sus clientes, su familia, su empresa y su país también ganarían en grande. Era toda una profesional en ventas.

Parte 4

Las cuestiones
prácticas de las ventas

Objetivos

Convencerte acerca de los beneficios de las objeciones y enseñarte a aprovecharlas en el mercado.

Enseñarte a identificar los diferentes tipos de clientes potenciales y cómo tratarlos como individuos.

Mostrarte la técnica de formular preguntas y proporcionarte preguntas específicas para que las uses en circunstancias de ventas.

Animarte a ser un tanto valiente, o incluso atrevido, en el proceso de ventas bajo *ciertas* circunstancias.

12

Las objeciones: la clave para cerrar la venta

L a palabra *objeción* de por sí instila miedo en los corazones de los vendedores inseguros y/o principiantes. Pero en realidad, debería generarles entusiasmo, porque, como repetiré más adelante, la indicación de una objeción es una expresión de interés y esa es la primera reacción que debe buscar un vendedor de parte de su prospecto.

Hay tantos tipos de objeciones como tipos de clientes potenciales. Entonces, existen distintos enfoques y variaciones en la forma de manejar cada una de ellas. Este tema es amplio y profundo y es uno de los aspectos más importantes que abordamos en este libro. Te invito a combinar y adaptar esta información con los materiales y aplicaciones de tu propia empresa, así como a explorar el tema con los líderes en ventas en tu propia industria.

Vender con base en objeciones

Puedo afirmar con cierta confianza que en la mayoría de los casos que involucran compras significativas, si tú no recibes objeciones de parte del cliente potencial cuando realizas tu presentación, entonces, lo que esto significa es que no tienes cliente potencial. Cuando este plantea una objeción, debes sonreír en tu interior y pensar para ti mismo: *"¡Qué bien! ¡Hoy tenemos venta!"*. Solo recuerda: si todos los beneficios y valores de tu producto fueran obvios para el cliente potencial, el vendedor (tú) no sería necesario. También recuerda que si todos compraran tu producto al instante, las tasas de comisión se reducirían de forma sustancial.

Si no hay objeciones, no hay cliente potencial

Por ejemplo, si me llamaras para venderme equipos de buceo, yo nunca le haría una objeción al equipo. Si quisieras venderme el traje completo y garantizado durante 50 años por $9.95, yo nunca me opondría, porque no tengo interés alguno en ese campo.

Si intentaras venderme palos de golf, yo podría objetar diciendo: "Esa varilla es demasiado rígida [o no es tan rígida como debería ser]". Un comentario como ese deberá generarte una sonrisa, porque entonces podrás decir: "Lo que usted necesita es nuestra nueva varilla de grafito". Si una persona está interesada en lo que le estás vendiendo, en la mayoría de los casos, va a plantearte algún tipo de objeción. Por esto, cuando el cliente potencial lo haga, emociónate.

En cuanto a las objeciones, la pregunta más frecuente es: "¿Cuándo debo responder a una objeción?". En realidad, hay cuatro momentos para hacerlo: (1) antes de que ocurra, (2) cuando ocurre, (3) más tarde y (4) nunca. Sin embargo, déjame explicarte algo acerca de este último caso. La objeción puede parecer frívola o irrelevante para ti, pero si tu cliente potencial la hace de nuevo, puedes estar seguro de que es importante para él. Lo mejor será manejarla en ese momento. De lo contrario, él sentirá que lo estás ignorando, que no tienes interés en él o que no tienes respuesta a su objeción.

Quiero hacer mucho énfasis en que creo que un vendedor profesional bien motivado y calificado tiene la capacidad de refutarle a su cliente potencial todas las objeciones posibles y hacer que se vea y se sienta absurdo o ridículo si no compra. Con este procedimiento, un vendedor puede intimidar o "presionar" a algunos clientes potenciales para que compren. También creo que algunos vendedores son tan persuasivos y encantadores que saben "hipnotizar" a sus clientes potenciales para que compren productos, bienes o servicios que no son necesarios o que son demasiado caros. Sin embargo, ningún vendedor es tan poderoso como para *mantener* al cliente potencial hipnotizado y satisfecho con la compra hasta que el producto sea entregado y pagado.

Teniendo en cuenta lo anterior, estoy convencido de que las ventas de alta presión o sobrevaluadas son, de lejos, lo peor que le puede pasar a una carrera en ventas. En cualquier caso, es bastante probable que este tipo de venta sea cancelada y que ninguno de estos enfoques genere clientes, lo cual es *imprescindible* para desarrollar una carrera en ventas.

En este sentido, el experto retirado en comunicaciones y gestión del tiempo, Dan Bellus, observa que demasiados vendedores cometen el error de pensar que el proceso de ventas es una "ganancia" para el vendedor y una "pérdida" para el cliente. Con esta actitud, comenta Dan, el vendedor tiene la sensación de que debe "derrotar" a la otra persona. Luego, plantea la pregunta: "Siendo honestos, ¿esperas que alguien te compre algo cuando tú lo acabas de *derrotar*?".

El proceso de comunicación exige que abordemos el manejo de las objeciones de una manera convincente en lugar de verlas como una "derrota". *Nuestro objetivo no es vencer, sino convencer y luego, persuadir.* El punto en el que "derrotamos" a alguien es en el que perdemos la comprensión y la comunicación y, en consecuencia, la venta. Bellus da el siguiente ejemplo:

"Un turista observaba a dos asiáticos en Hong Kong que se encontraban en un auténtico altercado, usando un lenguaje fuerte y pesado que rayaba en lo procaz. Mientras estaban allí, el observador le preguntó a la guía asiática: '¿De qué están hablando?'. La guía le contestó: 'Están discutiendo sobre la propiedad de un barco'. El turista continuó: 'Se ven muy molestos. ¿Será que están a punto de comenzar a pelear?'. La guía respondió: 'No, nunca comenzarán a pelear. Ambos saben que el hombre que lance el primer golpe estaría admitiendo que sus ideas fueron derrotadas'".

Lo mismo sucede cuando dejamos que una conversación se convierta en una discusión. Cuando comenzamos a discutir, nuestras ideas se han dado por vencidas. Ya no hay lugar para la comunicación o, en este caso, para la persuasión.

Con el fin de preparar el escenario como debe ser para el manejo de las objeciones, te mostraré por medio de una analogía lo que pensaba mi hermano, quien era uno de los mejores entrenadores del país en el campo de las ventas. Judge explicaba que algunas personas no compran porque el tren nocturno ya no va de Buffalo a la Ciudad de Nueva York. Quizá, te estarás preguntando qué tiene que ver el tren nocturno de Buffalo a Nueva York con que tu cliente potencial no te compre. Pues, como decía Judge, no tiene nada que ver con que no te compre, pero *si un cliente potencial no quiere comprar, cualquier excusa es válida.*

Da lo mejor de ti en cada visita comercial. Haz todo lo posible para ofrecerle tus bienes, productos y servicios a la persona con la que estás tratando. Pero si no te compra, no seas duro contigo mismo. Toma distancia y prepárate para lograr tu siguiente venta en la siguiente visita. Recuerda que *no habrás fallado en la visita comercial, a menos que dejes que afecte negativamente tu actitud en tu siguiente visita comercial.*

Responde por adelantado

Primero, analicemos el mejor momento para responder a la objeción, que es antes de que esta surja. Por cierto, si recibes una y otra vez las mismas objeciones después de tu presentación, esa es una señal certera de que debes mejorarla. Por lo tanto, analízala y haz los cambios que creas necesarios para manejar la *mayoría* de las objeciones que veas que surgen durante esta. Este enfoque te permitirá abordar la objeción antes de que ocurra, lo que significa que estás vendiendo a la ofensiva, en lugar de responder a la defensiva. Así es mucho más positivo y efectivo.

Te daré un par de ejemplos sobre cómo manejar las objeciones a lo largo de la presentación, antes de que el cliente potencial las verbalice.

Hace años, yo vendía procesadores de alimentos. Quizás, habrás visto estas máquinas que muestran en televisión, en ferias estatales y de alimentos o en grandes almacenes locales. Después de hacer demostraciones durante varios meses, ¡juro que casi podía hacer hablar estos procesadores! Ponía la comida en la tolva y luego salía tajada casi a 90 millas por hora bien fuera en cubos, picada, enrollada, rallada, triturada, rizada, anudada, etc.

Mientras tanto, el grupo de clientes potenciales a mi alrededor se maravillaba cuando la comida salía de la tolva en un orden preciso. Sin embargo, casi siempre, surgían dos objeciones. En general, uno de los hombres se le acercaba a su esposa y le susurraba con una voz que se podía oír a tres cuadras: "Sí, *él* puede hacer que la máquina haga trucos, pero ¡apuesto a que si compras una de esas, *tú* nunca podrás hacer eso mismo!". Esa era una objeción estándar, seguida de esta otra, cuando una de las damas comentaba: "¡Me parece que podrías cortarte la mano con esa cosa!".

Hazlo creíble

Estas objeciones eran tan generalizadas que sabíamos que teníamos que tratarlas de manera positiva y anticipada si queríamos vender las máquinas en cantidad. Harry Lemmons, fundador y Presidente de The Saladmaster Corporation, me enseñó a manejar este asunto de la siguiente manera: cuando yo ya había cortado rápida y fácilmente tres o cuatro alimentos, miraba al grupo y decía: "Ahora, amigos, muchas veces, los asistentes a estas demostraciones me ven operar esta máquina y me preguntan: 'Sr. Ziglar, ¿si compro uno de esos aparatos, yo también podría hacer eso que usted está haciendo?'".

Mi respuesta era: "Voy a ser franco con ustedes y les diré, *enfáticamente, que no*. No hay forma de que puedan manejar esta máquina tan bien como yo. Esto no es vanidad, damas, es un hecho. Me explico: todos los días, durante varias horas, lo único que hago es girar esta manivela y miren lo que está sucediendo [cortaba alimentos mientras hablaba]. ¿Ven lo hermosos que quedan los alimentos y lo fácil que es operar la máquina? Para ser justos, señoras, hago que parezca fácil, porque yo soy un especialista en el manejo de esta máquina".

El cierre "de presunción"

"Ahora, señoras, cuando ustedes tengan su máquina [esta es mi primera sugerencia, pues presumo que harán la compra], por necesidad, ya se habrán convertido en 'médicas generales' y muchas estarán dedicadas a cuidar a sus niños, contestar el teléfono, encender la aspiradora, sacar al perro y haciendo otras cuantas cosas al mismo tiempo. En cambio, lo único que yo tengo que hacer es girar la manivela, así que me he vuelto bastante bueno en eso".

Vende lo que hace tu producto

Los asistentes creían lo que yo estaba diciendo, pero hasta el momento, no había vendido ni una sola máquina, que era el propósito de la demostración, así que continuaba diciendo: "Y aunque ustedes no manejarán esta máquina de forma tan eficaz como yo, lo más probable es que se pregunten si *podrán* ahorrar tiempo y dinero, además de servir alimentos más atractivos para su familia. Aquí está la respuesta:

Vamos a invitar a esta dama de por aquí [siempre escogía a una mujer joven de la parte de adelante] y le daremos cinco minutos para leer las instrucciones. Verán que con la máquina ella va a cortar más alimentos, mejor y más rápido que otras *tres* de las damas aquí reunidas, si les diéramos los tres cuchillos más afilados que encontráramos. Es probable que ellas hayan usado cuchillos toda su vida, en cambio, nuestra ayudante nunca ha usado la máquina. La razón por la cual, gracias a la máquina, ella cortará más comida, mejor y más rápido es simple: porque la máquina hace el trabajo por ella. Entonces, aunque ella no sepa usarla tan bien como yo, sí podrá hacer más que las tres damas con los cuchillos, porque la *máquina* hará el trabajo por ella y eso es lo que uno quiere. ¿Sí o no, señoras? (Todas asentían)".

El cierre "de juicio"

Al parecer, así cubríamos bastante bien esa objeción. En ese momento, yo cortaba otros dos o tres alimentos, le quitaba la primera cuchilla a la máquina y hacía mi primer intento de cerrar la venta al decir: "Ahora, señoras, como pueden ver, la máquina tiene cinco cuchillas. Solo he usado una de ellas para cortar estos primeros seis alimentos, pero permítanme hacerles una pregunta: si la máquina solo tuviera esta cuchilla [y ahí bajaba la voz y las miraba a los ojos], ¿cuántas de ustedes ya habrían decidido que les gustaría tener una máquina como estas? Levanten la mano, por favor". Casi sin excepción varias de las damas e incluso algunos hombres asentían con la cabeza, levantaban la mano o indicaban verbalmente que querían una máquina como esta.

Siempre he sentido que es un castigo cruel e inusual exigirle a un cliente potencial que escuche toda la presentación *después* de que ya me ha dicho que está listo para comprar. A mi juicio, uno debe ser amistoso con las personas y permitirles comprar tan pronto como *ellas* estén listas, en vez de insistirles en que escuchen toda la presentación y luego sí procedan a hacer la compra. (Nota: en las ventas grupales, siempre es útil tener un asistente que atienda a estos compradores impulsivos mientras uno continúa con su demostración). ¡Precaución! A menudo, un cliente potencial dentro de un grupo responde como si quisiera comprar, cuando, en realidad, solo está siendo amable. Es difícil notar la diferencia, así que la experiencia y el sentido común son cruciales.

El humor suele ser invaluable

En este punto, yo cortaba dos o tres alimentos más y abordaba la segunda gran objeción aún no expresada. Decía: "Muchas veces, las damas me preguntan: 'Señor Ziglar, si comprara esa máquina, ¿podría cortarme la mano?'". A esto, respondía sonriendo: "Sí, señora, sí puede, pero no se lo recomendamos".

(Muchas veces, es posible lograr más con el humor que si uno se toma todo en serio). Entonces, agregaba: "Señoras, si quieren cortarse la mano con la máquina, es muy simple. Todo lo que tienen que hacer al girar la manivela es insertar el dedo en la parte posterior de la tolva para que quede atrapado entre la cuchilla y la tolva misma. Si tienen buena coordinación, inserten su dedo mientras giran la manivela. ¡De esta manera, lo rojo saldrá por aquí [señalando hacia el frente de la tolva y obviamente sonriendo]!".

Y proseguía: "Ahora, señoras, si no quieren cortarse la mano, *¡no la metan en la máquina!* ¿Alguna pregunta?". Aparentemente, este enfoque cubría la objeción relacionada con el riesgo de cortarse la mano, porque, rara vez, la volvimos a escuchar.

Como sabrás, hablé en detalle sobre el precio en el primer capítulo, pero como el dinero es una "objeción", quiero incluir un último comentario sobre ese tema en esta sección.

Demasiado dinero

Objeción: "Cuesta demasiado". Respuesta: "Me inclinaría a estar de acuerdo con usted, Sr. Cliente Potencial, porque las cosas *buenas no son baratas, ni las cosas baratas son buenas.* Nuestra compañía tenía una opción. Podíamos diseñar el producto para que hiciera lo menos posible y así pudiéramos venderlo lo más barato posible o podíamos diseñarlo y construirlo para que hiciera lo máximo posible para que, a la larga, el costo fuera bastante inferior".

Y continuaba: "Decirle que debe invertir en lo mejor desde el principio o al final le saldrá caro es más que un cliché, Sr. Cliente Potencial. Entonces, ¿por qué remplazar lo 'barato' por lo mejor? Cuando nuestra empresa tomó la decisión de fabricar el mejor producto posible para que prestara la mayor cantidad de servicios posible, en realidad, nos pusimos en su lugar y tratamos de determinar qué sería lo mejor para usted. Esa es la razón por la que recomendamos este producto sin duda alguna.

"El precio es alto. Creo que no hay duda de que el precio es alto, Sr. Cliente Potencial, pero cuando sumamos los beneficios de la calidad, restamos las desilusiones de lo barato, multiplicamos el placer de poseer algo bueno y dividimos el costo durante un período de tiempo, las cuentas resultan a su favor.

"El precio es alto. Sí, Sr. Cliente Potencial. Sin embargo, en el análisis final, un producto vale lo que puede hacer por usted, no lo que usted tiene a su disposición para pagar por él. Si le cuesta $100 dólares, pero le prodiga beneficios que valen hasta $1.000 dólares, entonces, según cualquier estándar, usted habrá adquirido una ganga, ¿o no?".

El costo no es el factor determinante

El 16 de diciembre de 1982, el lanzador Floyd Bannister firmó un contrato a cinco años por $4.5 millones de dólares con los Medias Blancas de Chicago. Bannister eligió a los Medias Blancas por encima de los Bravos de Atlanta, que le ofrecieron un contrato a seis años por $6.3 millones. Son $1.8 millones *más* de lo que le ofrecieron los Medias Blancas *y además*, los Bravos habían ganado su banderín de división en 1982.

Como cliente potencial, obviamente, Floyd Bannister consideró algunos aspectos más importantes que el dinero. A continuación, te presento los argumentos de Jana, la esposa de Floyd (en el capítulo 32 expongo las razones por las cuales es importante involucrar tanto al esposo como a la esposa en el proceso de toma de decisiones):

"Los Medias Blancas mostraron interés en Floyd como persona, no como mercancía. Hasta el final de las negociaciones, no estaban realmente en el panorama, pero mantuvimos la mente abierta. Cuando llegó el momento de tomar la decisión, fue importante para nosotros el hecho de que Jerry Reinsdorf [el propietario de los Medias Blancas] y Dave Duncan [el entrenador de lanzadores de los Medias Blancas] volaran hasta Arizona y nos invitaran a cenar. También fue importante el hecho de que Tony LaRussa [el manager de los Medias Blancas] hubiera llamado varias veces a Floyd, así como lo hicieron un par de jugadores del equipo, como Carlton Fisk y Tom Paciorek".

Jerry Reinsdorf comentó: "Floyd era alguien completamente diferente al jugador promedio. La ciudad y sus compañeros de equipo eran tan importantes para él como el dinero. Yo diría que en una proporción de 50 a 50".

Otros factores que influyeron en la decisión fueron (1) una zona espaciosa más adecuada para el lanzamiento de pelotas altas de Bannister, (2) la oportunidad de permanecer en la Liga Americana y (3) una ciudad donde tenía amigos y familiares.

Todas esas cosas eran importantes, pero conozco a Floyd Bannister tan bien como para saber cuáles son sus prioridades. Él pone a Dios primero, a la familia en segundo lugar y a su carrera en el béisbol en tercer lugar. Por eso, sé que analizó las ofertas de todos los clubes y tomó su decisión con base en sus prioridades. Traigo a colación la historia de Floyd aquí en *Secretos para cerrar la venta*, porque refuerza lo que un profesional en ventas necesita aprender a lo largo de su carrera. Descubre lo que tu cliente potencial *realmente* quiere y muéstrale cómo tus bienes, productos o servicios te ayudarán a cumplir sus objetivos. De esa forma, lograrás la venta.

El precio *es* importante pero es solo *uno* de muchos otros factores determinantes. Si tienes una ventaja con respecto al precio, úsala al máximo. Si no la tienes, haz lo que hicieron los Medias Blancas al fichar a Floyd Bannister: capitaliza tus otras ventajas. Por supuesto, como diría Sherlock Holmes: "Elemental, mi querido Watson".

Tal vez, estés frente a la persona equivocada

Precaución: muchas veces, cuando te has enfrentado a una serie de objeciones y el cliente potencial continúa planteando otras, debes comprender que, tal vez, estás hablando con la persona equivocada. A lo mejor, no sea la encargada de tomar las decisiones. Es posible que ella deba consultar con alguien más como el agente de compras, el presidente o un compañero. Tu cliente potencial podría estar guardando las apariencias al no admitir que no puede tomar la decisión.

Para determinar si este es el caso o no, este enfoque agradable, pero directo que es utilizado por John Hammond es el más efectivo: "Sr. Cliente Potencial, no quiero parecer presuntuoso, pero siendo honesto, creo que debido a la naturaleza de su necesidad y a la versatilidad de nuestro producto, este es la respuesta a cualquier pregunta que usted plantee. Pero antes de continuar, ¿puedo hacerle una pregunta?". Si el cliente potencial dice que sí, entonces, dile: "Si puedo responder su pregunta sobre si este es el producto correcto en el momento correcto y al precio correcto, ¿está usted en condiciones de hacer un pedido hoy mismo? ¿Y estaría dispuesto a hacerlo?".

Si el tema es bien manejado, cuando el cliente potencial no puede tomar la decisión, hay muy buenas probabilidades de que logres determinar si sí o no y te ahorres una gran cantidad de tiempo. Si el cliente reconoce que no puede hacerlo, entonces, con su ayuda, procura concertar una cita con la persona que *sí esté en posición* de tomar la decisión de comprar.

De nuevo, enfatizo que si te encuentras con las mismas objeciones una y otra vez, es muy probable que tu presentación sea la que tenga falencias.

Las objeciones son consistentes

Repito, el mejor momento para enfrentar una objeción es antes de que ocurra. Como regla general, las objeciones se repiten después de la presentación. Si fuera el caso, grábate dando tu presentación (de la que hablamos en el Capítulo 5) para así analizar con cuidado los puntos que estás abarcando y la forma en que lo estás haciendo. Lo más probable es que descubras que "hablas" demasiado y que te falta abordar ciertos puntos clave. Quizás, estás explicando demasiado los puntos que te interesan a ti, pero no son de interés primordial para el cliente potencial.

Es importante que comprendas que ya *tú* debes estar convencido de tu profesión y de tu producto y que, en consecuencia, a quien estás intentando convencer es a tu cliente potencial. Por esa razón, tiene sentido *que te sientes del lado del cliente potencial,* que te anticipes a las objeciones que has estado recibiendo en el pasado y luego las respondas en tu presentación.

13

Las objeciones son consistentes, pero quienes las objetan no lo son

Sin ningún orden en particular, primero, identificaré los diferentes tipos de clientes potenciales. Luego, daré algunas pautas básicas sobre cómo tratarlos.

Tenemos el cliente potencial antagónico, el escéptico, el crédulo, el egoísta, el sabelotodo, el que pospone, el hostil, el indeciso, el "tipo recio", el que gasta en grande, el tacaño, el cliente potencial crítico, el cazador de gangas, el afable y el imperturbable. Jocosamente, también existe el cliente contador que "lo tendrá en cuenta", el dormilón que "lo va a consultar con la almohada", el músico que "tomará nota" del tema y el minero que "simplemente, está explorando el mercado".

Sí, hay muchos tipos de clientes potenciales y repetiré esto a medida que los describa. Además, hay dos cosas que necesitas saber sobre todos ellos.

La primera, según el entrenador en ventas, Thom Norman, todos quieren tener la razón y que se les entienda. La segunda, que debes comprender que, como diría el difunto Charles Roth: "En el momento de la compra, todos tienen miedo de cometer un error, especialmente si se trata de una cantidad significativa de dinero". El resultado es que ningún comprador se comporta de una manera "del todo normal". Se ha demostrado que su ritmo cardíaco aumenta en el momento de tomar la decisión. El miedo está latente y afecta su juicio, así que supongo que, en el estricto sentido de la palabra, podríamos decir que los compradores no son del todo normales. Por lo tanto, quieren asegurarse de estar tomando la decisión correcta.

Convence al cliente potencial

Recordemos también lo que dice Dan Bellus con respecto a cuando tratamos con los clientes potenciales: "El objetivo no es derrotarlos, sino convencerlos de que, si hacen la compra, serán más felices y se sentirán mejor".

Otra cosa por recordar es esta fórmula básica que describió Cavett Robert: a medida que te plantean objeciones, sin tener en cuenta el tipo de cliente potencial que tengas frente a ti (desde el crédulo hasta el hostil), debes parecer encantado de escuchar dichas objeciones y asegurarle al cliente potencial que esta será aclarada cuando él o ella hayan visto la parte restante de la presentación *(las objeciones se alimentan de la oposición, pero mueren con el consenso)*. Luego, debes tratar la objeción como una pregunta y luego usar esa pregunta como el catalizador para involucrar al cliente potencial en el proceso de la venta. Después, generar el compromiso del cliente potencial (esta es la *única* cuestión) y por último, cuando sea posible, usar la objeción como la razón por la que él o ella deberían comprar e instarlos a hacer exactamente eso.

No malinterpretes. Ninguna fórmula o procedimiento individual se ajusta a toda situación u objeción. Sin embargo, si la dominas por completo, esta fórmula básica te dará una base sólida que te permitirá sortear con facilidad aquellas situaciones que no están hechas para aplicar allí y al pie de la letra la fórmula como tal.

A medida que profundicemos en las objeciones, y como ya hemos hecho con algunas en este libro, espero que notes que, por lo general, (pero no siempre) seguimos esa fórmula básica. Te invito a tenerla presente, ya que, a medida que abordamos las diversas objeciones, sería redundante seguir recordándotela.

Los clientes potenciales quieren decir "sí"

Te recuerdo que los clientes potenciales no quieren decir "no", porque un "no" es definitivo y, como dije antes, el cliente potencial está tan ansioso de que le satisfagan sus necesidades como tú lo estás de ayudarlo a satisfacerlas. Y la mayoría de las personas está reacia a hacerlo. Recuerda que las objeciones no deben afectarte, ni tú debes tomarlas a título personal. Mejor, mantén la calma y tus posibilidades de lograr la venta mejorarán enormemente.

También te pido que recuerdes que no debes actuar como conferencista cuando estás con un cliente potencial. No se trata de que hables y hables y el cliente potencial se limite a escucharte. La mejor manera de lograr la venta es involucrándolo. Es por eso que, a lo largo de este libro, propongo la técnica de hacer preguntas. Es la misma que usan los *buenos* médicos y los *buenos* abogados cuando están buscando la mejor forma de identificar el problema para así poder encontrar soluciones.

Estos son los fáciles

Comencemos con el cliente potencial fácil. El auténtico "Juan Crédulo". Es el que nos da esperanza a todos, porque alegra nuestro día cuando nos lo encontramos. Es de los que todavía creen que la luna está hecha de queso. Con él se negocia de manera abierta y directa. Cuéntale muchas historias de interés humano. Es probable que compre porque le agradas y le generas confianza más que por cualquier otra razón. Este tipo de cliente responde a la persuasión, pero se ofende ante la velocidad y la presión. Trátalo con suavidad, pero con confianza.

El segundo cliente potencial es "Don Escéptico", que exigirá de ti una muestra de la esencia de la bondad humana, pues es tan cínico que hasta sospecha que alguien empujó a Humpty Dumpty. Y no solo es escéptico, sino que, en muchos casos, también es contestatario. En este caso, te recuerdo de manera muy especial que el cliente potencial escéptico y antagónico quiere tener razón y que lo entiendas. Teniendo esto en cuenta, cuando él o ella plantean una objeción dogmática con un poco de ira, cinismo o sarcasmo en el fondo, procura responder diciendo: "Me gusta que me hayas hecho esa pregunta, Sr. Cliente Potencial, solo para asegurarme de haber entendido bien, ¿le importaría repetirla?".

Esta táctica tiene dos efectos: uno, que indica un esfuerzo honesto de tu parte para ser justo y a la vez le da una importancia considerable a lo que tu cliente potencial está diciendo. Y dos, que cuando el cliente potencial repite su objeción, es muy posible que le baje sustancialmente al tono.

Al tratar con clientes potenciales escépticos, es importante que no trates de debatir, ni contradecir lo que ellos dicen, incluso si están equivocados. Primero, permite que terminen de decir lo que tienen que decir; déjalos que se desahoguen. Una vez hayan hecho eso y vean que te interesas y te preocupas por ellos, se incrementarán significativamente tus posibilidades de entrar en sus mentes y cerrar la venta, como dijera el fallecido John M. Wilson.

Cuando el cliente potencial dice algo fuerte en forma de objeción, le dices con la mayor cordialidad posible: "Su pregunta me agrada, Sr. Cliente Potencial, porque tiene que ver con lo esencial del asunto, y como eso es lo que me gusta hacer, indica que estamos del mismo lado".

El tercer cliente potencial (que pronto denominaremos "Peter Hostil") es cortado con la misma tijera, pero lo que hay que recordar es que a lo mejor es hostil por alguna razón. Podría ser porque un vendedor lo maltrató o lo engañó en el pasado. Podría ser algo tan simple como que un vendedor anterior no escuchara su queja.

Uno de los secretos es permitir que "Peter Hostil" se exprese. Cuando él manifieste su enojo, recurre a una de las técnicas más antiguas, conocida entre los entrenadores en ventas como el "Principio de las tres Fs", pues proviene de las palabras en inglés *feel (sentir), felt (sentido) y found (descubrieron)*. Le dices: "Sé exactamente cómo se siente. Muchos han *sentido* lo mismo [pausa]. Sin embargo, cuando reunieron todos los hechos, *descubrieron* que había cierta justificación en el procedimiento y comprendieron que cualquier error cometido fue un error de la cabeza y no del corazón".

Y prosigues: "Por cierto, Sr. Cliente Potencial, una de las cosas que me agrada de lo que usted dice es la siguiente: he descubierto que personas tan francas y abiertas *[no te atrevas a decirle "enojadas", ni "hostiles"]* como usted, resultan ser más receptivas. Son abiertas e imparciales cuando obtienen respuestas a sus preguntas, así que me complace que me exprese sus inquietudes de esta manera tan abierta".

El que no puede decidir sobre... nada

Luego tenemos a "Iván Indeciso", que quería inaugurar un club de "postergadores", pero decidió dejarlo para después. Es alguien que no puede tomar decisiones. Como el tipo que fue al psiquiatra y este le dijo:

"Entiendo que tienes problemas para tomar decisiones" y él le respondió: "Pues… sí y no". El cliente potencial indeciso es el tipo de persona que, en muchos sentidos, es el más infeliz de todos. No puede decidir qué almorzar, ni mucho menos tomar decisiones sobre compras importantes como una casa, un automóvil, una inversión de alta envergadura o un seguro de vida. Toma pastillas estimulantes para tener la energía de hacer algo y luego las mezcla con un Valium para que no le afecte si no pasa nada.

La forma de lidiar con este cliente potencial es ganándote su confianza, lo cual, como he dicho en repetidas ocasiones, logramos siendo personas rectas. Demuéstrale empatía, ponte de su lado, hazle saber que tú lo apoyas y asegúrale que está dando el paso correcto. Tu propia convicción de que tu producto es lo que el cliente debe comprar será el factor determinante. Recuerda, este cliente tiene problemas para decidir si debería comprar. Si tú dudas si venderle o no, ten la plena seguridad de que él no comprará. Así que impúlsalo a hacerlo. Sé firme, pero no rudo.

La presión interna es un factor clave. Ejércela si él o ella te hacen aún más preguntas de las que otros clientes potenciales te harían. Más adelante, en este capítulo, demostraré en detalle *cómo hacer exactamente* las preguntas y daré numerosos ejemplos. A propósito, en este libro uso más de 500 preguntas. Sorprendente, ¿no? Esa es otra pregunta, ¿verdad?

Otro tipo de cliente potencial que identifica Jim Savage como "Betty, la caza gangas", y a veces, se le conoce como "Carlitos, el cauteloso", es el que siempre quiere lograr mejores precios que los demás. Betty considera cada compra como un "concurso". Tiene que sentir que es la "ganadora" y no será feliz a menos que gane algún tipo de concesión. La manera más sabia de manejarla es mediante dos tácticas: primera, le dices que una de las ventajas más agradables de trabajar con esta compañía es el hecho de que trata a todos de la misma forma, así que ella podrá comprar tu producto con la total seguridad de que nadie, pero nadie, obtendrá una mejor oferta de la compañía y que esa oferta la convierte en ganadora. En términos generales, eso es lo que ella quiere, la seguridad de que ella es la ganadora, de que *ella* es la inteligente y que *ella* fue la que consiguió su mejor oferta.

La segunda táctica consiste en asegurar la compra si tú mismo, como *individuo*, haces algo por ella, lo que no solo le garantizará que nadie recibió una mejor oferta, sino que ella obtuvo la *mejor* oferta porque ella te tiene a *ti*. Puede ser un servicio personal: "Voy a hacer por ti algo que no suelo hacer: yo mismo voy a llevar tu orden a la sección de envíos y me voy a encargar de que te hagan el tuyo hoy mismo y sin costo adicional". "Voy a hacerle seguimiento a tu crédito y así te ahorrarás, por lo menos, 24 horas y recibirás tu pedido antes". "Ya que voy a estar en tu zona, estaré presente cuando te instalen el equipo para asegurarme de que cumpla 100% con tus especificaciones".

Si tu cliente te causa dolores, hazlos rentables

El siguiente cliente potencial es "Oliver Insoportable", el sabelotodo que habla a gritos. En términos generales, los insoportables del mundo sufren de graves problemas de autoimagen y sienten que el único reconocimiento que obtienen es de naturaleza negativa. Lo que ellos quieren es atención, así que dásela, pero de manera firme y positiva. Además, desafíalos. En muchos casos, debajo de su actitud bravuconada son personas suaves y dóciles que también quieren tener la razón y que las entiendan y aprecien.

Intenta desafiarlos con frases como: "Nuestras investigaciones indican que solo el 3% de la población tiene la capacidad financiera de comprar este producto". "Estos pagos serán altos, Sr. Cliente Potencial. ¿Podría cubrir cuotas de…?".

A los insoportables y sabelotodos también les gusta que se les rinda pleitesía. "Su traje es muy bonito" o "Ese es un bello paisaje y entona a la perfección con su gusto y su carácter, y lo ubica en un grupo de élite". Este es un verdadero halago esnobista, lo cual es importante para ellos. En este sentido, cabe señalar que las celebridades locales de televisión o deportes también son de "este modelo en particular". (Di esto solo si es verdad. Como solía decir el fallecido Bill Gove, uno de los verdaderos profesionales en capacitación en ventas: "Nunca mientas, ni patines").

El cliente potencial que "está de afán"

Agrega a esta lista a "don Afanador", el cliente potencial que no quiere que lo molesten con detalles. Don Afanador quiere "los hechos, solo los hechos. Tengo cosas que hacer, ¡estoy de afán!". Muchas veces, a estas personas les interesa más ahorrar tiempo que dinero. Entonces, sé breve; ve al punto; sé serio; cierra la venta lo más rápido posible; asegúrale que te encargarás de los detalles y de la entrega y que estarás pendiente de que él reciba exactamente lo que quiere. Después, hazle el debido seguimiento.

Luego, viene "Fernando Feliz", el cliente potencial juguetón y afable que, en muchos sentidos, tiende a ser el más frustrante de todos, porque, en ocasiones, es impulsivo e indeciso. Es mucho más probable que le compre a alguien que le caiga bien y con quien él disfrute hablar. Por lo tanto, hazte su *amigo*, rían juntos, sé informal. Luego, como amigo, invítalo a dar el paso y a hacer su decisión de compra ya para que pueda disfrutar de los beneficios de la compra al instante.

El cliente potencial sabelotodo

"Sabina Sabionda" está lista para impresionarte, entonces, permíteselo. No tienes nada que perder. Pero cuidado: es posible que quiera darte una retahíla todo el día, así que ten en cuenta el factor tiempo. Permítele impresionarte pagando el pedido de contado. De hecho, desafiarla a que lo haga podría ser la clave para lograr el pedido.

Este mismo enfoque básico es el que debes usar con "Pedro Grande". Él también quiere sentirse importante, así que, por supuesto, súbele el ego. Él quiere que todo gire en torno suyo, entonces, permite que la luz brille sobre él. Del mismo modo, le gusta saber que no está hablando con cualquier "Perico de los Palotes", sino con alguien calificado para manejar *su* cuenta. Si tú has logrado algunos récords en ventas o alguna otra meta laboral significativa, cuéntale a Pedro Grande, pero de una manera no amenazante, como para que sepa que está tratando con alguien calificado y que sabe cómo interactuar con una persona de tal importancia como la suya.

Así como tenemos al tímido procrastinador que no puede tomar una decisión, también nos encontramos con frecuencia a "Irene Impulsiva", la que dice "sí" o "no" en un muy corto tiempo. Apenas la tengas de tu lado y la hayas enfilado hacia una venta, remata y cierra con convicción y firmeza. Haz que firme la orden cuando ella esté en su momento de impulso máximo.

El más difícil de todos

El entrenador de ventas John Hammond identifica al cliente potencial más difícil con el nombre de "Alejandro Agradable". Es el tipo de persona que no se opone a nada en absoluto. Te dice "sí" a todo a lo largo de la entrevista;

sonríe, asiente y está de acuerdo contigo. John lo maneja de esta manera: al principio de la entrevista, cuando siente instintivamente que este cliente potencial es de *ese* tipo y que no va a comprar, John se detiene en medio de una frase, sonríe, se inclina hacia adelante y dice: "Sr. Cliente Potencial, ¿le importaría si le pregunto por qué ha decidido no aceptar esta oportunidad de aprovechar los beneficios de nuestro producto?". Luego, haces silencio y no le dices ni una palabra más.

Entonces, "Alejandro Agradable" hará una de dos cosas. Dirá: "Es porque..." y luego hará una objeción manejable o dirá: "¿Qué le hace pensar que he decidido no comprar?". Si ese es el caso, avanza y tómale la orden. Buena estrategia, John.

Hay todo tipo de clientes potenciales

Supongo que si hiciéramos un esfuerzo, podríamos enumerar un centenar de tipos diferentes de clientes potenciales: pensadores lentos, pensadores rápidos, pensadores equivocados y quienes no piensan; los que gastan en grande, los tacaños, los críticos, los caza gangas, los tímidos, los asertivos, los impulsivos, los fastidiosos, los argumentativos, los que no oyen, los imperturbables, los afanados, etc.

También tenemos los viejos, los jóvenes y los de mediana edad; hombres y mujeres; los ricos y los no tanto y todos los demás. Cualquiera que sea el cliente potencial, todos quieren tener razón, que se les entienda, que se les aprecie. Todos tienen necesidades físicas, espirituales y emocionales. Nuestro objetivo es satisfacer esas necesidades para que estos compradores potenciales se conviertan en nuestros clientes, en lugar de solo clientes potenciales.

Por supuesto, como diría Bill Gove de manera jocosa: "El problema de lograr una venta es que acabas de perder a tu mejor cliente potencial".

Hay que recordar que muchas veces, cuando los clientes potenciales plantean objeciones de manera dogmática y antagónica, a menudo, ese es un mecanismo de defensa. Tu cliente potencial, por ejemplo, podría alegar que "todos los vendedores son unos bandidos". El punto es que, como vendedor, no debes ofenderte. Es probable que al cliente le hayan ocurrido un par de experiencias desafortunadas que lo llevaron a esa conclusión. Lo más posible es que *quiera* encontrar un vendedor 100% profesional que lo convenza de que su concepto era erróneo. Incluso *podría* querer comprar algo *ahora*. Eso significa que hay muchas posibilidades de que quiera que alguien le venda algo, y como tú estás allí, ese alguien bien podrías ser tú.

14

El amigo del vendedor

A l manejar las objeciones, una de las prácticas más importantes es hacer preguntas. Como he dicho en diferentes ocasiones, las preguntas te ayudan a persuadir al cliente potencial a tomar cartas en el asunto y proceder a hacer su orden de compra. Además, te permiten descubrir el motivo de compra dominante del cliente potencial, lo cual deberás lograr si quieres hacer tu trabajo de forma efectiva.

Muchas veces, cuando el cliente presenta una queja con vehemencia, es fácil apresurarte a mostrarle que estás de acuerdo con él y tomar partido en contra de tu empresa. Te invito a proceder con extrema precaución en el manejo de las quejas. Sigue las estrategias de las que hemos estado hablando. Muéstrate complacido con respecto a que tu cliente haya mencionado el tema; escúchalo; manifiéstale que estás de acuerdo con él en que es cierto que hay un problema. Pregúntale si ese es el único inconveniente que él o ella tienen. Asegúrale que tanto tú como la compañía quieren despejarle las dudas y resolverle el problema en beneficio de todos. Luego, usa esa queja como la razón principal por la que a él o a ella les conviene hacer negocios contigo y con tu empresa.

Después de una queja fuerte, di: "Sr. Cliente Potencial, ¿podría repetirme exactamente lo que sucedió para estar seguro de que entiendo la situación y así resolver el problema?". De esa manera, estarás actuando como árbitro, como intermediario. No le habrás negado sus derechos al cliente potencial, ni tampoco habrás puesto a tu empresa en una posición incómoda, lo cual es bueno porque, cuando se conocen todos los hechos, el cliente potencial podría estar (y a menudo está) exagerando el caso. Si eso es así y tú haces promesas que después no puedes cumplir, quedarás como un tonto, la compañía quedará más desacreditada y el cliente estará aún más en contra de la empresa.

Con este procedimiento, diluyes gran parte del enojo del cliente sin atacar por la espalda al otro vendedor. De esa manera, mantienes intacta la credibilidad del otro vendedor y la de la empresa.

Entre más violenta sea la objeción, más importante será que sigas este procedimiento. Las personas razonables suelen no ser demasiado beligerantes o vehementes en sus protestas.

¿Objeción o pregunta?

Al manejar las objeciones, debemos asegurarnos de que se trate de eso, de objeciones y no de preguntas. La diferencia es simple: una pregunta es una consulta en busca de información. ¿Cuánto cuesta? ¿Cuánto tiempo se demora la entrega? ¿Lo tiene en verde y en amarillo? ¿Tiene un modelo más caro o menos costoso? ¿Tiene uno más grande o más pequeño? Esas son preguntas a las que uno responde y, en general, son una señal de interés y surgen durante la presentación.

En circunstancias normales, siempre he creído en responder las preguntas en el momento en que me las hacen, siempre y cuando no interrumpan la presentación. Ejemplo: si en la primera parte de la presentación el cliente potencial te pregunta: "¿Cuánto cuesta?", es posible que desees o no responderle en ese momento, dependiendo de si tu producto tiene un precio competitivo o si es de calidad superior. La experiencia, el sentido común y el juicio determinarán tu enfoque *sí y solo* si tienes una ventaja definitiva en cuanto al precio.

Ahora, si tu producto tiene una calidad definida y beneficios característicos, pero no un precio competitivo, de ser posible, evita responder la pregunta hasta que hayas explicado o demostrado algunos de sus beneficios.

He aquí las palabras

Una respuesta directa al cliente potencial cuando pregunta el precio podría ser de la siguiente manera: comienza con una sonrisa agradable y di: "Hablaré de eso en un momento". "Me alegra que le interese el precio. En unos minutos, cuando se lo diga, le alegrará haberlo preguntado". Si el cliente potencial persiste, procura decirle algo como: "Me complacería responderle, Sr. Cliente Potencial, pero sería algo así como tener que pagar un traje antes de verlo. Lo que quiero hacer es asegurarme de que usted vea con exactitud cuáles son nuestros beneficios para que corrobore que de lo que estamos hablando es de una verdadera ganga".

Otra respuesta, siempre y cuando se ajuste al contexto, sería: "Hay tantos factores involucrados en el precio, tales como el tamaño, el modelo, los términos y la entrega, que no sé si deba responderle antes de enfocarnos en las opciones que tengo para ofrecerle".

Cuando el cliente potencial te pregunta el precio antes de que tú hayas tenido la oportunidad de establecer el valor o de explicar el beneficio de tu producto, es aconsejable manejarlo de esta manera: míralo, sonríe y dile: "Esa es la parte que más le encantará saber. Me complace que ya se sienta tan interesado como para preguntarme el precio. Llegaré a ese punto en un momento". Luego, retoma tu presentación.

Respeta los tiempos de tu cliente potencial

La velocidad con la que te mueves como vendedor es importante. No actúes a la carrera, pero cuando digas que llegarás al precio en un momento, describe con cierta rapidez algunas características y beneficios atractivos que justifiquen esa cifra.

Permíteme enfatizar que, por naturaleza, algunos clientes potenciales tienen poca paciencia, así que, si te exigen una respuesta un par de minutos después, te recomiendo adoptar este enfoque: "Sr. Cliente Potencial, le agradezco su interés. Quiero que sepa que no estoy evadiendo el tema. Sin embargo, hasta que determinemos cuáles son sus necesidades, sería imposible para mí darle una cifra. Mi respuesta en este momento podría ser demasiado alta o demasiado baja. Si es demasiado alta, usted perdería el interés. Si es demasiado baja, cuando le informe la verdadera cifra, usted se decepcionará".

En seguida, vuelves a la presentación. Sin embargo, si el cliente potencial te pregunta de nuevo el precio, es difícil seguir dándole largas al tema, así que abórdalo de frente y dale el precio más alto posible, incluidas *todas* las características, accesorios, extras o beneficios ofrecidos con tu producto o servicio. Dile: "El precio más alto posible es..." y luego, infórmaselo. "Sin embargo, es muy probable que la cifra real sea menor cuando hayamos determinado sus necesidades exactas. Creo que su principal preocupación es que el producto satisfaga sus necesidades, ¿no es así, Sr. Cliente Potencial?". Entonces, esperas su respuesta y ahí sí vuelves a hablar sobre las características y los beneficios de tu producto.

Si el cliente potencial indica que el precio era, más o menos, lo que esperaba o incluso menos de lo que pensaba, hazle la pregunta de cierre: "Dado que el producto satisface sus necesidades y está dentro de su rango de precios, ¿le gustaría que le instale el equipo de inmediato o tiene una fecha específica en mente?".

No tienes que responder todas las objeciones

Durante toda entrevista o presentación, ten siempre en mente que tu negocio no es responder objeciones. No tienes que contestarlas todas para realizar la venta. Siendo realistas, rara vez (si es que alguna vez sucede) habrá una situación en la que a tu cliente potencial le guste *todo* acerca de tu producto, bien o servicio. Pero lo bueno es que no tiene que gustarle todo para comprarlo. Lo único que debe pasar para que él o ella se conviertan en tus clientes es que les guste lo que vendes *más* que lo que tengan que pagar para obtenerlo.

Ejemplo: compré un traje a pesar de que tenía dos cosas que no me gustaban. En primer lugar, no estaba muy contento con el precio, pero con una pequeña ayuda de mi amigo (y en esa época, sastre) Doyle Hoyer y mi pelirroja lo justifiqué. (Todo es costoso, la calidad cuesta, durará mucho, uno necesita verse exitoso, etc.). Y en segundo lugar, no me gustaba tener que usar cinturón con el pantalón, pero ese detalle no tenía mucha importancia.

A pesar de esas dos objeciones, compré el traje porque me gustaba mucho el color y cómo me quedaba. Además, cuando me puse el traje, mi pelirroja, que debe ser la repartidora de abrazos #1 del mundo, se me acercó y me dijo que el traje se sentía bien. Y para mí, eso fue más que suficiente.

Lo que quiero decir es: a menudo, te plantearán objeciones que no podrás responder. Incluso hay una pequeña posibilidad de que la objeción o pregunta no tenga solución, así que no te preocupes demasiado por eso. Pero cuando el cliente potencial te presente una objeción, permíteme recordarte que estás en el negocio de las ventas y que la objeción, cuando se maneja de la forma adecuada, es una herramienta que te ayudará a hacer la venta.

Tu negocio no es responder objeciones

Muchas veces, los vendedores jóvenes (en cuanto a su experiencia en las ventas, no en edad) o inseguros tienen la idea equivocada de que están en el negocio de responder objeciones y el resultado de este pensamiento es que terminan por *invitar* o *desafiar* a los clientes potenciales a plantearles preguntas u objeciones adicionales. Esto es cierto sobre todo si el vendedor da una respuesta aguda (en su propia opinión, por supuesto) a una pregunta u objeción difícil. Como entrenador en ventas, he visto al vendedor, casi literalmente, cruzarse de brazos y levantar la barbilla o usar algún otro lenguaje corporal como sugiriéndole al cliente potencial: "Y tenga la plena seguridad de que también puedo contestar la siguiente, así que dígalas todas de una vez. ¡Atrévase!".

Con esta actitud, muy a menudo, se pierde la venta, porque el cliente potencial tiene la sensación de que el vendedor tiene un problema de ego y está más interesado en mostrar sus conocimientos en ventas que en resolverle el problema.

Reformula y suaviza la objeción

Con frecuencia, cuando se reformula una objeción es posible suavizarla en gran medida. Por ejemplo, el cliente potencial podría decir: "La calidad de su producto deja mucho que desear. ¡No creo que dure tres semanas y mucho menos los tres años que cubre su garantía!". Una opinión bastante fuerte, pero tú puedes neutralizarla o suavizarla si la reformulas. Baja la voz, mira al cliente potencial directo a los ojos y dile: "Si le entiendo bien, usted quiere estar seguro de que el producto es de larga calidad y que obtendrá un valor por cada dólar que invierta. ¿Es esa su pregunta, Sr. Cliente Potencial?". O podrías acortarla y decir: "Entonces, su *pregunta es* _____. ¿Es correcto?". (Nunca digas: "Para responderle a su objeción...").

Es probable que el cliente te acepte la reformulación de su objeción. (La mayoría de personas *exagera* las objeciones, en especial, si en ese momento no están muy interesadas. A menudo, esta actitud desalienta al vendedor y hace que se retire, que es justo lo que el cliente potencial espera). Entonces, desde esta perspectiva más suave y amigable, te encuentras en una posición mucho mejor para direccionar la venta de forma positiva. Así, estás *utilizando tus habilidades de venta como herramienta para persuadir y no como un garrote para someter*. Por supuesto, esta técnica funciona tanto para beneficio tuyo como para el de tu cliente potencial.

Sé gentil cuando emprendas la ofensiva

El comentario que hace el cliente potencial con mayor frecuencia es: "No estoy interesado". Su inflexión de voz y su tono determinarán si se trata de una objeción leve, moderada o fuerte.

Si la objeción es entre leve y moderada, dile: "Me sorprende un poco escuchar que usted no está interesado, porque esto le traería [indica el mayor beneficio de tu producto]. Sin embargo, estoy seguro de que hay una buena razón para su falta de interés. ¿Podría compartírmela?". Una vez más, la pelota está del lado del cliente potencial.

El entrenador en ventas, John Hammond, cuenta que, desde que comenzó a usar este enfoque, en 1957, solo dos clientes potenciales (y recuerda con exactitud los detalles del momento) se han negado a darle sus razones para no estar interesados. John dice que esta técnica elimina las *conjeturas de* por qué el cliente potencial no está interesado y este hecho le permite al vendedor lidiar frente a frente con la objeción *real*.

Si el tono del cliente potencial es áspero cuando dice: "No estoy interesado", adopta la política del difunto Charlie Cullen y sé un tanto audaz. Repite las palabras *no está interesado* de tal manera que hagas una declaración *y* una pregunta a la vez (de nuevo, es importante la inflexión de la voz). Al manejarla de esta manera, obligarás a tu cliente potencial a reaccionar ante *tu* declaración como vendedor, en lugar de que tengas que estar a la defensiva. Así, es mucho más efectivo.

Cuando el cliente potencial plantea *alguna* objeción y no sabes *por qué* lo hace, en lugar de adivinar, *pregúntale*, como sugiere el entrenador de ventas, Lee DuBois: "Obviamente, Sr. Cliente Potencial, usted tiene alguna razón para decir eso. [O 'para sentirse así']. ¿Le molesta que le pregunte cuál es esa razón?". (Ahora, detente y espera la respuesta).

Piénsalo. Es muy probable que, si llevas algún tiempo en el mundo de las ventas, después de haber hecho tu presentación, te hayas enfrentado a un cliente potencial que te haya dicho: "Voy a pensarlo". Para poner esto en perspectiva, revelarte algo sobre la naturaleza humana y prepararte para cerrar la venta, permíteme compartirte un procedimiento que sigo cuando le presento esta información a un grupo.

Les pregunto: "¿Cuántos de ustedes se consideran razonablemente honestos?". (Todos levantan la mano). Luego, les pregunto: "¿Cuántos de ustedes, vendedores razonablemente honestos, alguna vez le han dicho a otro vendedor que 'lo iban a pensar'?". (Una vez más, todos levantan la mano). Luego, pregunto: "¿Cuántos de ustedes, vendedores razonablemente honestos, después de decirle al vendedor que 'lo iban a pensar', honesta, legítima, seria y cuidadosamente pensaron en la oferta que les habían hecho?". En este punto, muy pocos (o ninguno) levantan la mano. Luego, pregunto: "¿Por casualidad, ustedes, 'vendedores' honestos, estaban tratando de deshacerse de ese vendedor?".

La respuesta a esa pregunta bien podría ser sí o no. En realidad, a veces, el cliente potencial quiere terminar la entrevista o deshacerse del vendedor. Cuando dice: "Déjeme pensarlo" o "Hablaré con mi abogado, mi banquero, mi pareja, etc.", esa es una manera simple de finalizar gentilmente la entrevista. Sin embargo, hay otra posibilidad.

La mayoría de personas odia usar la palabra *no* porque, como dije antes, es muy definitiva. Cuando el cliente potencial dice que no, eso significa el final de esa relación y, por lo tanto, en su esfuerzo por evitar el uso de dicha palabra, se inventa varias excusas. Como vendedores, si entendemos este hecho básico, estaremos en una posición de ventas más sólida, porque mientras que el cliente potencial no diga enfáticamente que no, la posibilidad de venta aún existe.

En este punto, es importante que, como vendedores, *siempre* recordemos que también somos consumidores y *que necesitamos pensar como compradores y como vendedores*. Esta es la empatía de la cual hablo en el Capítulo 8. Gracias a ella, tú no eres parte del problema, sino que lo entiendes y por esta misma razón, estás capacitado para ayudar a resolverlo.

En realidad, no lo "pensará"

No pases por alto este importante punto: "el cliente potencial que quiere "pensarlo", en la gran mayoría de los casos, no lo hará, así como es probable que tú mismo tampoco lo pensarás en serio mientras sopesas y evalúas todos los pros y los contras de la oferta. En resumen, la mayoría de clientes potenciales que quiere "pensarlo" en realidad no lo hace, por lo que, en demasiados casos, lo más probable es que terminará por decir que no.

Lógico, las circunstancias varían. De nuevo, el sentido común y la experiencia siempre deben ser un factor, pero como guía, permíteme asegurarte que un *no* hoy es mejor que un no mañana. También es cierto que un *sí* mañana es mejor que un *no* hoy, pero enfatizo que, cuando el cliente no quiere tomar una decisión sin razón aparente, en la mayoría de los casos, dirá que *no* mañana.

Es mejor un *no* hoy que mañana por la simple razón de que te aclara la mente. A partir de ahí, podrás buscar nuevos clientes potenciales y no contar con este para una venta futura. Si sigues contando con ese cliente potencial que te dijo que no y que no representa perspectivas de una venta futura, caerás en la trampa de no buscar nuevos clientes potenciales y la venta que pierdes hoy, te costará ventas mañana.

Manéjalo de esta manera

Hay un par de formas en que puedes manejar efectivamente la frase "déjeme pensarlo". Primero, sonríes y dices: "¡Genial! Me encanta que quiera pensarlo, pues es apenas obvio que usted no pierda su tiempo pensando en nuestra oferta si no está interesado en ella. Por lo tanto, supongo que quiere analizarla y reducir así las posibilidades de error, ya sea que su decisión sea sí o no. ¿Esa es una suposición válida, Sr. Cliente Potencial? [Espera a que te dé una respuesta]". Luego, prosigues: "¿Está de acuerdo conmigo en que la *cantidad* de tiempo que se demore pensándolo no es lo importante? Si lo estoy entendiendo bien [yo uso mucho esta frase], y creo que así es, su objetivo principal es estar lo más seguro posible de estar tomando la decisión *correcta* sin que importe si lo piensa dos minutos o dos días, pues la decisión correcta para usted es encontrar lo que usted esté buscando, ¿no es así, Sr. Cliente Potencial?".

Los empresarios y los expertos en eficacia están de acuerdo en que el mejor momento para tomar decisiones precisas es cuando se tienen los hechos necesarios sin la confusión de otros temas del día. De esta manera, el comprador estará más seguro de que su proceso de pensamiento está dirigido a tomar la decisión correcta, con base en información objetiva que esté fresca en su mente. Los hechos olvidados o la información confusa casi siempre llevan a una decisión errónea. Con esto en mente, tanto tú como el cliente potencial podrán pensar durante un minuto para asegurarse de llegar a la decisión correcta, que es el resultado que los dos quieren obtener de la transacción.

El cierre de "cuatro preguntas"

"En realidad, solo hay cuatro preguntas que usted debe responder en su propia mente y ya ha respondido que sí a tres de ellas. [Haz una pausa después de cada una de estas preguntas]. ¿Le gusta? ¿Lo quiere? ¿Puede pagarlo? La única decisión que le queda es: ¿Cuándo quiere comenzar a disfrutar de los beneficios de su compra? Obviamente, usted es el único que puede responder esa pregunta, pero, Sr. Cliente Potencial, ¿me permite preguntarle algo más? [Pausa]. El precio puede mantenerse o aumentar. Y dado que usted podrá comenzar a disfrutar de los beneficios de su compra solo hasta cuando adquiera el producto, su única decisión se reduce a cuándo quiere comenzar a disfrutar esos beneficios. ¿No es así, Sr. Cliente Potencial? [Pausa]. Con esto en mente, ¿no le parece que tiene sentido decirle sí a disfrutar de estos beneficios *a partir de este momento?*

El ejecutivo Mark Gardner (que trabajaba con E.F. Hutton and Company, Inc., en Houston, Texas, cuando este libro fue lanzado al mercado por primera vez) era más directo con esta pregunta: "¿Quiere pensarlo porque tal vez pasé por alto algún punto importante en mi presentación?" "¿Qué es lo que realmente quiere pensar?", "¿Podría darme más detalles?". Después de la respuesta, Mark continuaba:

"Sr. Cliente Potencial, sé que usted estará de acuerdo conmigo en que *para tomar una decisión inteligente* debe tener:

1. buen acceso a la información

2. experiencia para poder evaluar

3.   ¿quizás una relación personal con la gerencia?

Sr. Cliente Potencial, eso es justo lo que acabamos de hacer aquí. Lo que estamos discutiendo son decisiones comerciales importantes. Muy a menudo, las personas como usted pueden decir: 'Déjeme pensarlo' o 'Lo llamo después'. Sin embargo, lo que en realidad están diciendo es que no les gusta la idea. Hablemos por un momento con la mayor franqueza posible. Por favor, dejemos las cortesías y dígame: ¿hay algo que le haga sentir incómodo? ¿Algo más que quiera saber? Como hombre de negocios que soy, para mí es importante saber…".

Este es otro enfoque. Si tu cliente potencial tiene sentido del humor y dice que quiere pensarlo, míralo, sonríe y, con un movimiento exagerado de la mano, mira tu reloj y dile: "¡Ya!". El difunto Dick Gardner, fundador de National Association of Sales Education (NASE) me enseñó este truco y, en general, despierta sonrisas. Más importante aún, sirve como un rompehielos y genera ventas. Usa esta técnica con discreción, pero es casi seguro (a menos que estés vendiendo un producto de vida o muerte) que siempre que puedas hacer sonreír a tu cliente potencial durante el proceso de cierre, llevarás la ventaja en el juego.

Aquí va otro enfoque, sobre todo, si estás vendiendo un producto de por vida: "Sr. Cliente Potencial, es igual de costoso tenerlo toda su vida como tenerlo durante parte de su vida. Teniendo esto en cuenta, le costará mucho menos por año, por mes, por día si lo adquiere a partir de ahora en lugar de esperar cinco años o incluso cinco meses para luego comprarlo. Así las cosas ¿no cree que debería comenzar a disfrutar los beneficios desde ahora?".

Comienza lógicamente, termina emocionalmente

Recuerda que cuando tratas con un cliente potencial que plantea objeciones, lo mejor es comenzar con una respuesta *lógica* y cerrar con una emocional. Nuestro cerebro *pensante* es solo el 10% del tamaño de nuestro cerebro *sensible*. Los seres humanos nos inclinamos más a comprar desde el punto de vista emocional que desde el lógico.

Cuando te plantean objeciones y tú las manejas una por una, de tal manera que el cliente potencial confíe en ti, por lo general, percibes cuándo estás comenzando a avanzar hacia la venta. El cliente potencial se vuelve amigable, le echa otro vistazo al producto, lo manipula una vez más. A veces, se queda callado y empieza a leer el contrato o parte del material promocional que le proporcionaste.

Supongamos que el cliente potencial te plantea una pregunta u objeción que no sabes cómo responder. Hazlo de esta manera: "Esa es sin duda una pregunta importante, Sr. Cliente Potencial, de lo contrario, usted no la habría hecho en este momento. Lo felicito por su perspicacia, pero como nadie más la había planteado, no tengo la respuesta completa. Y dado que es importante para usted, y siendo franco, para mí también, prefiero obtener la información con nuestro personal de soporte en la oficina central y así me aseguro de darle la información completa al respecto. Si le parece, lo contactaré de nuevo a la mayor brevedad".

A propósito, *nunca* digas: "¿Sí me entiende?". En lugar de esto, pregunta: "¿Me explico?", "¿Aclaré este punto a su total satisfacción?".

15

Usa las objeciones para cerrar la venta

¿A **cuántas objeciones responder?** Muchas veces, me preguntan: "¿A cuántas objeciones hay que responder antes de intentar hacer el cierre?". A mi juicio, de dos a tres, máximo. En la mayoría de casos, solo dos (recuerda, hay una diferencia entre preguntas y objeciones). Cuando tu cliente potencial plantee la segunda o tercera objeción (lo cual variará según las circunstancias), míralo a los ojos (tu entrenamiento en cuanto al manejo del tono y la inflexión de la voz, los cuales ya estudiamos, serán invaluables en este punto) y dile: "Sr. Cliente Potencial, permítame le pregunto: ¿es este el único obstáculo que no le ha permitido ser el propietario el de _____? ¿O hay algo más que deba revisar?".

Si el cliente potencial responde: "No, eso es lo único que me preocupa", entonces, cubre la objeción y haz una declaración positiva en forma de pregunta. Por ejemplo: "Creo que eso responde su pregunta, ¿cierto?". Si no obtienes respuesta o si esta no es positiva, prosigue: "¡Me encanta responderle su pregunta, porque sé que le va a fascinar el producto!". En otras palabras, asume el cierre, porque el cliente potencial había dicho que el único obstáculo en ese momento era su objeción y además te garantizó que la barrera (pregunta, objeción) ya fue eliminada.

El cierre de "la libreta"

Muchas veces, el cliente potencial tiene más de una pregunta u objeción, así que él podría responder a la pregunta del párrafo anterior de esta manera: "Pues no, además de que no me parece que el precio sea justo, cuestiono su capacidad de ofrecerle servicio a nuestra cuenta y, francamente, su garantía deja mucho que desear". Entonces, cuando tu cliente potencial exprese estas tres objeciones, toma tu libreta y escríbelas en forma abreviada mientras dices: "Si le entendí bien, Sr. Cliente Potencial, sus *preguntas* principales son: una, precio" (escriba la palabra *precio*). "Dos, le preocupa nuestro servicio" (escribe la palabra *servicio*). "Y tres, no le convence nuestra *garantía*" (escribe la palabra garantía)".

Ahora, solo tienes tres palabras en tu libreta: precio, servicio y garantía. Mira a tu cliente potencial y dile: "En otras palabras, Sr. Cliente Potencial, si usted pudiera convencerse a sí mismo de que el precio es competitivo, de que tenemos la capacidad de atender adecuadamente su cuenta y de que nuestra garantía es más que justa, ¿se sentiría cómodo para tomar una decisión *afirmativa* con respecto a nuestro producto? ¿Es eso lo que está diciendo?". Haz que se comprometa.

Si el cliente potencial dice que sí, entonces, enfócate en la objeción con respecto al precio. Recuerda que ya he descrito con lujo en los capítulos 5 y 24 describí con lujo de detalles la forma de manejar esta objeción. Usa esa información en este punto. Cuando termines de abordar la objeción sobre el precio, mira de nuevo al cliente potencial y dile lo siguiente en forma de pregunta: "Sr. Cliente Potencial, con esto evacuamos el tema del precio, ¿verdad? Si es así, y usted me lo permite, elimino el "precio" como una de sus objeciones. ¿Le parece?". (Asiente con la cabeza mientras tacha la palabra *precio*).

Un paréntesis: "¿Le parece justo?", "¿De acuerdo?" y "¿Verdad?" son tres de las preguntas *más fuertes* para intentar un cierre.

Elimina las barreras una por una

Después, aborda la pregunta u objeción sobre el servicio. En este punto, no hay nada más convincente que cartas de clientes satisfechos que aborden específicamente el tema del servicio. (Estos son los testimonios de los que Mike Frank hablaba en el Capítulo 14). Dado que se trata de la estabilidad e integridad de la empresa, son importantes tanto tu afiliación ante la Cámara de Comercio como en *Better Business Bureau*, así como tener referencias al tamaño, antigüedad e integridad de tu empresa. Mientras hablas, recibe los comentarios verbales y no verbales de tu cliente potencial. Concluye la explicación sobre el servicio preguntándole: "¿Responde esto su pregunta en relación con la reputación de nuestro servicio?". Si así es, pregúntale: "¿Puedo eliminar entonces la pregunta sobre nuestra capacidad de servicio?". Al hacer la pregunta, asume una respuesta positiva y táchala con tu marcador o bolígrafo.

"La tercera pregunta, Sr. Cliente Potencial, tenía que ver con la garantía que ofrecemos. Permítame comenzar diciendo que cualquier garantía es tan buena como la empresa que la ofrece. Como ya le he demostrado, somos una empresa viable y sólida. Algo que quiero enfatizar, Señor Cliente Potencial, es que si la garantía no es justa tanto para el comprador como para el vendedor, no tiene valor. Si nosotros como compañía no propendiéramos por esto, no estaríamos en el negocio. Entonces, independiente de qué tan amplia sea la garantía, esta no tendría valor. Nuestra garantía lo protege de, prácticamente, todo, excepto del error humano y el descuido, así como del abuso del producto. Como se lo he demostrado, nuestro producto está diseñado para el uso, pero no para el abuso. Lo protegemos de todos los defectos de fabricación, así como del uso normal. Creo que esa es su mayor preocupación, ¿verdad?".

Demuestra tus fortalezas

Dado que cada empresa tiene sus propias fortalezas, te invito a que conozcas muy bien las tuyas y las manejes de manera consecuente. Lo principal a tener en cuenta al manejar objeciones como esta es no ponerte a la defensiva, ni atacar a tu cliente potencial de ninguna manera, ni alzar la voz. La clave aquí es mantenerte como el "Señor Tranquilo". Lo que busca el cliente potencial es calma y tranquilidad. Reitero: es en este punto de la negociación cuando tus cualidades como persona son tan importantes como tus habilidades en ventas. Si eres una persona recta y has adquirido habilidades profesionales, deberías perder muy pocas ventas por cuenta de las objeciones.

Entonces, después de haber abordado las objeciones anteriores, incluida la tercera, mira a tu cliente potencial a los ojos y dile: "Sr. Cliente Potencial, veo que ya se siente tranquilo con respecto a nuestra garantía, ¿cierto?". De nuevo, asume una respuesta positiva y, con una gran sonrisa, tacha esta última objeción.

En este punto coyuntural de la conversación, ya habrás utilizado la información que te proporcionó el entrenador de ventas de tu empresa y el material promocional de la misma. Una vez más, escribí *Secretos para cerrar la venta*, primordialmente, para complementar los esfuerzos de tu empresa, no para sustituirlos.

Cuando hayas abordado las tres objeciones, mira a tu cliente potencial y dile: "¿Sabe una cosa? Desearía que todos mis clientes hicieran preguntas tan concisas como usted. Cuando una persona sabe cómo se siente, hace que sea más fácil y divertido mostrarle lo que ofrecemos. ¡Sé que le va a encantar este producto!". Luego, con una gran sonrisa, extiende tu mano mientras cierras la venta.

Precaución: No respondas "más de la cuenta" ninguna objeción. Primero, porque el cliente potencial podría pensar que estás a la defensiva, al punto de no estar seguro de tu producto. Y peor aún, podrías abrumarlo tanto con tu respuesta sobrecargada que quizás él o ella se sientan como idiotas por haber mencionado el asunto. Como diríamos en mi ciudad: "¡Así no se vende!".

El cierre de "la válvula de seguridad" o "de precaución"

Al manejar las objeciones, creo que todos necesitamos tener lo que Dick Gardner llamaba "válvula de seguridad". Hal Krause lo llama el método de "precaución". A todos los vendedores experimentados nos han planteado preguntas u objeciones que sabemos cómo manejar pero, desafortunadamente, muchos no recuerdan cómo abordarlas en el momento en que lo necesitan. Cuando esto te sucede, tú no puedes, sencillamente, callarte por un par de minutos. Tampoco es aconsejable decir: "Sé la respuesta, pero no la recuerdo, así que deme uno o dos minutos y se la daré". Como ya conoces la respuesta (suponiendo que *así es*), deberás desarrollar alguna "válvula de seguridad" o frases de "precaución".

Funcionan así: el cliente potencial hace la pregunta o plantea la objeción para la cual tienes una respuesta que no recuerdas de inmediato, entonces, como válvula de escape, le dices: "Me encanta que haya planteado esa pregunta, porque en mi opinión es bastante importante. Lo felicito por estar interesado en explorar ese aspecto de nuestra oferta, pues este interés y conocimiento le permitirán utilizar mejor los servicios que ofrecemos para que pueda aprovecharlos al máximo". Para este momento, ya deberías haber recordado la respuesta específica a la objeción, así que respóndela.

Podrás adoptar el mismo enfoque cuando tengas la respuesta lista, pero deseas presentarla de la mejor manera posible. Por ejemplo, un médico requerirá pensar con detenimiento cuál es la manera más sutil de dar noticias médicas angustiosas. Un padre o compañero sentimental querrá suavizar las noticias difíciles, motivo por el cual el tono de voz, las palabras y la manera de hacerlo juegan un papel crucial. En otras palabras, tú sabes la respuesta, pero la parte difícil es darla.

Actúa con calma. Usa una válvula de seguridad

Habrá ocasiones en que un cliente potencial hará una declaración contundente que requiera del uso de una válvula de seguridad de tu parte. Por ejemplo, te podría decir: "¡Ni en 100 años haría negocios con esos bandidos que usted representa!". Esas palabras son dogmáticas e incluso un poco violentas. Pero puedes usar una "válvula de seguridad" de forma simple y efectiva. Baja la voz, míralo a los ojos y dile: "Sr. Cliente Potencial, es obvio que usted está convencido de eso, así que debe existir un motivo de peso que lo hizo sentirse así. ¿Me podría comentar por qué cree eso?".

Es un procedimiento muy suave y calmado, pero cuando lo uses, eliminarás gran parte de la emoción de la situación. Curiosamente, en la mayoría de los casos, descubrirás que el problema tiene que ver con un conflicto de personalidad, con una brecha de comunicación o con algún detalle insignificante. Sin embargo, sin importar cuál sea su tamaño real, si es algo grande a los ojos del cliente potencial, entonces lo es.

Sin tener en cuenta el tamaño o la importancia del asunto, este procedimiento saca la objeción a la luz y así tú podrás abordarla. La clave de este enfoque es no tomar a título personal los ataques hacia tu empresa, tus procedimientos y políticas, ni hacia algún incidente pasado. Recuerda, si pierdes la calma, pierdes la venta.

El cierre de la "opción alternativa"

Hasta el momento, nos hemos enfocado más que nadie en el vendedor directo o interno, quien tiene más tiempo y trabaja en diferentes circunstancias que el vendedor que trabaja en una tienda minorista, por lo tanto, las respuestas y los procedimientos son diferentes. También existe el factor de que casi todas las ventas directas, ya sean de cosméticos, utensilios de cocina, seguros de vida, aspiradoras, enciclopedias, algunos tipos de impresión comercial, galletas vendidas por niñas exploradoras, boletos de rifa, etc., por lo general, se venden en una única visita.

En un contexto de tienda minorista, después de haber respondido las objeciones, maneja la parte final de una manera distinta. Infiere el cierre, pero hazlo mediante una opción alternativa. Puede decir, *siempre* amablemente: "Estoy encantado de haber podido responderle esa pregunta en particular, porque nuestra función aquí en la empresa _____ es brindarles a nuestros clientes el mejor servicio posible. Sé que usted disfrutará mucho de este producto y, por supuesto, estamos aquí para atenderlo en caso de ser necesario. Ahora, permítame hacerle una pregunta: ¿le gustaría llevarse el producto o prefiere que se lo enviemos a su domicilio? [Suponiendo que se trate de mercancía que el cliente se pueda llevar o que se pueda entregar a domicilio].

Otras formas de cierre con opción alternativa: "Me parece que le gusta más el rojo. ¿O lo prefiere en azul?". También puedes decir: "¿Lo cargamos a su tarjeta de crédito o va a pagar con cheque o en efectivo?".

El cierre de las "dos opciones"

El cierre de la "opción alternativa" fue identificado durante la década de 1930 por el entrenador en ventas, Elmer Wheeler, quien fue asignado por la cadena Walgreens para que les ayudara en su negocio. En aquellos días, todas las farmacias tenían fuentes de soda que contribuían en gran manera a la estructura de ganancias, así como al flujo de tráfico en la tienda.

Las leches malteadas, que se vendían por $0,15 centavos, eran bastante populares en aquellos años de La Depresión. Y un ingrediente que les agregaban a las leches malteadas era el huevo. Cada huevo costaba $0,05 centavos más, y como Walgreens los compraba a $0,15 centavos la docena, entre más huevos les agregaran a las leches malteadas, mayores serían sus ganancias.

Entonces, Elmer les enseñó a los empleados que cada vez que un cliente pidiera una leche malteada, levantaran dos huevos, sonrieran y le preguntaran: "¿Un huevo o dos?". En la gran mayoría de los casos, incluso cuando los clientes no habían pensado en pedir ni un solo huevo, decían: "Uno".

Walgreens descubrió que la misma cantidad de clientes que decía "dos" decía "ninguno". La cantidad de huevos que vendían aumentó a cientos de cubetas a la semana, así que el impacto en su estructura de ganancias fue drástico.

A veces, la opción alternativa implica una decisión muy simple que conllevará a una decisión importante. Ejemplo: al vender una casa, el asesor de bienes raíces dirá: "Un detalle extra que me gusta ofrecerles a mis clientes es una hermosa aldaba con su nombre inscrito. Dígame, Sr. Cliente Potencial, ¿le gustaría en inglés antiguo, moderno americano o corintio?". Utilizando este mismo enfoque básico, los vendedores de autos, en especial los de lujo, podrían y *deberían* ofrecer monogramas personalizados para los tableros o las puertas de los autos de sus clientes.

Obvio, nadie compra una casa o un automóvil de lujo solo por tener una aldaba o un monograma y ningún cierre funciona si el cliente no quiere comprar. Lo que logra este cierre (al igual que el anterior) en aquellas personas que desean y planean comprar es simple: les da un impulso adicional en la forma de una razón o excusa para proseguir con la compra y tomar la decisión de compra *de inmediato*. En resumen, un buen cierre está diseñado para lograr que el cliente tome una decisión que sea a tu favor como vendedor. Un buen cierre hace que todo cliente sienta que está *comprando*, no que tú le estás *vendiendo*. Ese es el sentimiento que lo ayuda a convertirse en tu cliente *permanente*.

Todos usamos el cierre de "opción alternativa" cientos de veces al año. Una vez más, sin importar cuál sea tu trabajo o profesión, *tú vendes todos los días*.

De padre a hijo: "¿Quieres podar el césped o lavar las ventanas?".

De profesor a alumno: "¿Quieres conformarte con una nota mediocre o prefieres completar la tarea?".

De médico a paciente: "¿Le gustaría vivir más tiempo o seguir fumando?".

De mecánico al dueño del auto: "¿Quiere rotar las llantas para que le duren 5.000 millas más o se las dejo como están?".

De pretendiente a su cortejada: "¿Te recojo a las 7:30 p.m o a las 8:00 p.m?".

De mesero a comensal: "¿Prefiere sopa o ensalada con su cena?".

De policía de tránsito al conductor que va con exceso de velocidad: "¿Le gustaría pagar la multa por exceso de velocidad ahora o prefiere ir a la corte el 10 de agosto?".

Conclusión: Dado que todos vendemos todos los días, ¿no tiene sentido aprender a hacerlo de manera más efectiva?

Objeciones específicas

Una pregunta frecuente en mis encuentros con vendedores por todo el país y durante los seminarios cuando discutimos sobre las objeciones es la siguiente: ¿cómo manejar a un cliente potencial que le compra a otro proveedor confiable que le ofrece casi el mismo producto, más o menos al mismo precio, le presta un servicio similar y tiene la ventaja adicional de ser un amigo o familiar que lleva muchos años manejándole la cuenta de forma satisfactoria?

Esta es una pregunta difícil y lo que voy a decir no responderá todas las objeciones, ni logrará siempre la venta. Sin embargo, estoy convencido de que te permitirá lograr algunas ventas y te dará la sensación de que, por lo menos, estás dentro del rango de posibilidades en cuanto a competencia se refiere. En resumen, hay esperanza.

Cuando el cliente potencial dice lo que acabo de mencionar, lo peor que puedes hacer es atacar la credibilidad del proveedor o la calidad de su producto. Te garantizo que así *nunca* lograrás la venta, ni tendrás muchas posibilidades ante ese ataque tan frontal. Sin embargo, si usas este enfoque que te voy a presentar, creo que la posibilidad de hacer una venta es buena. Es el método del que hablo en dos o tres secciones diferentes del libro e implica hacer muchas preguntas.

El cierre de "obligación"

Con un ataque frontal, lograrás convencer a algunos de tus clientes potenciales de que tú también les ofreces ciertas ventajas, pero la única forma de ganarte el negocio es cuando los persuadas. Como ya antes mencioné, habrá ocasiones en que solo *persuadirás* a tu cliente potencial mediante preguntas, de tal forma que él, literalmente, se convenza a sí mismo de tomar la decisión *afirmativa*.

En este caso en particular, te sugiero manejar la situación de la siguiente manera: "Sr. Cliente Potencial, si hubiera una manera de comprar el mismo producto que le ofrece su proveedor actual a un mejor precio y obtener un mejor servicio, estaría interesado en hacerlo, ¿cierto?". Espera una respuesta, que sin duda alguna será: "Sí, ¿cómo podría hacerlo?". Tú respuesta sería: "Antes de contestarle, tengo dos preguntas más: una, en este preciso momento, ¿tiene alguna obligación de comprarme algo a mí, que soy un completo desconocido al que nunca ha visto antes?". (Espera la respuesta, que será *no*).

"La segunda pregunta es: ¿siente alguna obligación o inclinación a seguirle comprando a su proveedor actual, que es su amigo cercano y con quien ha estado haciendo negocios por quién sabe cuántos años?". (Espera la respuesta. Será *sí* o *algo así*). "En esencia, no hace falta decirle que la lealtad más importante es hacia usted mismo y hacia su familia y no necesariamente hacia un proveedor. ¿Está de acuerdo con esta premisa, Sr. Cliente Potencial?". (Si puedes lograr que él esté de acuerdo con esto, habrás dado un pequeño paso hacia la venta. Si no, entonces, es obvio que estás tratando con alguien que no es de mente abierta).

"Lo intentaré con más ganas"

Cuando recibas la respuesta, responde: "Entonces, Sr. Cliente Potencial, ya que usted no siente obligación hacia mí, pero sí hacia su proveedor, ¿qué tal si le garantizo que estoy dispuesto a trabajar más duro, a brindarle un mejor servicio y a cuidar nuestra relación comercial de una manera más enfocada en su satisfacción como cliente? ¿Qué tal si le garantizo que usted estará entre mis primeras prioridades para así poder ganarme el negocio de la única manera posible, que es dándole un buen producto a un buen precio y con mejor servicio aún mejor que el actual?". (Este tipo de lógica *tendrá* que resonarle al cliente de algún modo).

"Sin ser presuntuoso, Sr. Cliente Potencial, ¿me imagino que usted tiene un interés considerable por el resultado final?". [Espera la respuesta]. Ahora, prosigue: "Entonces, si pudiera recibir mejor precio, mejor calidad y/o mejor servicio o cualquiera de esas tres ventajas, estas tendría una relación directa con su satisfacción y rentabilidad, ¿cierto? Ahora, Sr. Cliente Potencial, dos de esos aspectos tendrían una gran relación con la posibilidad de que hagamos el trato y todos las tres podrían marcar una gran diferencia en el resultado final, ¿de acuerdo?".

Después, prosigues: "Teniendo esto en cuenta, y dado que usted ya reconoció que su mayor lealtad es hacia usted mismo, ¿no cree que lo mejor para usted sería al menos darme la oportunidad de demostrarle que puedo brindarle más por su dinero? Así tendré que *ganarme* el negocio, lo que lo convierte a usted en un ganador. Le pido por favor que tenga presente que no le estoy pidiendo todo el negocio. Sencillamente, lo invito a que me dé la oportunidad de ganarme una parte de su negocio. Usted tiene mucho por ganar y nada por perder".

Y cierras: "Cuando reciba el envío, póngalo en un lugar destacado para que su proveedor actual lo vea. Entonces, sucederá una de dos cosas: (1) él pensará que tiene que hacer un mejor trabajo o darle un mejor precio para mantener la relación comercial con usted o (2) usted descubrirá que yo realmente puedo brindarle un mejor servicio y/o un mejor precio. ¿Podríamos comenzar con un pedido al por mayor o nos vamos de una vez con tres para recibir un mayor descuento?".

Eso mismo decía Bill

Hace muchos años, Bill Gove, uno de mis primeros mentores, me enseñó una manera simple y efectiva de manejar esta frecuente objeción de "le compro a un amigo/pariente". Sin embargo, no fue sino hasta que John Hammond la mencionó como sugerencia para este libro que entendí su verdadero impacto. Se trata de lo siguiente:

"Sr. Cliente Potencial, entiendo lo que está diciendo y aprecio su interés por mantener esa relación con su actual proveedor. No estoy sugiriendo que le quite el negocio y me lo dé a mí. Sin embargo, de vez en cuando, tengo ideas que creo que aumentarían el volumen de su negocio, hecho que también aumentaría su necesidad de mis productos. Si yo se las compartiera, cosa que estoy dispuesto a hacer, ¿estaría usted dispuesto a darme el *volumen extra* que estas le generen? Así, todos ganamos. Usted continúa haciendo negocios con su proveedor y su negocio aumenta y tanto usted como él ganan. Por otra parte, el aumento del volumen de su negocio significaría que usted deberá comprar más del producto que vendo y de esa forma yo me beneficiaría de ese aumento. ¿No le parece una buena idea y un intercambio justo?".

El cierre del "producto similar"

En ocasiones, algún cliente potencial dirá: "Su producto es casi igual a…" y luego nombra otra marca. Cuando esto suceda, no te muestres en total desacuerdo, ni declares de forma categórica que tu producto es 100% diferente al que él está mencionando. En vez de eso, encuentra una estrategia que te permita llegar a un acuerdo fácil de implementar. Mira con calma a tu cliente potencial y dile algo como: "Sí, estoy de acuerdo con usted en que hay algunas similitudes, pues creo que eso es lo que me está diciendo, ¿no es así, Sr. Cliente Potencial? [Espera a la respuesta]. En este sentido, permítame afirmar que la diferencia visible entre un Rembrandt original y una reproducción o imitación es pequeña. Sin embargo, si usted pone a la venta la imitación y el original, habría una diferencia sustancial en el precio, ¿no? Ahora, con esto en mente, permítame mostrarle las pequeñas diferencias que hacen que el nuestro sea el "Rembrandt" del campo en lo que respecta a desempeño y calidad. Usted quiere el *mejor* producto al *mejor* precio, ¿no es así?".

Si tu cliente potencial tiene buen sentido del humor y te dice que "su producto o servicio es igual al de…", y si tú eres un buen *vendedor*, vuelve al enfoque "similar" y dile: "Sí, son similares, pero yo también podría decir que mi esposa y yo somos muy similares. Cada uno tiene dos brazos, dos piernas y una cabeza, pero hay algunas diferencias interesantes entre nosotros. A decir verdad, ¡esas son las diferencias las que nos unieron y las que nos mantienen unidos! Es cierto que hay similitudes en nuestros productos, pero son las diferencias las que hacen que nuestro producto sea la mejor opción para usted". Ahora, identifica las diferencias, explica *por qué* estas hacen que tu producto sea la mejor opción y cierra diciendo: "Usted quiere lo mejor por su dinero, ¿verdad, Sr. Cliente Potencial?".

Hay muchas objeciones e incluso más respuestas, pero en últimas, todo se resume en lo siguiente: si tú eres la persona adecuada que vende el producto adecuado al precio adecuado y estás convencido de que el cliente es el gran ganador, entonces, tú tienes el control. Ahora, a esto agrégale tu profesionalismo, pues te permite conocer y usar las palabras correctas con la inflexión de voz correcta, la intención correcta y el seguimiento correcto. Así, aumentarás tu porcentaje de cierres.

El cierre de "la experiencia necesaria"

Obviamente, conseguir un trabajo implica "vender". Este ejemplo de cómo manejar una objeción importante está dirigido más que todo al novato en el mercado laboral. Sin embargo, con algunas variaciones, gran parte aplica a cualquier aspirante a un empleo.

Como desde el primer capítulo enfaticé que el vendedor es la parte más importante del proceso de ventas, comenzaré con la suposición básica de que al aspirante al cargo de vendedor se le ha enseñado la importancia de la honestidad, el carácter, la integridad, la fe, el amor y la lealtad. También se le ha enseñado a aceptar su responsabilidad, a ser confiable y a tener una buena actitud.

Objeción: "¿cuál es su experiencia?"

El típico novato no ha recibido capacitación en ventas, razón por la que, cuando se le pregunta: "¿Cuál es su experiencia?", es probable que responda: "Siendo sincero, no tengo ninguna experiencia laboral. He cuidado los niños y las mascotas de mis vecinos mientras ellos han estado de vacaciones, pero este sería mi primer trabajo formal".

Las personas jóvenes tienden a pensar que esa es la única respuesta que tienen a tal objeción. Y mientras piensen eso y respondan de esa manera, les resultará muy difícil conseguir un trabajo, porque no han respondido la objeción principal de su empleador potencial.

No tienen que responder así. Si han recibido alguna capacitación en ventas o han asistido a *I CAN* o a *Coaching to Change Lives* (ofrecemos muchas de estos cursos en escuelas públicas y privadas en Estados Unidos), procuren decir:

"Gracias por preguntar sobre mi experiencia. Veo que eso es importante para usted. Supongo que lo que desea es saber si yo soy apto para lograr que sus clientes obtengan el mejor producto y el mejor servicio posible, ¿le entendí bien?". [Esperen la respuesta].

"Señor, a lo largo de la vida, he ido adquiriendo la experiencia que me ayude a ser un mejor empleado. Por ejemplo, he aprendido la importancia de ser confiable, de decir la verdad en todo lo que hago, de llevarme bien con los demás, pues sé que la gente hace mejor su trabajo cuando tiene buenas relaciones interpersonales.

También sé que, si me contrata, usted espera ciertas cosas de mí. Por mi parte, yo me comprometo a hacer el trabajo que me asigne con una actitud positiva y responsable. Además, soy consciente de que, si quiero un aumento, debo estar dispuesto a llegar temprano, a trabajar un poco más duro y, si fuera necesario, a quedarme hasta tarde.

Otra cosa que entiendo es que las empresas tienen que obtener ganancias para mantenerse en el negocio y pagarles a sus empleados. Para mí está claro que, si los empleados hacen un buen trabajo, es muy probable que la compañía obtenga ganancias. Con el fin de mantener mi trabajo y avanzar, estoy dispuesto a trabajar duro y dar lo mejor de mí. Creo que tanto su negocio como todos los demás necesitan ese tipo de experiencia".

Ya contaron su historia. Ahora, cierren la venta

Cuando hayan dicho todo eso (que solo toma un par de minutos), estos novatos "experimentados" podrán proceder al cierre. Sugiero hacer una afirmación y una pregunta:

"Señor, necesito trabajo y voy a hacerle una promesa: trabajaré duro y usted nunca se arrepentirá de haberme contratado. De hecho, estará orgulloso de haber sido usted quien me dio mi primer trabajo y quien me entrenó. Estoy listo para trabajar de inmediato o cuando mejor se adapte a sus necesidades. ¿Cuándo quiere que empiece? ¿De inmediato o el próximo lunes?". (No hay que decir nada más. Ahora, la pelota está del lado del entrevistador).

Esta "charla de ventas" no les garantizará el empleo a los novatos, porque puede que la compañía no tenga vacantes, pero si ellos hacen esta presentación suficientes veces, estoy seguro de que conseguirán empleo bastante pronto.

Obviamente, no espero que un adolescente (paralizado del susto) hable con tranquilidad durante su primera entrevista de trabajo, pero sí creo esto: si como aspirante a un empleo él o ella logran transmitir esa información, cualquier empleador del país quedará impresionado. Puede que no los contraten, pero si ellos se aprenden esa presentación, estoy convencido de que quien los entreviste hará todo lo posible por remitirlos donde otro empleador que sí les dé trabajo.

También creo que si tú estás desempleado temporalmente y no hay vacantes en tu especialidad, bien puedes usar este enfoque básico para conseguir trabajo en otros campos. Tú tienes el tipo de "experiencia" (y *mucha*) que miles de empleadores *necesitan* y ellos estarán convencidos acerca de ti y de tu experiencia *si* sabes mercadearte bien frente a ellos.

Al igual que *todos* los trabajos en ventas, es probable que necesites presentarte a muchas entrevistas, pero este enfoque pondrá tu nombre en la parte superior de varias listas en las próximas ofertas de trabajo. Si lo aprendes (recuerda: estoy asumiendo que *tienes* las características de las que hablas en tu presentación), te sentirás mucho más relajado y seguro durante la entrevista de trabajo, lo que significa que sabrás cómo mostrar tu producto (tú mismo) de la mejor manera posible y así aumentarás significativamente tus posibilidades de conseguir el trabajo.

16

Razones y excusas para comprar cómo vender sobre lo tangible y cerrar sobre lo intangible

A menudo, para solucionar las objeciones, es necesario ofrecer lo tangible como la *razón primordial* para comprar, pero enfatizar en lo intangible como *excusa* para hacer la decisión de compra. Por ejemplo, estás vendiendo un hermoso lote cerca de un lago, una casa de retiro excepcional o incluso uno de los paquetes de vacaciones conocidos como "tiempo compartido". Lo cierto es que todo buen vendedor sabe que tiene que ofrecer algo tangible que sus posibles compradores quieran tener en sus manos, algo a lo que a ellos les gustaría "clavarle el diente".

Sin embargo, si se trata del típico lote cerca al lago o campo de golf, con toda seguridad, estarás vendiéndolo por miles de dólares. Y desde el punto de vista puramente lógico, gastar tanto dinero en un terreno restringido (por decirlo de una manera amable) no es tan lógico que digamos. El lote es tangible y esa es la razón de compra, sí. Pero, para poder hacer esa venta, deberás pasar a lo intangible y ofrecerle al cliente una excusa para comprar.

Ejemplo: "Además del hermoso lote, Sr. Cliente Potencial, usted podrá disfrutar de este maravilloso lago alimentado por manantiales y lleno de róbalos y mojarras. Tendrá a su disposición el campo de golf, junto con los tranquilos senderos naturales para pasear o andar en bicicleta, dependiendo de lo que quiera hacer. Y lo mejor de todo es el hecho de que tendrá la seguridad de estar en un área un tanto aislada en la cual otras personas también desean disfrutar de tranquilidad. O sea que usted podrá descansar y hacer actividades a su ritmo, lejos del calor, el smog, el ruido, la congestión y la confusión de la ciudad. Sin lugar a duda, todo este bienestar le dará a su vida un valor agregado de alegría, paz y relajación".

El cierre "usted se lo merece"

Así, pasaste de lo tangible a lo intangible. Es decir, tomaste una base tangible, que es la propiedad misma, y en el paquete le diste al cliente potencial lo que él realmente quiere: una razón para comprar (un hermoso lote en el lago, una propiedad *real*) y una excusa para comprar (una vida tranquila, menos estrés, etc.).

Para cerrar la venta, prosigue: "Durante toda su vida, usted ha trabajado y se ha esforzado pensando en el futuro. ¿No cree que ahora *merece* comenzar a *recoger* los frutos de todos esos años de trabajo y esfuerzo? Se lo *debe* a usted mismo. Si le entendí bien a su esposa, ella le está dando permiso. Yo también le estoy dando mi permiso. Ahora, lo único que usted necesita es darse permiso a sí mismo para disfrutar de aquello por lo cual ha trabajado toda su vida. ¿Qué dice, Sr. Cliente Potencial? Le gusta la propiedad y disfruta tanto del golf como de la pesca, ¿cierto? ¿Se le ocurre alguna razón por la que deba negarse a cumplir este sueño por el que ha trabajado toda su vida?".

Recuerda: el cliente potencial tiene miedo

Al hablar con tu cliente potencial, ya sea que él esté comprando el lote en el lago, la casa de retiro, el lugar de descanso de tiempo compartido o cualquier otro bien, ten presentes cuatro puntos básicos: primero, que él necesita la seguridad de que es correcto que él dé este paso, de que lo que está comprando tiene un precio razonable, de que tú representas una organización legítima y que tu integridad es sólida.

Lo segundo que debes tener en mente es que cada cliente potencial, independiente de si está comprando algo que podría definirse como no esencial o incluso de lujo, tiene el temor de estar pagando un precio inflado y no obtener algo que corresponda al precio. Por lo tanto, tu trabajo es calmar esos temores mostrándole evidencias de precios comparativos, pero en última instancia, los temores de tu cliente se disiparán, principalmente, si confía en ti como persona. *Tú eres el puente que el cliente potencial debe cruzar para pasar de ser un comprador temeroso a uno confiado.*

El tercer punto a tener en cuenta es que el sentido de justicia de tu cliente potencial está en juego (tú eres el experto, él es el "cordero inocente"). Quizá, se hayan aprovechado de él en el pasado y con seguridad no quiere que eso le vuelva a suceder. A veces, el miedo o una experiencia desagradable harán que tu cliente potencial actúe de manera irrazonable u hostil.

Es por eso que tú, como vendedor, debes mantener la calma, ser 100% ético y estar convencido de que lo que estás vendiendo tiene un valor real y un precio justo.

Y el cuarto punto es recordar que tu cliente potencial no solo está comprando para sí mismo, sino que también tiene a otras personas en mente. Le preocupa lo que piensen los demás. Esto es cierto sea cual sea la imagen que él quiera proyectar. Lo cierto es que le preocupa lo que su familia, sus amigos, sus compañeros de trabajo y sus vecinos piensen.

Esa es una de las razones por las que frases como "usted será la envidia del vecindario", "su familia estará orgullosa de usted por dar este paso" y "sus compañeros de trabajo estarán encantados de ver que por fin usted se va a dar un gusto" son muy efectivas. Recuerda que no faltará quienes pretendan burlarse de tu cliente por haber hecho la compra, así que debes darle argumentos para responderles a todos esos impertinentes o, de lo contrario, él podría terminar hasta cancelando el negocio.

Recuerda: el cliente potencial compra un goce futuro

Para concluir el tema, recuerda que el cliente potencial no está comprando lo que le ofreces en la actualidad, sino el disfrute futuro de lo que le estás vendiendo, sin importar cual sea el producto. Recuerda también que él no solo está comprando una casa. Está comprando la sombra de los árboles en el patio, el calor de la chimenea durante los fríos meses del invierno, la comodidad del teléfono en el baño. Está comprando la frescura de la noche en el lago, la emoción de la experiencia de esquí con su familia, la alegría de poder tener una lancha a motor en el lago, el lujo de disfrutar de un chapuzón en la piscina climatizada. Una vez más, todos estos son intangibles posibles de disfrutar gracias a la propiedad tangible que él está comprando.

Nota: En este punto, deja el libro de lado. Toma tu bloc de notas (del cual ya hablamos en páginas anteriores) y anota los motivos y las excusas que podrías darle a tu cliente potencial para invertir en tus productos o servicios.

Dele al cliente potencial una excusa y una razón

Si le das al cliente potencial una razón para comprar, es casi seguro que él compre. Si le das una excusa para comprar, también podría hacerlo. Pero si le das una razón y además una excusa para comprar y además le facilitas la compra, tus posibilidades de lograr la venta aumentarán drásticamente, como dará fe el equipo de trabajo de A. O. Smith Harvestore.

Un equipo de profesionales

La mañana antes de dar una charla en una de las convenciones nacionales de A. O. Smith Harvestore, tuve el privilegio de pasar varias horas con uno de los verdaderos profesionales del mundo de las ventas, Carl K. Clayton. Ya había pasado tiempo con él en nuestro seminario *Born to Win*, pero esa mañana conocí una nueva faceta de Carl a medida que él me compartía información interesante sobre la estructura de Harvestore y lo que esta hacía por los agricultores. En realidad, es un sistema que los agricultores usan como unidad de almacenamiento, pero que tiene claras ventajas sobre el antiguo sistema de silos. Esta unidad le permite al agricultor almacenar el grano antes de que esté 100% seco.

El agricultor cosecha el grano cuando el contenido de humedad es del 25% al 30%. Luego, lo almacena en la estructura desde la parte superior de la misma, pues la unidad tiene un par de "pulmones" en la parte superior. Lo que esto significa es que, durante la expansión y contracción, todo el aire sale de la unidad y el agricultor reduce en alto porcentaje el deterioro del grano. Cuando el ganado consume grano húmedo, come menos y digiere de manera más completa. Esto ahorra del 10% al 15% de grano, a la vez que aumenta la productividad de la carne del 10% al 15%. Este es un concepto realmente notable que redunda en un gran ahorro de dinero para el agricultor.

El cierre de "la razón y la excusa"

Otro gran beneficio para el agricultor es que, al usar este sistema, no tiene que enfardar el heno. Simplemente, lo reúne y lo pone en este sistema Harvestore (solo estoy mencionando uno de sus productos). El agricultor sabe que más que por cualquier otra razón, el hecho de tener que enfardar heno ha suscitado que los jóvenes abandonen el trabajo en el campo.

En la presentación al agricultor, el vendedor de Harvestore proporciona algunos datos interesantes. Uno es que, que en promedio, la unidad se pagará a sí misma en cuestión de siete años o menos debido a menores pérdidas y mayor productividad. Dos, que el agricultor tiene que trabajar menos con el sistema Harvestore que con otros sistemas que requieren enfardar el heno o recoger el grano después de que se haya dejado secando o que haya sido secado de manera artificial, lo cual es costoso y causa encogimiento.

En resumen, la unidad se vende porque la *razón* que el vendedor le da al agricultor (y que a su vez este le da a su banquero para obtener la financiación necesaria) es que la unidad, literalmente, es rentable y le ahorrará todo ese dinero. La razón por la que el agricultor la usa es financiera.

Carl afirma que la verdadera *excusa* por la cual la mayoría de los agricultores compran es porque ya han hablado con clientes de Harvestore que les han dicho que el trabajo que se ahorran les permite tener más tiempo libre e incluso tomar vacaciones. *Y lo mejor de todo es que sus hijos estarán mucho más dispuestos a quedarse en la granja, porque el sistema hace que la operación sea mucho más fácil y moderna.*

Como ya te dije, si le das al cliente potencial una razón para comprar, él no dudará en hacerlo. Si le das una excusa para comprar, también podría hacerlo. Pero si le das una razón y *además* una excusa para comprar y además le facilitas la compra, tus posibilidades de lograr una venta aumentarán en gran manera.

Los más difíciles son los maestros

Con los años, supongo que he pasado tanto tiempo haciendo tantas visitas comerciales como la mayoría de vendedores. No es que sea terco o testarudo, aunque confieso que, de cierta manera, sí sufro de eso y se debe 100% al hecho de que soy muy persistente, aunque también soy culpable de eso, no porque sea tan competitivo que deteste perder una venta, aunque la pelirroja no estaría de acuerdo con esa afirmación en particular.

Hay, por lo menos, otra razón por la que me he quedado mucho tiempo haciendo algunas presentaciones y es porque, cuanto más difícil es el cliente potencial, más persistente es el maestro. Con el tiempo, he aprendido que, entre más objeciones me presentan y entre más capaz sea yo de responderlas a entera satisfacción del cliente potencial, mejor manejaré la siguiente presentación. En otras palabras, cuantos más obstáculos me pongan, más perfecciono mis habilidades. Siento que este entrenamiento en la "línea de fuego" me ha permitido descubrir algunas grandes verdades que ahora comparto contigo en cuanto a las ventas. Para poder escribir este libro, necesité de mucha "enseñanza por parte de los prospectos más difíciles".

Si quieres crecer y convertirte en la clase de vendedor que puedes llegar a ser, tú también necesitas mucha enseñanza por parte de tus clientes potenciales más difíciles. Howard Bonnell señala que, a menudo, un cliente potencial comienza con un firme rechazo: "Ni siquiera lo pensaré". Sin embargo, su siguiente objeción es más débil y las posteriores lo son aún más.

Cuando el vendedor siente que la voluntad del cliente potencial se está debilitando, se anima y su determinación se fortalece. Quiero decir una vez más que no estoy hablando de "ganar" un concurso, ni de imponerle tu voluntad, ni tu mercancía al cliente potencial. Al principio, aclaré que, al vender, el vendedor profesional está convencido de estar prestándole un servicio y haciéndole un favor al cliente potencial. En mi propio caso, afirmaré enfáticamente que *la* razón principal por la cual hice todos los esfuerzos legítimos para venderle algo a alguien fue porque, con toda honestidad, sentí que tenía la obligación moral de venderle un producto *que era bueno para él*.

Sin embargo, hay un punto específico en el cual tiro la toalla y abandono todo esfuerzo por cerrar la venta. Ese punto es cuando, después de ver los beneficios, el cliente potencial deja en claro que no tiene interés, que no puede comprar o que, simplemente, no comprará. No obstante, hasta ese momento, yo hago mi mayor esfuerzo honesto para cerrar la venta. Como ya indiqué, hago esto siendo agradable, pero persuasivo, tema del que hablaré más adelante.

A medida que avances hacia los cierres adicionales que aquí te comparto, hazlo de manera natural, pues el cierre es parte del proceso, así como tus manos y brazos son parte de ti. Avanza hacia el cierre de forma natural y, sobre todo, sin dudarlo e intentando transferirle al cliente potencial el sentido de urgencia, de "actúe ahora". Por cierto, la urgencia es parte del repertorio de todos los profesionales.

El médico podría decirte que tu vesícula biliar no está en el mejor estado, "pero tú crees que aún no hay una emergencia real". Lo que debes decidir es *cuándo* deseas que te la extirpen. ¿Será a tu conveniencia y de acuerdo con tu agenda o será cuando se rompa, te cause un dolor inmanejable y requieras de cirugía inmediata?

El mecánico te transmite un sentido de urgencia cuando te dice que las campanas del freno de tu auto están un poco rayadas. Lo que tú debes decidir es si gastar una pequeña cantidad de dinero ahora, aprovechando que el carro ya está en el taller, o si hacerlo luego y correr el riesgo de dañar las campanas de los frenos poniendo en peligro tu vida. Entonces, sí, la urgencia es parte del vocabulario de todos los profesionales.

Seguiré recordándote que tus clientes comprarán pensando en su satisfacción o goce futuros. Un cliente que te diga que sí, no destruirá tu carrera, así como tampoco lo hará el que te diga que no. Sin embargo, hay dos tipos de personas que *sí* la destruirán: la primera es la gente que tú no contactas y la segunda es la gente que te dice "tal vez" o "lo voy a pensar". Con eso en mente, intentaremos cubrir de la manera más completa posible estas áreas de la venta para que "lo voy a pensar" se convierta en: "¿Dónde le firmo?".

17

Usando preguntas para cerrar la venta

regunta: ¿cómo persuadir a la gente para que haga su decisión de compra? Respuesta: para persuadir, es crucial formular preguntas que lleven al cliente potencial a la conclusión de que él necesita tomar la decisión de compra y que dicha decisión sea una idea que él mismo tuvo. En otras palabras, se trata de una presión que el cliente potencial se imponga a sí mismo. Me refiero a esa presión interna que es tan poderosa.

Parafraseando a Sócrates (lo más probable es que él lo haya dicho mejor): "Si haces una afirmación con la cual tu cliente potencial estará de acuerdo fácilmente (y no podrá refutártela), entonces, hazle una serie de preguntas basadas en ese acuerdo y luego una pregunta final basada en eso... así lo llevarás a darte la respuesta que deseas". Este es el método utilizado por los abogados litigantes exitosos para presentar sus argumentos ante los jurados.

Vender no es decir, es preguntar

La habilidad de hacer preguntas, al igual que la de modular y usar la voz de forma adecuada, es una habilidad muy descuidada y poco desarrollada en el mundo de las ventas. Se trata de una habilidad que las personas no hemos aprendido. Lo digo porque el niño promedio de seis años, en circunstancias normales, hace de 400 a 600 preguntas al día, mientras que un profesional universitario promedio hace alrededor de 30. Si tú sabes algo sobre la vida o si has estado cerca de niños, seguro sabes que un niño de seis años está aprendiendo más que un profesional con posgrado. Hacer preguntas es una habilidad importante y fácil de aprender.

A continuación, te daré una serie de preguntas y algunas de las circunstancias en las cuales usarlas. Una vez más, te invito a adaptarlas a tu situación, porque no todas te servirán por completo. Sin embargo, en muchos casos, la idea sería apropiada.

Algunas preguntas se relacionan con la actitud de suponer. Otras tienen que ver con la imaginación, con eventos inminentes y con muchas otras técnicas. Ejemplo: al mostrar una casa, después de conocer a la familia interesada en comprarla, es crucial preguntarle lo que el entrenador de ventas, Tom Hopkins, sugiere al ingresar a la sala de estar: "¿Dónde colocarían el sofá?". En otra habitación: "¿Dónde pondrían la cama de Johnny? ¿La preferirían contra la pared o más hacia el centro de la habitación?". Te recuerdo que no hay forma de que el cliente potencial se moleste contigo, pues él es el que está dando las respuestas. Otra pregunta conveniente: "Si esta hermosa casa solo tuviera esta vista o si el recorrido por la casa terminara con estas magníficas sala y cocina, sería emocionante poder seguir viéndolas, ¿no?", "Aun si lo único bueno de esta casa fuera su ubicación, merecería la pena pensar en hacer la inversión, ¿no?".

Para establecer una situación de cierre más adelante en la presentación, suele ser conveniente usar estas palabras a manera de introducción: "Sr. Cliente Potencial, hace muchos años, Andrew Carnegie, el hombre responsable de formar a 43 millonarios cuando hacer esto no era nada común, afirmó: 'Muéstrame un hombre que pueda tomar una decisión, actuar según ella y mantenerse en ella y te mostraré un hombre que tendrá éxito'. Los empresarios exitosos aceptan casi de manera unánime este principio, pero ¿cuál es su opinión personal al respecto?". La mayoría estará de acuerdo.

Procura usar este ejemplo cuando estés hablando con un empresario sobre invertir en equipos, maquinaria o sistemas de eficiencia. No funciona si le estás vendiendo a una pareja joven unos muebles que ellos no están seguros de poder pagar.

Cómo hacer 16 cierres usando "preguntas"

Casi al igual que en una situación de bienes raíces, si estás mostrando un computador o un equipo, pregunta: "Si esta fuera la única característica de esta máquina, valdría la pena tenerla, ¿no?".

Pregunta: "Cuando instalemos este equipo, ¿le gustaría que le muestre una vez más sus características principales?".

Pregunta: "¿Preferiría que se lo entregáramos hoy? ¿O le queda mejor la próxima semana?".

Pregunta: "¿Le gustaría que le ponga el aviso de VENDIDO a esta casa mientras verificamos cuáles son los mejores términos de financiación para usted?".

Pregunta: "¿Necesita consultarle a alguien más antes de realizar el pedido?".

Pregunta: "¿La orden de compra la emiten desde esta división?".

Pregunta: "¿Le gustaría que su banco lo financiara o prefiere que nosotros hagamos la parte financiera?".

Pregunta: "Dado que este artículo es escaso, ¿estaría dispuesto a esperar tres semanas para la entrega?".

Pregunta: "¿Quiere pagar una cuota inicial alta para que le queden más cómodas las cuotas mensuales? ¿O preferiría una inicial mínima y cuotas mensuales ligeramente altas?".

Pregunta: "¿Lo preferiría en verde o le gusta más el rojo?".

Pregunta: "¿Se lo enviamos por UPS o por correo aéreo?".

Pregunta: "¿Quiere que el terreno quede a su nombre o al de su esposa?".

Pregunta: "¿Prefiere el que queda cerca al campo de golf o le gusta más el que está a la orilla del lago?".

Pregunta: "Si viera que le conviene tener este producto y los términos que acordáramos fueran satisfactorios, ¿tendría alguna objeción para hacer la compra hoy?".

Pregunta: "¿Sí aprecia la ventaja financiera de reducir el uso de esas luces del techo tan fuertes, que dan luz innecesaria en algunas áreas? Sería mejor cambiarlas por iluminación de punto durante ciertos momentos del día, ¿no cree?".

Pregunta: "¿Le parece aconsejable invertir en equipos de buenos materiales que le brinden un funcionamiento duradero y sin problemas durante toda la vida útil del producto?".

Preguntas para tomar decisiones

Muchas de estas son preguntas "para pensar" que llevan al cliente potencial a tomar la decisión.

Como *todos* los profesionales, Mark Gardner (a quien ya antes mencionamos) hace muchas preguntas de investigación y cierre. Aquí hay algunas que se explican por sí mismas:

Pregunta: "¿Está invirtiendo en el mercado de valores en este momento?".

Pregunta: "¿Está buscando ganancias de capital o ingresos?".

Pregunta: "¿Podría darme una medida del grado de riesgo que desea correr? ¿Usted es agresivo o conservador como inversionista?".

Pregunta: "¿En qué consiste su cartera?".

Pregunta: "¿Me puede hablar de su última transacción, por favor? ¿Y cuándo fue?".

Pregunta: "Por lo general, buscamos compromisos entre _____ dólares y _____ dólares. ¿Cuánto capital suele invertir usted?".

"Sr. Cliente Potencial, me gustaría llegar a un acuerdo con usted y como personas de negocios que somos. *Primero*, no le voy a hacer perder su tiempo. *Segundo*, cuando nos reunamos de nuevo, será para hacerle una sugerencia estratégica importante. Por estos motivos, queremos que analice seriamente la posibilidad de adquirir un compromiso importante. Ahora, Sr. Cliente Potencial, dados todos estos parámetros de la inversión, ¿estaría en condiciones de tomar una decisión rápida?".

Estas preguntas llevan directamente a un cierre:

"De las acciones que usted posee, ¿tiene alguna que no haya estado a la altura de sus expectativas? ¿Hace cuánto las tiene? Sé que le estoy pidiendo que tome una decisión muy importante. Si no le han resultado como esperaba, ¿por qué no las ha vendido? ¿Por qué? Porque:

1. Le representa una pérdida.

2. Un error común de la mayoría de inversionistas *es esperar* a que las acciones vuelvan a subir de alguna manera.

¿Está de acuerdo con esto?

En el mundo real, no todas las inversiones que hacemos funcionan. ¿No es mejor reconocer que no le han funcionado por la razón que sea y tomar la decisión de rectificar esta situación saliendo de _____ y posicionándonos como _____?".

Estas preguntas cierran ventas

Al describir cómo un agente de arrendamiento de elegantes oficinas en la Ciudad de Nueva York manejaba el enfoque de preguntas y supuestos, el difunto Charles Roth daba este ejemplo. El vendedor llevaba al cliente potencial a apreciar una hermosa vista del río Hudson y le preguntaba: "Encantadora vista, ¿no?". El cliente potencial siempre respondía: "Sí, es hermosa". Luego, el vendedor lo llevaba a una suite al otro lado del edificio y le hacía la pregunta: "¿Le gusta esta vista tanto como la otra?". El cliente potencial podría decir sí o no. Asumiendo que dijera que no, el vendedor decía: "Entonces, la que quiere es la otra suite, ¿verdad?". Y a menudo, la venta quedaba cerrada.

El cierre de "elección"

Cuando estaba en el negocio de las ventas de vajillas, cubiertos y cristalería a mujeres jóvenes y solteras, una de las tareas más difíciles e importantes era guiar a la chica en la elección del modelo correcto y asegurarme de que la que escogiera fuera producto de *su* propia elección.

Comenzaba con las vajillas, y dado que la fábrica tenía siete patrones, yo los manejaba de esta manera: el primer patrón que le ofrecía era uno que yo sabía que le gustaría, es decir, uno "seguro". Que a ella le encantara o no era otro asunto. Después de mostrárselo y "hacer que se enamorara de él", buscaba el segundo patrón. Luego, le preguntaba: "Mary, si estos fueran los dos únicos modelos de vajillas en todo el mundo y tuvieras que elegir ahora mismo uno, ¿cuál elegirías?".

Cuando ella hacía su elección, yo guardaba el otro patrón.

Luego, seguía este mismo procedimiento hasta llegar al último patrón y, en la mayoría de los casos, la elección final era relativamente fácil. Cuando la mujer escogía ese último patrón, yo le daba una opción más como cierre: "Mary, ¿te gustaría en juegos de cinco o de siete piezas?". Cuando la clienta me daba la respuesta, yo procedía a diligenciar el pedido.

Hace años, cuando mi amigo Mike Ingram era Presidente de Tufts & Son, en Oklahoma, yo lo llamaba jocosamente el "Vendedor de cebos para ratas #1 en Estados Unidos", porque lo era. Mike y su compañía utilizaron una serie de ideas para promover las ventas de cebos para ratas, pero algo que promovieron entre sus distribuidores fue un calibre .22. Mike había entrenado a su gente para cerrar la venta después de explicar su promoción con esta pregunta: "¿Desea la promoción de seis cajas? ¿O prefiere la promoción de nueve cajas más este hermoso calibre .22 de regalo?". Al utilizar este procedimiento promocional, Tufts & Son rompió todos los récords en la historia de las ventas (en serio) ¡vendiendo cebo para ratas!

Pregunta: "¿Desea el bombillo sencillo o preferiría tres con el 15% de descuento?". En muchos casos, tú puedes llevar al cliente a hacer un pedido mayor formulando esta pregunta o una similar. Todo el proceso de preguntas es un procedimiento en el que se involucra al cliente. Y como Harry Overstreet lo expresara tan elocuentemente: *La esencia misma de todo poder de influencia radica en lograr que la otra persona participe*. Úsalo y tus posibilidades de venta mejorarán de forma drástica.

Pregunta: "Si le muestro algo que les ahorraría mucho dinero tanto a usted como a su empresa, ¿está en condiciones de hacer su decisión de compra ahora mismo?".

Por cierto, una pregunta que *no se le debe hacer* a un cliente potencial es: "¿Qué opinas sobre esto?". Como dije antes, el cerebro "pensante" es solo un 10% del tamaño del cerebro "sensible" y, por lo general, las personas no compran de forma lógica, sino emocional. La gente compra lo que quiere y no solo lo que necesita. Mejor es que preguntes: "¿Cómo se *siente* con esta opción?". Así, tendrás una oportunidad infinitamente mejor de hacer la venta.

El cierre "de amarre"

El difunto Doug Edwards perfeccionó y enseñaba la siguiente técnica a la que él llamó el cierre de "amarre". La usaba con gran efectividad. Muchas veces, el cliente hace una pregunta como: "¿Viene en verde?". Si le dices que sí, no estás necesariamente más cerca de hacer la venta. Es mejor que, si el cliente te pregunta: "¿Viene en verde?", le contestes: "¿Lo quiere si lo tenemos en verde?". Cuando el cliente responda, la venta quedará hecha. Y para rematar, agrega: "Se lo tendremos en tres semanas. ¿O prefiere que acorte el proceso para que lo reciba en solo dos?".

Si el cliente pregunta: "¿La casa viene con las cortinas?", respóndele con otra pregunta: "¿La quiere si viene con las cortinas?", "¿La quiere si logro que se la entreguen con las cortinas?". Con esas preguntas, estás amarrando al cliente. Doug automática o instintivamente terminaba sus preguntas o afirmaciones con un amarre como: "Es hermoso en rojo, *¿cierto?*", "El peso adicional le brinda una comodidad mucho mayor, *¿verdad?*". "La potencia adicional es una verdadera ventaja, *¿verdad?*". "Esta economía adicional aplasta a la competencia, *¿verdad?*". "El color extra le da una dimensión adicional, *¿cierto?*". "Esta vista del atardecer va a dejarle muchos recuerdos hermosos, *¿cierto?*". Cada amarre compromete emocionalmente al cliente potencial a tomar medidas sobre la oferta, y cuando involucras la oferta en una pregunta comprometedora, la venta es más probable. (Tu próxima lectura de *Secretos para cerrar la venta* te hará aún más consciente de los amarres que he usado a lo largo del libro, ¿cierto?).

En el cierre de amarre, es de especial importancia formular oraciones en afirmativo para enfatizar ciertos puntos. El entrenador de ventas, Phil Lynch, decía que hay que evitar el uso de la palabra *no* a toda costa. Es más conveniente usar expresiones como: *¿Le parece...? ¿Cómo será...? ¿Debería...? ¿Cierto...? ¿Sí podría...?* Emite *¿No es...? ¿No debería...? ¿No podría...? ¿No puede...? ¿No hace...? ¿No va a ser...?*

Bueno, es tu turno de salir a trabajar y comenzar a desarrollar preguntas específicas para tu producto y tus clientes. Recuerda: el vendedor *profesional trabaja* para aprender a ser más profesional. No es fácil, pero la satisfacción emocional y las recompensas financieras son enormes.

El cierre del "cliente permanente"

Si eres vendedor en una tienda de muebles o de ropa o vendes en cualquier otro tipo de tienda minorista donde los clientes entran y dicen: "Me gustaría ver un traje", sonríe y diles: "¡Con mucho gusto! ¡Los trajes de hombre están por aquí!". Entonces, dirígete a esa sección, das unos seis pasos, giras y les dices: "Me gustaría saber si el traje es para una ocasión especial o si desea usarlo más a menudo, así aprovechará al máximo sus gastos en ropa".

Este enfoque no solo te ayuda a realizar la venta de inmediato, sino que también plantea la sugerencia de que tú eres capaz de (y estás interesado en) ayudarles a tus clientes a resolver cualquier problema futuro con respecto a su vestuario. Les estarás mostrando tus destreza profesional y un sincero interés por resolverles sus problemas. Tu pregunta inicial es la primera parte del cierre que convierte al cliente potencial en "cliente permanente".

Este enfoque casi idéntico es efectivo en la mayoría de puntos de venta (mueblerías, tiendas especializadas, mercaderías en general, etc.). En una tienda de muebles, el cliente potencial suele entrar y manifestar su interés en una lámpara, una alfombra o en un sofá. Entonces, sonríe y dile: "¡Con mucho gusto, están por aquí!". Luego, empieza a caminar hacia la sección y continúa: "Por cierto, ¿le gustaría ver todos los estilos de sofá que tenemos? ¿O ya tiene un estilo de sofá en mente para que le combine con el resto de su decoración? Así le sacaría el máximo provecho a sus gastos en muebles". Este procedimiento lleva a tus clientes potenciales a tomar una decisión más radical que la espontánea en cuanto a comprar aquello en particular sobre lo que preguntaron.

En *Secretos para cerrar la venta* presento y uso preguntas en cada capítulo. No tengo dudas de que *tu carrera como vendedor avanzará mucho más rápido si aprendes a hacer preguntas y a usar la inflexión de voz adecuada que por medio de cualquier otra habilidad que quieras desarrollar.*

La mayoría de vendedores conoce la importancia de hacer preguntas, pero muchos cometen un par de errores graves en el proceso. En primer lugar, adoptan el papel de "investigadores" y se vuelven demasiado entrometidos. La actitud del vendedor es crucial. Ten siempre presente que la actitud ideal es la de servicio. Nunca formules la primera pregunta sin obtener permiso de tu cliente. Procura hacerlo de la siguiente manera: "Sr. Cliente Potencial, para determinar cómo ayudarlo, necesito hacerle algunas preguntas. ¿Me permite hacérselas?". Mediante este procedimiento, no solo obtienes una respuesta positiva, sino que también le explicas al cliente potencial *por qué* vas a formularle dichas preguntas. Así, despejarás el camino y lo comprometerás a responderlas.

18

Para aquellos que trabajan en mercadeo en red

E ste capítulo está dirigido más que todo a aquellos que están en el mundo del mercadeo en red. Sin embargo, te recomiendo que, sea lo que sea que hagas o vendas, leas estas próximas páginas, por lo menos, una vez, ya que es muy posible que te den ideas o técnicas que se adapten a tu trabajo específico.

Conoce lo que haces y haz lo que conoces

Cuenta la historia que, hace muchos años, un zorro y un conejo estaban en un bar "tomándose una fría". La conversación se enfocaba en sus enemigos en común, los sabuesos de los cazadores de la región. El zorro fanfarroneó afirmando que no les temía, porque tenía muchos medios de escape. Señaló que si los sabuesos vinieran, él saldría corriendo hacia el ático a esconderse hasta que el peligro pasara o huiría de allí tan rápido como un rayo y ningún sabueso lo atraparía; otra opción sería dirigirse al arroyo más cercano y correr como loco hasta que los perros le perdieran el rastro por completo; también podría correr en círculos y retroceder un par de veces para confundir por completo a los sabuesos y luego trepar a un árbol a observarlos mientras lo buscan. Sí, sus métodos eran muchos y su confianza en sí mismo era máxima.

Por otro lado, el conejo, tímido y con cierta vergüenza, confesó que si venían los sabuesos, él solo sabía hacer una cosa y era correr como un "conejo asustado".

Mientras decían esas palabras, oyeron el aullido de los sabuesos. El conejo, fiel a su palabra, saltó y salió corriendo por la puerta como un conejo asustado. En cambio, el zorro dudó mientras se debatía entre salir corriendo al ático a esconderse, huir por la puerta y confiar en su velocidad para escapar, dirigirse al arroyo y perder su rastro en el agua o confundir a los perros retrocediendo y dando vueltas antes de subir al árbol. El hecho es que, mientras se debatía entre qué método usar, los sabuesos llegaron a toda prisa, lo atraparon y se lo comieron.

La moraleja de la historia es bastante simple: es mejor usar un solo procedimiento efectivo, si eso es todo lo que sabes hacer, que conocer *todas* las técnicas incluidas en este libro y no usar ninguna.

Secretos para cerrar la venta incluye un sinnúmero de cierres y procedimientos por varias razones. Por un lado, porque las personas que venden, al igual que sus productos, provienen de todos los ámbitos. Todo tipo de personas con todas las clases de personalidades que existen venden una increíble variedad de bienes y servicios. Es obvio que no es posible abordarlas a todas, pero las técnicas y principios que les presento en este libro son bastante amplios y específicos. Gran parte de lo que he escrito está diseñado para ayudarles a los vendedores de todos los ámbitos de la vida a ser más profesionales y exitosos. Es por eso que comparto muchos enfoques diferentes, pues hay muchos, muchos tipos diferentes de vendedores que les venden a una gama aún más amplia de clientes potenciales.

Algo que habrás notado es que la mayoría de los cierres y procedimientos utilizados en *Secretos para cerrar la venta* es de corte educativo. Recuerda que nuestros clientes potenciales suelen decir que no cuando no tienen información suficiente como para decir que sí, motivo por el cual debemos darles información adicional que contenga razones y excusas (lógicas o emocionales) sobre por qué les conviene decir que sí en beneficio propio. En este proceso debemos tener presente lo que dijera Gerard I. Nierenberg en una entrevista publicada en *Personal Selling Power:* "Los clientes quieren aprender, pero se resisten a que les enseñen".

Ya que llegaste hasta este punto en esta lectura, tengo muchas razones para creer que estás aprendiendo y *usando* los cierres y las técnicas vistos hasta aquí. Por eso, también creo que debes estar entusiasmado de aprender *y* aplicar los procedimientos y las técnicas que presentaremos en lo que resta del libro.

A continuación, un truquito "clásico"

Este cierre en particular es utilizado más que todo por el personal de ventas directas, pero, con ciertas variaciones, también funciona para vender automóviles, bienes raíces, electrodomésticos o artículos grandes en almacenes y tiendas especializadas. Se utiliza *después de* haber establecido el valor del producto, pero *antes de* darle al cliente potencial toda la información sobre el mismo. (No riegues tus palomitas de maíz en la entrada, antes de que empiece la película). Este cierre tiene varias facetas.

Para empezar, es educativo, ya que revela todos los detalles de la transacción. Es otro de los "clásicos" y se sigue usando porque da buenos resultados. Funciona. Si no funcionara, ya habría desaparecido. Cuando yo entré al mundo de las ventas, se le conocía como "el cierre del abuelo". Algunos entrenadores en ventas lo llaman el cierre del "libro de los pedidos", mientras que otros lo llaman el cierre "básico".

Es antiguo, pero Gene Montrose, un entrenador en ventas de Portland, Oregon, lo llamó cierre de "divulgación". Cuando yo te lo "divulgue", te será evidente por qué este nombre es más adecuado.

El cierre de "divulgación"

Una vez el vendedor haya establecido el valor y se acerque al cierre, lo hace con estas palabras: "Sr. y Sra. Clientes Potenciales, como saben, el Tío Sam está involucrado en muchas facetas de nuestra vida. Algunas de sus implicaciones son buenas y otras no tanto. Una de sus leyes, que creo que es buena, es la exigencia que tienen las empresas de divulgarle a cada comprador todos los detalles de la transacción. De esta manera, no habrá costos ocultos. Los vendedores y las empresas éticas recibimos de buena manera esta ley en particular.

Así que, Sr. y Sra. Clientes Potenciales, nuestra compañía va un paso más adelante que el gobierno y nos exige que les divulguemos a nuestros clientes *toda* la información disponible, no solo en cada venta, sino también en cada oferta. De esta manera, evitamos confusiones sobre lo que estamos ofreciendo y sobre los costos. Además, si ustedes hablan de nuestra oferta con sus vecinos, ellos verán que es idéntica a la que les hicimos a ustedes. Sin duda, les complacerá saber que están tratando con una empresa que es justa y abierta con todos".

(Ahora, si vuelves a leer el último párrafo, notarás que afirmé que "divulgamos" toda la información acerca de nuestras ventas y ofertas disponibles para todos. Traducción: "En este momento, voy a empezar a tramitar su orden de compra").

La orden de compra

"Sr. Cliente Potencial, su orden de compra es la #87. [En este punto, la orden está a la vista del cliente y en una parte estratégica escribes #87]. La inversión para hacer este pedido es de 399,95. [Lo digo de esa manera y no escribo el signo $ junto a ninguna de las cifras. No es nada del otro mundo, pero es uno de esos "pequeños" detalles que marcan la diferencia]. El envío y manejo son 20,00, lo que nos lleva a un total de 419,95. El gobierno nos cobra por su ayuda, entonces el impuesto es de 33,55, para un gran total de 453,50".

En este punto, el cliente potencial se preocupará y dirá: "¡Pero espere! ¡Yo no dije que fuera a comprar nada!". A este o a cualquier otro comentario similar, respondes: "Bueno, claro que no. Como le expliqué, yo solo quiero que usted vea los términos exactos de la oferta que le estamos haciendo. Personalmente, creo que usted es el tipo de persona que nunca dirá sí o no a algo hasta que sepa con exactitud de qué se trata, ¿cierto, Sr. Cliente Potencial?".

Aquí entra en juego de nuevo la inflexión de voz

(Es difícil predecir lo que dirán los clientes potenciales, a menos que se trate de un entrenamiento con juego de roles. Pero en general, estarán de acuerdo con esa premisa). Entonces, prosigues: "Por cierto, Sr. Cliente Potencial, si [y enfatizas en la palabra *si*] usted fuera a aceptar la oferta, ¿sería más conveniente hacerlo mediante nuestro programa de inversión de 20 al mes? ¿O suele manejar cantidades como esta en un plan de pago de contado a 60 días?". (Espera la respuesta).

En muchos, muchos casos el cliente potencial dirá: "Bueno, *si*... y reitero, *si*... *solo si* hiciera esta compra, sería mediante el programa de $20 dólares al mes". Entonces, respondes: "Oh, algo que no mencioné, Sr. Cliente Potencial, es que con esta orden tiene la opción de un afilador de cuchillos o una pulidora de piso. [Acabas de pasar al cierre de 'opción alternativa']. O puede elegir entre los cubiertos y el juego de cerámica".

Para aquellas compañías que no ofrecen nada adicional como incentivo por "comprar ahora" existe la "opción alternativa". Es así: "Se me olvidaba comentarle, Sr. Cliente Potencial, pero está disponible en marrón bicolor o gris. ¿Cuál *preferiría?*". Esta vez, la fuerza de tu inflexión de voz estará en la palabra *preferiría*.

Me atrevería a asegurarte que, en muchos casos, el cliente potencial dirá: "Bueno, si lo fuera a comprar, preferiría el gris". Entonces, escribe la palabra *gris* en la orden de compra y agrega: "En caso *tal* [y enfatiza con suavidad la palabra *tal*] de hacer su compra, ¿habría alguna diferencia si le quedaran las cuotas para los días Primero de cada mes? ¿O prefiere que le queden para los 15? ¿O mejor para los 25?".

De nuevo, una estratagema clásica. No te imaginas cuántas veces me han dicho los clientes potenciales: "Bueno, no creo que haya mucha diferencia, pero ¿por qué no lo dejamos para los 25?". En este punto, yo personalizo por primera vez la orden preguntando: "Su nombre *es* Sr. J. J. Johnston, ¿no?". Y procedo a terminar de diligenciar la orden.

El cierre de "la decisión menor"

Aquí, hay varios factores. El primero, cuando avanzas a la "opción alternativa", estás haciendo que el cliente potencial tome una decisión menor que, a menudo, lo llevará a la decisión de compra. El segundo, *incluso si el cliente potencial no compra en este momento, tus esfuerzos siguen siendo significativos, porque le enseñaste en qué consistiría el pedido y cuáles son los términos y las opciones disponibles.*

Toda esa información es importante, porque el cliente potencial la necesita antes de poder tomar una decisión inteligente y cómoda para él. Por eso, el proceso de aclaración le da la confianza de, por lo menos, saber lo que está haciendo. Sí, la aclaración genera confianza.

Además, muchas veces, algunos clientes potenciales necesitan "dejar el asunto en remojo por un tiempo". En varias ocasiones, he perdido la venta en este punto, pero más tarde, al explicar otras características, el cliente hace una pregunta relacionada con el cierre de "divulgación". Por ejemplo: "¿Los pagos eran a 18 o a 20 meses?", "¿Cuánto se demora la entrega?", "Supongamos que lo pago en mensualidades y luego decido pagar la totalidad. ¿Cuál sería la multa?". Muchas veces, el cliente potencial dice que no en este punto, pero después de un "tiempo en remojo" y de información adicional, toma una nueva decisión y da el "*sí*".

El cliente potencial está analizando el presupuesto

En numerosas ocasiones, al explicar las características adicionales, he notado que el cliente potencial no estaba prestando atención, sino pensando en algunos pagos que pronto terminará de hacer para luego manejar este nuevo pago. Esa es una de las razones por las cuales debes usar lo más pronto posible el cierre de "divulgación"; *después* de que le hayas dado suficientes razones para justificar su compra. Este cierre le aclarará el pensamiento y le brindará la información sólida que él necesita para tomar la decisión final. *No* está diseñado con el fin de manipular a nadie para hacer que compre algo que no necesita, que no quiere o que no puede pagar. Pero *sí es eficaz* cuando se trata de clientes potenciales legítimos que no se atreven a decidirse y necesitan un poco de persuasión para actuar en pro de su propio beneficio.

El cierre al estilo "juego de tenis"

Estoy seguro de que todo vendedor con experiencia ha hecho una presentación completa ante una pareja de esposos y luego se produce el siguiente diálogo:

- Esposo: ¿Qué piensas, cariño?

- Esposa: Bueno, depende totalmente de ti.

- Esposo: No, tú eres la que lo usaría.

- Esposa: Sí, pero tú serías quien lo pagaría.

Y él dice... y ella dice... y él dice... y las opiniones siguen para allá y para acá y ninguno de los dos decide nada.

Cuando esto sucede, ten la plena seguridad de que está ocurriendo alguna de estas tres situaciones: una, que los dos quieren decir que sí; dos, que ninguno de los dos quiere decir que sí; tres, que uno vota sí y el otro vota no. Y sea cual sea la razón, puedes estar aún más seguro de que ninguno de ellos quiere tomar la decisión final. Cada uno le seguirá mandando la pelota al otro diciendo: "Tú tomas la decisión".

Y como se están mandando la pelota de un lado al otro, llamamos a este el cierre del "juego de tenis". Es importante que comprendas que, si te sientas al margen a ver el "juego" y les permites seguirse lanzando esa pelota más de un par de veces, uno de ellos (la mayoría de las veces, es el esposo) va a sonreír y va a decir: "Íbamos a comprar su producto, pero, por desgracia, *ella no se decide*".

Manéjalo así

Así es como evitarás esa situación: después de que la pareja se haya pasado la pelota de la decisión de un lado a otro un par de veces, levanta la mano y diles: "Disculpen. Tal vez no debería intervenir, pero lo haré. En este punto, creo que ninguno de ustedes debe tomar la decisión. Antes de que piensen que soy demasiado presuntuoso, permítanme explicarles. Los dos están involucrados emocionalmente y este es el peor momento para tomar decisiones.

La razón es simple. Si dicen que sí, más tarde, uno de ustedes podría decir: '¡Bueno, traté de que no compraras esa cosa!' Si dicen que no, entonces, alguno de ustedes dirá: 'Recuerda que yo traté de que siguieras adelante con la compra'. Entonces, independiente de si dicen que sí o que no, esta sería una decisión equivocada debido a la implicación emocional que podría haber entre ustedes".

El cierre al estilo "Ben Franklin"

Decidí incluir este cierre en el capítulo destinado principalmente a vendedores directos, pero para ser sincero, no se me ocurre una sola situación de venta, y son muy pocas en la vida, en la que este enfoque no sea práctico. Te reto a usar tu imaginación y este cierre. Cuando tus clientes potenciales están eligiendo una casa, un coche, un trabajo, un colegio, un lugar de vacaciones, una iglesia o cualquier otra cosa, este enfoque suele ser bastante útil. Después de esta introducción, ¿necesito decir que tus clientes potenciales también lo encontrarán beneficioso para tomar la decisión correcta? No tengo idea de dónde nació, ni de quién originó este cierre, pero mi amigo Bill Cranford me lo enseñó en 1947. Ahora, vamos directo al cierre:

"En lugar de manejar la decisión desde el lado emocional, permítanme sugerirles que tomemos prestada una página de la vida de uno de los hombres más sabios de nuestro país. Se trata de Benjamin Franklin. Cuando él se enfrentaba a una decisión difícil, tomaba una hoja de papel y trazaba una línea vertical en el centro. En el lado izquierdo escribía 'Razones a favor' y en el lado derecho escribía 'Razones en contra'". (Esto fue alterado ligeramente por el difunto Percy Whiting, autor de *Las cinco grandes reglas de la venta*).

Y continúas: "Lo que les sugiero es que sigamos el mismo procedimiento, que en su forma más simple, consiste en analizar los argumentos a favor y en contra de la compra y luego permitir que los *hechos* tomen la decisión. Si seguimos ese procedimiento, amigos, *ninguno* de ustedes dos estará equivocado y, sin importar lo que decidan, *ambos* tendrán la razón. ¿Les llama la atención esa idea, Sr. y Sra. Clientes Potenciales?". (¡Confía en mí, así es y funciona!).

Por esta razón, ustedes deberían seguir adelante con la compra

(En ese momento, tomas tu libreta, dibujas una línea vertical en el centro y escribes: "Razones a favor" en la parte superior izquierda y "Razones en contra" en la parte superior derecha). Luego, comentas: "Hay muchas razones por las que ustedes deberían seguir adelante con la compra".

Entonces, les muestras: "Primero que todo, *les gusta el producto*". Sin embargo, no enumeres las razones a favor o en contra hasta que las tengas todas, porque provocarías una disputa entre la cantidad de las unas y las otras. El cliente potencial podría interpretar esto como una buena oportunidad para él tratar de encontrar más razones en contra. Algunas de las "razones en contra" podrían ser totalmente ridículas, pero el simple hecho de mencionarlas generaría una situación absurda y, por lo tanto, bastante perjudicial, sin importar cuál de los dos lados tenga el mayor número de razones.

Así que, en un comienzo, solo escribe *"les gusta el producto"*, porque la gente compra lo que quiere y no siempre lo que necesita. "Segundo, [recuerda, di "segundo", pero no escribas el número 2], ustedes dijeron que piensan que nuestro producto les ahorrará dinero". (Sigue este proceso a medida que hagas la lista de todas las razones para hacer la compra).

Ahora, ve a la columna de "Razones en contra" y empieza diciendo: "Una de las razones por las que no deberían hacer la compra hoy es...". (Anota la principal objeción que ellos hayan planteado durante la presentación). Debe tratarse de la razón o la objeción principal que te hayan dado. Si no haces eso, ellos lo harán. El hecho de que *tú* la menciones, eliminará cierto malestar. Después, quédate callado y permite que sean tus clientes potenciales quienes enumeren las otras razones en contra. Si hiciste bien tu trabajo, habrá muchas más razones que apoyen el "sí" que el "no".

Asume la venta

Ahora, totaliza y di: "Veamos. Entonces, tenemos uno, dos, tres..." etc. Escribe el total de razones a favor en grande y resaltado (digamos que son 10) y encierra el 10 en un círculo varias veces. "Las "razones en contra" son 1, 2, 3, etc.". Escribe el número correspondiente al total (digamos que son 7) y enciérrelo en un círculo varias veces. En ese momento, según Percy Whiting, debes girar la libreta hacia tus clientes potenciales y preguntarles: "Señores Clientes Potenciales, ¿cuál lista es más larga? ¿La de las 'razones a favor' o la de las 'razones en contra'?". (Deje que ellos respondan).

Aquí, como diría el difunto Charlie Cullen, añade un poco de audacia. Levanta la vista, mira a tus clientes potenciales a los ojos y diles: "¿Saben, Señores Clientes Potenciales? Si todas las personas con las que hablo usaran un enfoque tan lógico para tomar decisiones, ¡mi trabajo sería aún más divertido! ¡Este producto les encantará!".

Muchas veces, los vendedores me preguntan: "Zig, ¿ese tipo de cosas sí funciona?". La respuesta es: "No todo el tiempo. *Solo algunas veces*". Esa es la razón principal por la que la parte de la presentación o convicción del proceso de venta debe empezar con el primer beneficio y terminar con el segundo beneficio. Esto es importante porque es más probable que el cliente potencial recuerde lo que dijiste e hiciste al momento de abrir y terminar tu presentación.

En este punto, haré un par de observaciones pertinentes. La primera, que el cliente potencial puede mencionar una sola razón en contra y aun así decir: "No, no voy a comprarlo y no me importa cuántas razones haya a favor". La segunda, que los clientes potenciales no compran debido a 10 razones a favor. En la mayoría de casos, ellos compran por una razón mayor y una menor.

Esto también convence a los familiares

La razón por la cual es importante hacer la lista es porque es necesario que el cliente potencial vea la lógica y la relevancia de su compra. Además, cuando la gente hace una compra, muchas veces, necesita un refuerzo. Entonces, cuando los posibles clientes hablan de su compra con sus esposos, esposas, parientes o amigos, etc., ya tienen datos adicionales para darles los detalles del caso. A veces ocurre que hay quienes se sienten felices con cierta compra y luego la cancelan porque sus conocidos se burlaron o los ridiculizaron por haber tomado la que ellos consideran una mala decisión. Es por eso que este proceso de enumerar las razones mediante el cierre al estilo "Ben Franklin" no solo te ayuda a hacer la venta, sino que también sirve para mantenerla.

Por eso, te invito a seguir este proceso. Más adelante, hablaré de la que llamo "lógica emocional" y te daré más razones por las que te animo a usarla.

Cada cierre debe ser un proceso educativo y aunque este no presenta ninguna nueva razón para comprar, sí resume las razones cubiertas hasta aquí. Además, contribuye a tranquilizar al cliente potencial y le da mayor confianza en que su nueva decisión (en caso de que antes haya dicho que no) es la correcta.

Existen otros dos factores importantes. El primero, que el cliente potencial bien puede oír todos los detalles acerca de los bienes, productos o servicios que le estás ofreciendo y aun así no entender cuál es el beneficio principal que obtendría al hacer la compra. El segundo, que el cliente potencial puede oír todos los hechos y aun así tomar la decisión equivocada. Por eso, el cierre al estilo "Ben Franklin" contribuye a garantizar que él entienda el beneficio principal, junto con el resumen de todas las razones que tiene para comprar, lo cual reduce aún más las probabilidades de que él tome la decisión equivocada.

El cierre del "pedestal"

Este se usa en una situación entre esposos en la que la mujer dice airadamente durante la demostración o el cierre: "¡No podemos pagarlo!". En general, cuando esto sucede, existe una de dos situaciones. O bien ella lleva la batuta (como diríamos en mi tierra, es la que lleva los pantalones puestos), o bien ella está en el otro extremo y vive 100% dominada por el esposo.

En esta última situación, ella dice eso por ganar puntos y/o para mostrar su autosacrificio. Está tratando de ganarse el favor de su marido al demostrarle que está dispuesta a "renunciar" a algo que él podría pensar que ella quiere, pero ella prefiere obtener futuros favores y beneficios que le agraden o le convengan más.

En cualquier caso, para garantizar la venta, tendrás que ponerla en un pedestal ante su esposo y así hacer posible el hecho de tratar con ella desde una posición más ventajosa.

Cuando ella diga: "¡No podemos pagarlo!", sonríe, mira al esposo y di: "¿Sabe, Sr. Cliente Potencial? Siempre me emociona oír a una esposa decir ese tipo de cosas. Pienso que ella lo dijo porque teme que usted lo compre solo por ella. Pero, siendo sinceros, no creo que su esposa quiera este producto *solo para ella*. Es bueno saber que hay gente como su esposa en este país, ¿no? [¿Qué más podría decir el hombre, aparte de algo agradable?] Usted, Sr. Cliente Potencial, tiene la suerte de contar con una compañera desinteresada. Por supuesto, ella también es afortunada, porque apuesto a que usted es la clase de hombre que expresa su agradecimiento de una manera muy real y concreta al tener a su lado a una esposa tan especial".

Las palabras "correctas", unidas una buena inflexión de la voz, representan una venta

Hagamos una pausa y analicemos la posición en la que pusiste a ambos. A la esposa, la pusiste en un pedestal. A partir de ese momento, esa mujer va a pensar que tú eres un vendedor muy sabio y estará dispuesta a escucharte, pues lo que dices tiene sentido y, lo más importante, la hiciste sentir muy bien. Pero también estás en buenos términos con el esposo, porque no solo le diste una magnífica oportunidad para dar lo mejor de sí mismo cumpliéndole a su esposa un deseo/necesidad, sino que además lo felicitaste.

Con esta idea en mente, continúa el proceso de venta: "En realidad, Sr. y Sra. Clientes Potenciales, aquí nadie se está sacrificando por nadie, pues aunque la señora sea quien usa el producto, todos en la familia se beneficiarán y lo que hay que tener en cuenta es el bienestar de la familia entera, ¿cierto?".

Y prosigues: "Sí, Sr. Cliente Potencial, es obvio que su esposa quiere el producto. [Estas son las palabras clave. Baja la voz, mira al esposo a los ojos y prosigues]. Pero además de eso, ella quiere que usted quiera que ella lo tenga. ¿Verdad, Sra. Cliente Potencial?".

En este punto, una innumerable cantidad de veces, las esposas me han dicho: "Bueno, sí, sería bueno tenerlo", y antes de que ellas digan algo más, le extiendo la mano al esposo y le digo: "Sr. Cliente Potencial, quisiera felicitarlo dos veces. La primera, por haberse casado con esta mujer tan especial. Y la segunda, por ser la clase de hombre que expresa su afecto de esta manera tan positiva. ¡Este producto les encantará!".

¿Esas cosas realmente funcionan? La respuesta es sí, estos procedimientos funcionan... *algunas veces*. Además, recuerda que cada tipo de cierre que usas les da a tus clientes potenciales una oportunidad más para tomar una *nueva* decisión. Ahora, ellos tienen más datos para actuar bajo más implicaciones emocionales, lo que significa que están sintiendo presión interna por hacer la compra.

Cada cierre debe ser un proceso que aumente el valor del producto o servicio ante los ojos del cliente potencial. Obviamente, si sigues haciéndolo, si conoces *y además* usas suficientes cierres emocionales y/o educativos, llegará el momento en que establecerás un valor de tus productos que es más alto que el precio, y por lo tanto, en teoría, siempre harás la venta.

Esto es lo que *siempre* sucedería *si* el cliente potencial fuera una computadora. Pero es obvio que estamos hablando de personas. Entonces, esta es la teoría. Sin embargo, te prometo esto: los procedimientos que estoy describiendo aumentarán tu porcentaje de cierres y, en muchos casos, ese aumento será sustancial. Además, si ganas estrictamente por comisión, esto significa que, por cada 1% de aumento en la eficacia de tus cierres, tu ingreso *neto* aumentará del 2% al 10%, puesto que tus costos seguirán siendo casi los mismos.

El cierre del "sombrero en la mano"

En el mundo de las ventas, por mucho que lo intentes, enfrentarás infinidad de ocasiones en las que no lograrás "desactivar" la verdadera razón por la que tu cliente potencial no hace la decisión de comprar. Es frustrante sentir que una venta está casi hecha y sin embargo la pierdes, todo porque el cliente potencial no es honesto contigo. Es lógico que exista un límite en cuanto a qué tan lejos lograrás llegar con un cliente potencial antes de que, no solo no compre, sino elimine cualquier posibilidad de que lo tengas como tu futuro cliente. Cuando sea evidente que tú como vendedor estás perdiendo impulso y que tu indagación, persistencia y argumentos no están produciendo resultados, el enfoque del "sombrero en la mano" te funcionará. Aprendí este procedimiento básico gracias a Bill Cranford, mi primer entrenador en ventas. Con el tiempo, Doug Edwards y Dick Gardner lo refinaron un poco. Te diré cómo funciona.

Cuando sea claro que perdiste la venta, "recoge tu tienda", es decir, guarda tus muestras o tus papeles en tu maletín. Hace muchos años, todos los vendedores usaban sombreros y de ahí proviene el nombre del cierre del "sombrero en la mano", que nació en esa época. Hoy en día, algunos entrenadores en ventas lo llaman el cierre de la "venta perdida". Mientras guardas tus papeles y das todas las señales de irte, exprésale tu gratitud al cliente potencial por el tiempo que te dedicó y dile que esperas poder hacer negocios con él en el futuro. Luego, levántate y, mientras te diriges a la puerta, da un paso atrás y dile: "Sr. Cliente Potencial, me da pena preguntarle esto, pero sería muy importante para mi carrera si usted me ayudara respondiéndome una pregunta". Muchísimas personas están dispuestas a ayudar y demuestran su disposición a hacerlo, así que prosigue: "Es evidente que hoy usted no hizo ningún negocio con nosotros y eso está bien. La verdad es que no le vendo a todo mundo. Esperaba que usted hiciera la compra, porque pensé que nuestro producto se ajustaba a sus necesidades. Sin embargo, usted decidió no comprar y me siento mal por eso, porque parece que no le expliqué lo suficientemente bien sobre los beneficios de mi producto, ni logré que estos fueran más obvios para usted. Sin embargo, como les vendo a otras personas, sería muy útil para mí saber qué errores cometí y en qué me equivoqué como vendedor".

Entonces, escucharás una cantidad increíble de respuestas, pero en la mayoría de los casos, te dirán: "No fue su culpa. No compré porque..." y en ese punto te dirán la verdadera razón. Cuando esto suceda, aplaude una vez o chasquea los dedos y di: "¡Por favor! Con razón lo arruiné. ¡Por eso, usted lo dudó hasta este momento! Si yo hubiera estado en su lugar, habría hecho lo mismo. ¿Cómo pude cometer semejante error?".

Acto seguido, abres tu maletín, le das la respuesta a la objeción y cierras preguntándole a tu cliente potencial si eso cambia su decisión. Esto no ocurre a menudo, pero por experiencia personal, puedo decirte que, en ocasiones, lograrás algunas ventas con este método. Cada vez que esto ocurre, es toda una ganancia, pues se trata de una venta que, contra todo pronóstico, ya habías perdido.

Me gustaría enfatizar en dos cosas. Primera, sé extremadamente breve y, si no te hacen el pedido de *inmediato*, es hora de salir con gracia. Segunda, si *crees 100%* que tanto tú como tu producto pueden ayudarle al cliente potencial, entonces, estarás actuando en su beneficio. Este procedimiento requiere de cierto grado de audacia, pero *la mejor forma de llegar a ser un "viejo" vendedor en vez de un "exvendedor" es siendo audaz.*

Supongamos que el cliente potencial no dice nada

De vez en cuando, surge una situación de ventas que suele ser frustrante y difícil. El vendedor hace una pregunta comprometedora y el cliente potencial no dice absolutamente nada. Tal vez, ya te habrá ocurrido, pero si no, te aseguro que, tarde o temprano, te ocurrirá.

Después de hacer la pregunta, te quedas sentado y no dices nada. La otra persona también se queda sentada y sin decir nada. En resumen, nadie dice nada. Hace años, había una corriente de pensamiento que sostenía que el que hablara primero perdería. Quizá, 15 o 20 años atrás, pudo haber sido cierto, pero hoy, con una excepción de la cual hablaré más adelante, en general, eso no es cierto. Esta es la razón: los compradores de hoy en día están más informados y son más sofisticados. El enfoque de "pregunte y mantenga la boca cerrada" ha existido por tanto tiempo que hoy muchos clientes potenciales ya son conscientes de esa estrategia. También hay una buena posibilidad de que el cliente potencial no esté prestando atención o no entienda bien tu pregunta o a lo mejor estaba pensando en otras cosas y de repente se dio cuenta que te quedaste callado y él ni siquiera supo por qué. Otra razón por la que este enfoque ya no es tan acertado como antes es porque quizás el cliente potencial sienta que lo estás presionando, se resienta por eso y decida dejarte "esperando" que él haga su decisión de compra por mucho tiempo.

El cierre de "la madre"

Este enfoque es mejor. Cuando hagas la pregunta comprometedora y no obtengas respuesta, espera durante un tiempo razonable. ¿Cuánto es eso? No tengo idea, porque varía. Tu experiencia y sentido común lo determinarán, pero será de 10 a 60 segundos. Sin embargo, te diré esto: si ves que el color rojo empieza a subir por el cuello del cliente potencial, antes de que llegue a sus orejas, es hora de que digas algo. Míralo a los ojos, sonríe y dile: "Sr. Cliente Potencial, cuando yo era niño [o niña], mi madre me decía que el silencio implicaba consentimiento. ¿Cree usted que eso aplicaría en este caso?".

Esa pregunta rompe el silencio y devuelve la pelota a la cancha del cliente potencial, pues significa: "¿Qué va a hacer usted?". No creo que él te diga: "¡No, su mamá era una mentirosa!". Lo más probable es que en este momento te estés preguntando si esto es "vender bajo presión". Quizá, lo sea... pero el propósito principal es ayudarle al cliente potencial a presionarse a sí mismo. La siguiente historia te ayudará a aclarar aún más el punto y te enseñará a obtener permiso del cliente potencial para que le ayudes a presionarse a sí mismo.

La historia de Chuck Adkins

De vez en cuando, a pesar de nuestras ideas preconcebidas, de nuestras fórmulas favoritas y de nuestros enfoques establecidos, surge un individuo que trastorna todas nuestras teorías y pensamientos. Chuck Adkins era así. No "parecía" vendedor. A los 20 minutos de haberse afeitado, parecía que necesitaba volverse a afeitar. No era gordo, pero tenía un gran estómago que colgaba sobre su cinturón. Usaba unos mocasines que, al parecer, nunca había limpiado con un cepillo, ni un trapo. Y robando una línea del viejo comercial de crema dental Pepsodent, uno nunca se "preguntaba a dónde se fue el color amarillo" de sus dientes al verlo sonreír.

No debió ser contratado, porque no tenía carro, ni "encajaba" con el perfil del resto de los vendedores. Sin embargo, tenía bicicleta y una comisión de $6 dólares. Y lo más importante es que contratar a Chuck representaba un ascenso para un joven y ambicioso vendedor.

Las reglas eran claras: los vendedores debían tener a cinco personas en entrenamiento para poder ser tenidos en cuenta para un ascenso. El joven que contrató a Chuck tenía cuatro y solo necesitaba uno más, así que se le hizo el contrato con la expectativa de que estaría fuera de la empresa en unos tres días. Sin embargo, Chuck nos sorprendió a todos. No solo se quedó, sino que, en poco tiempo, se convirtió en el líder de otros cinco. Luego, gradual y rápidamente, se convirtió en el líder de toda la zona, luego en el #1 del Estado, en el #1 de todo el Sur y en el #7 de la nación.

A pesar de su apariencia física (en realidad, se "aseaba" bastante bien), Chuck trabajaba duro y tenía esa cualidad tan "difícil de describir" llamada "encanto". Yo seguí su crecimiento a través de los informes y de las conversaciones telefónicas con su gerente. Y cuando se convirtió en el vendedor #1 del Sur, decidí que ya era hora de ir a ver qué era lo que él hacía. Para entonces, Chuck se había mudado a Georgetown, Carolina del Sur, y estaba enfocado en lograr un ascenso.

Llegué a Georgetown muy temprano el lunes por la mañana para ver cómo manejaba todas las fases del negocio. Lo vi agendando demostraciones. Lo vi hacer una. Lo vi cerrando ventas. Cuento la historia de Chuck porque hay tres lecciones que nos ayudarán a ser más productivos en nuestro campo. Más adelante hablaré de ellas.

Nunca olvidaré la demostración que vi esa tarde. Chuck y su ayudante prepararon una comida completa para varias parejas. Personalmente, me dio vergüenza estar allí presente. Nunca había visto una demostración tan desordenada y descuidada, pero me sentí contento de no tener que comer esa comida. Sin embargo, las parejas parecían divertirse y Chuck transmitió sus ideas de forma muy eficaz. Cuando terminó la demostración, concertó citas con las parejas invitadas y, cuando estas se fueron, se sentó a cerrar la venta con los anfitriones.

Desde afuera, Chuck era amigable, jovial, descomplicado e incluso un tanto descuidado en su visión de la vida en general y de los negocios en particular. Sin embargo, cuando llegó el momento de cerrar la venta, Chuck fue directo a la yugular. Me sorprendió haber trabajado con él todo el día y no haber visto ni una pizca de este "instinto asesino" que le salió a flote, pues presionó a los anfitriones y en el proceso se acabaron el sentido común y el juicio. Como resultado, después de unos cuantos minutos, el anfitrión casi, literalmente, explotó. Golpeó la mesa con su mano, saltó y, bastante acalorado, procedió a decirle a Chuck que él no respondía a ninguna de esas "tácticas de presión" y que nunca le compraría a ningún vendedor que las usara.

El cierre de "permiso para presionar al cliente"

Mientras estaba allí sentado, me sentí en parte entretenido, pero también asustado y avergonzado, y me preguntaba cómo iría a hacer Chuck para salir bien librado de esa situación. No se me ocurría ninguna forma posible en que salvara su pellejo. La posibilidad de una venta era tan remota que, a mi modo de ver, no existía.

Lo que pasó después fue algo que nunca olvidaré. Chuck se mantuvo 100% tranquilo. Nunca he visto a alguien así en mi vida. Se quedó allí, con una mirada aturdida. Luego, sacudió la cabeza de un lado a otro con gran calma y, un poco hablando consigo mismo, conmigo y con el cliente potencial, dijo: "¡Sr. Cliente Potencial, no entiendo cómo pudo suceder algo como esto! Me siento terrible, terriblemente avergonzado. El Sr. Zig [así me llamó] es mi jefe. Me preocupa que él piense que soy un vendedor que presiona mucho, como usted dice que soy. En realidad, Sr. Cliente Potencial, odio incluso más que usted a los vendedores que son así. Si pensó que lo estaba presionando mucho, no lo culpo por haberse molestado. Yo habría reaccionado lo mismo. Me molesta, sobre todo, porque fui invitado a su casa y usted tuvo la amabilidad de invitar a sus amigos y vecinos a ver una demostración como un favor hacia mí, así que estoy muy, muy apenado y avergonzado por todo esto. No lo culpo en lo más mínimo por haberse molestado, porque si yo pensara que alguien me está presionando así, también me molestaría".

Este pequeño discurso duró unos dos minutos, pero la calma y la sinceridad de Chuck, junto con el hecho de que seguía sentado, calmaron al anfitrión. Después de un momento, él se sentó y Chuck le preguntó: "Sr.

Cliente Potencial, ¿acepta mis disculpas y podemos seguir siendo amigos?".
Ante esas palabras, el viejo granjero sonrió y dijo: "Bueno, creo que aquí no
hubo ningún daño". Chuck extendió su mano y tanto el uno como el otro
estrecharon sus manos en señal de amistad.

Por favor, créeme cuando afirmo que yo estaba bien atento, pero lo
que sucedió después es una de esas cosas que, cuando las ves y las oyes, te
preguntas: "¿Será cierto que vi y oí lo que acaba de pasar?". En este punto,
Chuck dijo:

- Chuck: Sr. Cliente Potencial, supongo que me dejé llevar, pero ¿me
  permite hacerle una pregunta?

- Cliente potencial: No, adelante.

- Chuck: Sr. Cliente Potencial, si yo viera que usted está a punto de
  cometer un error que le costaría dinero y que haría que su esposa
  hiciera un montón de trabajo extra e innecesario, ¿le gustaría que yo
  se lo dijera o pensaría que ese no es asunto mío?".

- Cliente potencial: Si usted viera que estoy a punto de cometer un
  grave error financiero que además haría que mi esposa hiciera más
  trabajo, claro que me gustaría que me lo informara.

En ese momento, Chuck sonrió como en el comercial de Pepsodent y, con
la inocencia de un recién nacido, continuó: "Bueno, Sr. Cliente Potencial,
eso es justo lo que yo estaba tratando de hacer... y usted se enfadó conmigo.
Estoy dispuesto a intentarlo una vez más, si me promete no molestarse".
Para mi sorpresa, el hombre prometió mantener la calma y Chuck procedió
a cerrar la venta.

Reflexionando sobre la situación, Chuck Adkins, este hombre, que era
analfabeta funcional, me había enseñado una importante lección de ventas.
Literalmente, le había pedido permiso al cliente potencial para presionarlo y
este se lo había concedido de buena manera. Al preguntarle: "Si yo viera que
usted está a punto de cometer un error que le costaría dinero y que haría que
su esposa hiciera un montón de trabajo extra e innecesario, ¿le gustaría que
se lo dijera o pensaría que no es asunto mío?", Chuck pidió permiso para
ejercer presión. Y funcionó, pues hizo la venta.

La segunda gran lección que aprendí de Chuck Adkins fue la importancia de la expectativa positiva al tratar con *todo* cliente potencial. Como lo indiqué antes, la educación de Chuck era poca. Él sabía cómo diligenciar una orden si se trataba de un pedido estándar con pagos estándar. Pero si el cliente sustituía una cafetera por una exprimidora, compraba una olla extra, cambiaba los pagos de cualquier manera o hacía cualquier otra modificación que no estuviera detallada con precisión en la lista de precios, Chuck quedaba más que perdido. Casi la tercera parte de los pedidos que Chuck nos enviaba no tenía el total de la venta. Chuck manejaba esos pedidos así:

"Sr. Cliente Potencial, no sé con exactitud cuánto es su total, pero es más o menos $_____. Entonces, deme $40 dólares como depósito y el Sr. Zig le informará el monto exacto del pedido". Algo increíble es que casi nadie discutió con Chuck, ni lo cuestionó al respecto. Le daban el dinero y Chuck hacía la orden porque él *esperaba* que el cliente la hiciera.

La tercera gran lección que Chuck me enseñó fue que *todos* podemos aprender valiosas lecciones y técnicas de personas que no nos imaginamos aprender algo. El hecho de que Chuck enseñara cómo obtener permiso para usar un poco de presión no significa que él supiera más sobre ventas que tú o yo. Lo que sí significa es que Chuck manejaba, por lo menos, *una* técnica que era nueva para mí.

Moraleja: Aprende cuando y donde sea que alguien te enseñe una lección.

Parte 5

Las claves para cerrar

Objetivos

Venderte una filosofía que se relacione específicamente con el mundo de las ventas y darte las claves para cerrar o persuadir.

Compartirte ideas, métodos, técnicas y procedimientos adicionales que incrementen tu efectividad diaria en las ventas y que mejoren tu carrera de por vida.

19

Cuatro ideas y claves del éxito en las ventas

C omienzo este segmento con cuatro ideas que deberás comprar.

Primera idea: No existe, ni nunca ha existido, ni nunca existirá un vendedor sobresaliente, uno que llegue a la cima, que rompa los récords y que venda más que nadie; un verdadero campeón en ventas que sea "normal". En todos los casos, los vendedores suelen estar un poco "obsesionados" por su convicción en los beneficios de lo que están vendiendo.

Así que ellos no logran entender cómo alguien podría pensar en la posibilidad de decirles que no. Y como su sentimiento hacia lo que venden es tan fuerte, debido a la fuerza de sus convicciones, a la profundidad de su seguridad y a su entusiasmo, son capaces de persuadir a muchas personas para que hagan la compra aunque ni siquiera sean verdaderos clientes potenciales.

Sin embargo, a pesar de todo su fervor, entusiasmo y convencimiento, será inevitable que se encuentren con ese individuo terco, testarudo y cero convencido de lo que ellos venden y por tanto les dará un no radical. Y cuando esto les suceda, lo más probable es que se les genere un problema en su mente, pues su convicción en lo que ellos venden es tan profunda que piensan que ningún cliente potencial les diría que no si hubiera entendido claramente sus afirmaciones sobre el producto y creído en ellas. Por lo tanto, piensan que el cliente potencial no le está diciendo que no al producto, porque es demasiado bueno, sino que les está diciendo que no a ellos como vendedores. En resumen, si un vendedor no tiene cuidado con dejarse llevar por esta actitud, terminará por sentirse rechazado.

Negativa o rechazo

Segunda idea: El vendedor debe entender a la perfección la diferencia que existe entre la negativa y el rechazo si quiere mantener su ego intacto y vender su producto de manera efectiva. Mi hijo entendió con total claridad esta diferencia desde que tenía unos tres años. Cuando me pedía algo y yo le decía que no, él no se sentía rechazado. Sencillamente, sentía que su padre no había entendido la pregunta. Esperaba dos o tres minutos y me daba otra oportunidad de corregir semejante error tan "obvio".

Cuando un cliente potencial te dice que no, debes ser tan amable con él como mi hijo lo era conmigo y como es probable que tus hijos lo sean contigo (en caso de que los tengas). Dale (a tu cliente potencial) el beneficio de la duda; bríndale la oportunidad de corregir el que debe ser un error obvio. Cuando él te diga que no, lo que deberás pensar es que es un error y que tendrás que proceder a partir de ahí, dándole la oportunidad de corregir ese error diciéndote que sí.

Nadie "nace" siendo vendedor

Tercera idea: No hay que ser un vendedor "innato" para ser bueno. De hecho, he viajado por casi todo el mundo y he visto que las mujeres dan a luz a sus hijos, pero hasta ahora, nunca he visto que den a luz a vendedores. Ahora, sí he visto que los vendedores mueren, entonces, si no nacen, pero mueren, es obvio que, en algún lugar entre el nacimiento y la muerte, tanto por elección como por entrenamiento, ellos se convirtieron en lo que decidieron ser, es decir, en vendedores profesionales entrenados.

Moraleja: Es vano afirmar que no eres un "vendedor nato". Eso es cierto. Sin embargo, siempre tienes la opción de recibir entrenamiento como vendedor y este libro en este momento es parte de ese entrenamiento.

Cuarta idea: Ten siempre presente quién gana en la transacción de la venta. Cubrí este tema en el segundo capítulo. Si lo recuerdas, te pregunté si aún tenías todo el dinero que habías ganado en el último año de ventas. Después, te pregunté si tenías clientes que aún se estuvieran beneficiando de algo que les hayas vendido desde hace más de un año. La respuesta fue obvia.

Espero que recuerdes que llegaste a la conclusión de que el cliente potencial es siempre el gran ganador. Cuando entiendas eso y estés convencido de que el cliente potencial es el gran ganador, cerrarás tus ventas con mayor entusiasmo y fuerza, porque entenderás que el proceso de la venta, cuando se hace con integridad, es algo que haces *para* alguien, no *por* alguien.

Une la lógica con la emoción

Rara vez, un cierre o procedimiento efectivo requerirá de solo una técnica o principio. Este es un ejemplo que une la emoción y la lógica con un procedimiento útil en la "reducción del ridículo".

Recuerda, cuando una persona hace una objeción lógica, tú se la respondes desde lo emocional. Y cuando la objeción es emocional, tú la respondes desde el punto de vista lógico.

En una época, yo era representante de una compañía de bicicletas y era responsable de gran parte de la formación de los vendedores. Una objeción común era el precio de la bicicleta, que era unos $20 dólares más que el de otras de calidad similar. Esta compañía en particular afirmaba enfáticamente que sus bicicletas tenían los mejores frenos de la industria.

Por lo tanto, cuando surgía la objeción del precio, los vendedores sabían que debían concentrarse en los frenos, explicando su eficacia, durabilidad y, sobre todo, su confiabilidad. Pero aun así, a menudo el cliente volvía a poner la objeción del precio; entonces, entrenamos a los vendedores para que en ese momento tuvieran el siguiente diálogo:

- Vendedor: Sr. Cliente Potencial, aproximadamente, ¿durante cuánto tiempo calcula usted que su hijo montará en esta bicicleta?

- Cliente potencial: No lo sé. Varios años. Quizá, cinco, tal vez más.

- Vendedor: Bien, cinco años. Si esta bicicleta solo cuesta $20 dólares más, entonces tener los mejores frenos de la industria solo le cuesta $4 dólares al año.

Además, le enseñamos a los vendedores a sacar su pequeña y familiar libreta para que el cliente potencial *viera* que el precio era $4 dólares al año. "Como el año tiene 365 días, Sr. Cliente Potencial, estamos hablando de poco más de $0,01 centavo por día por los mejores frenos posibles para la bicicleta de su hijo".

También se les enseñó a hacer una pausa de varios segundos y luego decir en voz baja: "Si estos frenos le permitieran a su hijo detenerse aunque sea una sola vez cuando un auto retrocede hacia él en un lapso de cinco años, valdrían mucho más que $20 dólares, ¿cierto?". El procedimiento era efectivo, porque los vendedores estaban 100% convencidos de la verdad de esas palabras. La idea de $0,01 centavo al día era insignificante, pero el impacto emocional era mucho mayor y además había lógica en el planteamiento. Era un hecho que el cliente potencial podía visualizar a su hijo *siempre* frenando su bicicleta de inmediato para evitar el peligro.

Las claves de la venta

En las ventas, existen 11 claves que te ayudarán a ser más profesional y a cerrar más negocios. Estas implican actitudes, procedimientos y técnicas. En algunos casos, estos tres aspectos estarán involucrados y en *raras* ocasiones ninguno de ellos se ajustará a ti o a tu situación (si se me ocurriera por lo menos uno, lo compartiría contigo).

La primera clave que vamos a analizar es la que yo llamo la "clave de la proyección positiva". Quiero ser enfático en que tu negocio nunca es bueno o malo en el mundo exterior. Tu negocio es bueno o malo solo en tu mente. *Debes haber hecho la venta en tu mente incluso desde antes de hablar con el cliente potencial.* Ya sea que este te visite o que tú vayas a verlo, necesitas entender que debes hacer la venta tu mente desde antes de hacerla en el plano de la realidad. Las 11 claves de la venta son:

1. Proyección positiva

2. Actitud presuntiva

3. Acción física

4. Entusiasmo

5. La pregunta subordinada

6. Escuchar

7. El evento inminente

8. Persistencia

9. Inducción

10. Sinceridad

11. El evento narrativo

¡Solo estoy mirando!

Si trabajas en una tienda, es muy probable que un cliente potencial entre y empiece a mirar a su alrededor. Si te le acercas, es casi un hecho que dirá: "Solo estoy mirando". La pregunta es: ¿le crees cuando dice que "solo está mirando"? ¡Espero que sí, porque eso es justo lo que él está haciendo! Solo está mirando.

No me había dado cuenta de ese hecho durante mucho, mucho tiempo, pero en 1973, Julie, nuestra hija menor, se graduó de secundaria. De regalo le habíamos prometido un auto nuevo e ir a comprarlo fue un acontecimiento emocionante.

Permíteme confesar que nunca he vendido autos, pero si me pidieras que haga una descripción de cómo fui ese día como cliente potencial, diría algo así: se trataba de un padre con una hija que acababa de graduarse de secundaria, que había anunciado públicamente que le compraría un auto a su pequeña. Y al entrar al concesionario, dio ciertas indicaciones de tener el dinero para hacer su compra. Desde mi punto de vista, ¡diría que se trataba de un muy buen cliente potencial!

No ofrezcas compasión

Yo venía del trabajo cuando fuimos con mi hija a mirar autos, así que iba vestido de traje. Mi hija no había dormido la noche anterior, porque se había estado preparando para el gran día. Este iba a ser su primer auto y estaba muy arreglada, luciendo su mejor vestido. Yo conducía un Oldsmobile "98" bastante nuevo, así que ambos parecíamos ser, por lo menos, ligeramente pudientes. Cuando salió de nuestro carro, Julie no iba caminando, sino flotando hacia el concesionario.

Sin embargo, a pesar de las evidencias, el joven vendedor se nos acercó y nos miró con compasión. Preguntó: "¿Puedo ayudarles?". A pesar de su oferta, teníamos prisa, así que fui al grano. Le respondí: "Mi hija acaba de graduarse de secundaria y estamos buscando un auto para ella como regalo de graduación". Palabra de honor, nos miró y dijo: "Bueno, si ven algo que les guste, díganme", se dio la vuelta y se fue.

No tengo ni idea de si el joven vendedor siguió trabajando allí un día más. Lo que sí sé es que, sea cual sea la cantidad de tiempo que haya permanecido en el negocio, nunca tuvo un mejor cliente potencial que yo en ese instante. Como la mayoría de clientes potenciales, mi hija y yo resolvimos visitar primero el concesionario que vendía la clase de autos que a ella le interesaban.

El hecho es que aquel joven vendedor "arruinó" el momento. Pensé que había actuado bastante mal hasta que llegamos al siguiente concesionario. Este segundo vendedor dijo exactamente las mismas palabras y además olía mal. El tercer concesionario fue casi igual de malo. Menos mal, cuando fuimos al cuarto, tuvimos suerte.

Sí. Solo están mirando

¿Qué quiero decir con "tuvimos suerte"? Muy simple. Mi hija había salido con el vendedor, así que teníamos una conexión con el concesionario y pudimos comprar un buen auto. Esto me ayudó a entender dos cosas que no sabía hasta ese momento. La primera, entendí por qué estábamos pasando por una recesión. ¡No supieron atendernos! Lo segundo que entendí fue que, cuando un cliente potencial llega y dice "solo estamos/estoy mirando", puedes estar totalmente seguro de que "solo están mirando", pero ¡por favor! ¡En qué momento algún vendedor va a venderles algo para que sus clientes potenciales no tengan que seguir buscando!

Piensa como comprador y como vendedor

Ahora, permíteme volver al Capítulo 8 sobre empatía y simpatía. Hay que escuchar lo que el cliente potencial te diga y lo que tú le estás diciendo. Quiero que pienses como vendedor y como comprador. Cuando vas de compras, ¿prefieres encontrar lo que quieres en la primera o en la décima tienda? Las probabilidades son de 43 a 1 en cuanto a que prefieras encontrar lo que quieres en la primera tienda, ¿no? Como vendedor, la próxima vez que alguien llegue y te diga que "solo está mirando", sonríele en lugar de fruncir el ceño. Pero cuidado, no exageres. No llegues al punto de abrazarlo. Sencillamente, sonríele.

Si el comprador parece ser tímido e introvertido, da un paso hacia atrás al mismo tiempo que sonríes (*debe* parecer que tú no eres un vendedor desafiante, ni agresivo) y le dices: "Nos encanta que nos visite. Mire todo el tiempo que quiera. Mi nombre es _____ y si necesita ayuda, será un placer para mí ayudarle. [Y como un pensamiento posterior] ¡Oh, y por cierto! Si no tenemos lo que usted busca, quizá yo podría decirle dónde encontrarlo. *¿Le parece bien?*".

Si el cliente es una persona extrovertida, sociable y amistosa, haz una gran sonrisa y dile: "¡Felicitaciones! Acaba de encontrar a alguien que está interesado en ayudarle a hallar exactamente lo que usted quiere. Si no lo tenemos, le sugeriré el lugar o la persona que usted necesite. *¿Le parece justo?*".

"¿Le parece justo?" es una pregunta vital. Debido a nuestra naturaleza humana, tenemos el deseo, incluso la necesidad, de ser justos. La pregunta *"¿Le parece justo?"* casi siempre implica un *sí*, lo que significa que te acabarás de anotar tus primeros puntos en un juego de ventas diseñado para producir dos ganadores: tú y el cliente potencial. Una vez más, cuando el cliente potencial diga que "solo está mirando", sonríele.

El cierre de "la venta segura"

La siguiente historia dramatiza el poder de la clave denominada proyección positiva.

Hace varios años, una pequeña imprenta ubicada en la Costa Este comenzó un programa de expansión. Cada seis meses, contrataba un nuevo vendedor que empezaba su entrenamiento en la oficina en pos de adquirir conocimientos sobre el producto y el procedimiento.

Después, este nuevo vendedor salía al campo con un entrenador en ventas experimentado que le enseñaba habilidades y técnicas de venta. Finalmente, el nuevo vendedor obtenía sus "alas" para trabajar en ventas después de una entrevista con el presidente de la compañía, quien le daba una última charla motivadora.

En una ocasión, la compañía contrató a un joven vendedor que carecía de confianza en sí mismo. De hecho, estaba tan asustado que el jefe pensó que era mejor darle un poco de ayuda extra. Después de la charla de motivación estándar de "tú puedes", le dijo: "Hijo, te diré lo que voy a hacer. Voy a enviarte al frente para que hables con un cliente potencial que es una 'venta segura'. Siempre mando a nuestros nuevos vendedores allá por una razón muy simple: el hombre nos compra. Siempre compra algo. Pero, hijo, déjame advertirte algo: el tipo es malo, desagradable, intratable y malhablado. Te hará creer que va a arrancarte la cabeza, a masticarla y escupirla a pedacitos. Pero tranquilízate, hijo. Él ladra, pero no muerde. Sin importar lo que te diga, quiero que te quedes ahí y le contestes: 'Sí, señor, lo entiendo, pero tengo la mejor oferta de impresión de toda la ciudad y esto es lo que usted necesita'. Luego, sin importar lo que te diga, mantente firme y enfréntalo. Recuerda: *siempre* les hace un pedido a nuestros nuevos vendedores".

¡Ve por ellos, campeón!

Energizado, nuestro héroe cruzó la calle, entró, se presentó a sí mismo y a su compañía y, durante los siguientes cinco minutos, esas fueron las únicas palabras que él tuvo la oportunidad de decir. El viejo cliente lo destrozó. Le habló a calzón quitado. El joven conoció toda una parte del repertorio de nuestro idioma que él no sabía que existía. Sin embargo, nuestro héroe, como había sido advertido de antemano, se quedó ahí, lo escuchó y luego le dijo: "Sí, señor, lo entiendo, pero esta es la mejor oferta de impresión de toda la ciudad y *esto* es lo que usted necesita". El diálogo siguió y, después de unos 30 minutos, el joven logró hacer la mayor venta en la historia de la empresa.

Como era apenas natural, estaba emocionado con el pedido. Levantó su maletín, cruzó la calle a toda prisa, tiró la orden sobre el escritorio del jefe y dijo: "¡Tenía toda la razón sobre el viejo! Es mezquino, desagradable, intratable y malhablado, pero le diré algo más sobre ese *simpático* buitre. [Nuestra actitud se *ve* afectada cuando el cliente potencial hace una compra, ¿verdad?] ¡Sí compró! Hizo el pedido más grande en la historia de esta compañía, ¡mire!".

El jefe miró la orden con asombro y dijo: "¡Oh, Dios mío! ¡Hablaste con el hombre equivocado! ¡Ese viejo *sí* es el más mezquino, desagradable, intratable y malhablado con el que hemos tratado! ¡Hemos estado intentando venderle durante más de 15 años y nunca nos había comprado absolutamente nada!".

Haz la venta en tu mente primero

Pregunta: ¿dónde hizo la venta el vendedor? No creo que haya duda, ¿verdad? Tú *sabes* que el vendedor hizo la venta *en su mente* antes de cruzar la calle. Estaba usando la clave de la proyección positiva. El joven cruzó la calle totalmente preparado, incluso iba dispuesto a aceptar alguna clase de abuso por parte de su cliente potencial, porque él *sabía* que iba a hacer la venta.

Supongamos que el jefe le hubiera dicho: "Hijo, voy a enviarte al frente, pero no sé ni siquiera por qué te digo que vayas allá. Llevo 15 años enviando a mis mejores hombres y ese viejo buitre los ha tratado mal a todos y nadie le ha vendido absolutamente nada nunca". ¿Cuántas posibilidades crees que habría tenido él de hacer así la venta? ¡Ninguna! Lo que digo es que *debes* hacer la venta en tu mente antes de hablar con el cliente potencial. Esto es cierto tanto para negocios directos en los que contactas clientes como con empresas al por menor en las que los clientes te visitan.

Práctica, ensayo, proyecto. Tu planificación, preparación y proyección *antes* de ver al cliente potencial determinará, en gran medida, lo que sucederá *después* de la visita. La frase *"un desempeño espectacular es precedido de una preparación poco espectacular"* es más que un cliché. Durante el entrenamiento, un fracaso en las ventas (error) es una experiencia de aprendizaje *barata*. Sin embargo, ese mismo fracaso (error) con un buen cliente potencial no solo es costoso para el vendedor y su empresa, sino que también es desalentador. Si el vendedor lo repite con demasiada frecuencia o durante un período de tiempo, le pondrá fin a su carrera en este campo de acción. Por lo tanto, la preparación física y mental, tanto con ejercicios como con ensayos, te entrenará a nivel técnico y emocional para ser un vendedor estrella.

Esta práctica se hace sin presión. Para esto, es necesaria esa proyección mental de hacer la venta en tu mente desde antes de visitar al cliente potencial. Lo eficaz de la práctica mental, como dijo el Dr. Maxwell Maltz, es que se gana perfección en el campo de juego de la mente. Allí, haces todo a la perfección, contestas cada pregunta con la mejor respuesta posible, resuelves cada objeción de la mejor manera y terminas haciendo la venta.

En este campo de juego de la mente es posible desarrollar enorme confianza y coraje. Algo común entre todos los supervendedores del mundo es que ellos confían en que tendrán éxito y ponen esta confianza en acción con todo el coraje que tengan.

Para ser un cerrador exitoso, debes visualizarte a ti mismo como un cerrador exitoso desde antes que conviertas esa imagen en realidad. Cada mañana al levantarte, escribe en tu mente la orden de compra que hará tu cliente potencial y continúa escribiendo órdenes todo el día. El vendedor profesional está observando, pensando, vendiendo y haciendo negocios todo el tiempo. El cierre se convierte en una parte de él. Lo graba en su subconsciente. En *toda* entrevista de ventas proyecta resultados exitosos, de modo que sea inevitable que el resultado final termine siendo el anhelado cierre.

Solo en caso de que pienses que exagero la importancia de hacer la venta en tu mente *antes* de ver a tu cliente potencial, permíteme señalar que un estudio realizado por S.M.E.I. (Sales and Marketing Executives International) reveló que la razón #1 por la cual los vendedores fracasan es su tendencia a prejuzgar al cliente potencial y a decidir de antemano que este podría no comprar y que incluso ni lo hará. Por consiguiente, como dije antes, *debes* prejuzgar al cliente potencial, encontrarlo *culpable* y condenarlo a comprar *antes* de visitarlo.

No estoy seguro de que la vendedora de la siguiente historia "nos estuviera observando", pero por la forma en que manejó la transacción, estoy convencido de que ella "juzga y condena" a cada cliente potencial que entra a su sección. Y lo mejor de todos es que los "condena" a comprar.

El cierre "Neiman-Marcus"

Hace varios años, mi pelirroja y yo estábamos haciendo compras de Navidad en una tienda por departamentos y decidimos ir por la escalera mecánica hasta el entrepiso. Al bajar, vimos un hermoso abrigo de piel en un maniquí. Miré el abrigo y luego a la pelirroja. Ella miró el abrigo y luego a mí. Entonces, sin que ninguno de los dos dijera una palabra, ambos sabíamos que estábamos mirando el que sería *su* abrigo. Ambos nos detuvimos al mismo tiempo para verlo bien. Yo miré una parte del abrigo y ella miró otra. Apuesto a que la mayoría de mis lectores podrá decirme qué parte examinó cada uno. La pelirroja agarró la manga y miró el precio. Yo desabotoné el abrigo, miré el forro, acaricié la piel y le dije: "Cariño, esto es magnífico". Para entonces, ella ya había visto el precio y me respondió: "¡Tiene que serlo!". Y con eso, se dio la vuelta para alejarse de allí.

Al dar la vuelta, se encontró con una de las vendedoras más astutas que he visto. Era bajita y agradable; evocaba a la imagen de una abuela. Era de esas personas que caen bien en un instante y generaba confianza. Miró a mi esposa y con un brillo en los ojos le dijo:

- Vendedora: Cariño, es un abrigo precioso, ¿verdad?

- Mi chica: ¡Tiene que serlo!

- Vendedora: Bueno, al parecer solo te fijaste en el precio. Permíteme mostrarte en qué debiste haberte fijado.

Muy rápidamente, la astuta vendedora pasó a la acción física (más adelante, hablo de esta clave de venta), abrió el abrigo y dijo: "Mira la etiqueta de Eliot. Cuando ves ese nombre, y sobre todo, cuando lo combinas con nuestra reputación, significa calidad y satisfacción. Este abrigo estará contigo mucho tiempo. Será hermoso y práctico cada vez que lo uses". Luego, con gran delicadeza y facilidad le quitó el abrigo al maniquí y dijo: "Pruébatelo, solo para ver si es tu talla". (Ahora, estaba involucrando físicamente a mi esposa).

La pelirroja (mientras protestaba con cierta suavidad) se puso el abrigo y la vendedora le preguntó:

- Vendedora: "¿Cómo se siente el abrigo puesto?"

- Mi chica: Bueno, se siente bien, ¡pero así *tiene que ser!* (Todavía estaba pensando en el precio).

Entonces, la vendedora hizo algo realmente hermoso y profesional mientras decía: "Bueno, cariño, lo que tienes que hacer [y ella no tenía una libreta en el momento] es tomar el precio y dividirlo por 10. Usarás ese abrigo por cinco o seis años y luego es muy probable que tu esposo te mande a hacer una capa o una chaqueta con él y así usarás esa nueva prenda otros cinco o seis años. En realidad, usarás este hermoso abrigo de piel por menos de lo que costaría uno de tela, ya que tendrías que comprar uno cada tres o cuatro años. Y, cariño, esto es de calidad y se ve *natural* en ti". (¡Me fascinó esa palabra en esa situación!).

¿Presión? Claro, pero fue tan suave que nos gustó

Después miró directo a mi esposa y luego a mí, pero vio de reojo a mi esposa acariciando la piel. Cuando vio esto, sonrió de una forma que nunca olvidaré. ¡Ella lo sabía! Sabía que había logrado la venta. (A pesar de decir que no con sus palabras, el lenguaje corporal de mi esposa, que *no puede* mentir, reveló sus verdaderos sentimientos).

Entonces, la vendedora miró a mi esposa y dijo: "¿Sabes, cariño? Eres una de las afortunadas. Hay una enorme cantidad de esposas que vienen y babean por un abrigo como este. Sin embargo, triste es decirlo, pero sus esposos no son como el tuyo [yo no había dicho ni una palabra, pero mi lenguaje corporal también me había delatado] y no les interesa comprarles algo así de bello y especial a sus esposas".

¿Adivina quién se fue de la tienda con un abrigo? ¡Exacto! Esa querida señora me había puesto en un pedestal tan alto que yo no podía decepcionarla, ¿verdad? No le fue muy difícil convencer a la pelirroja de que debería "dejar que yo se lo comprara".

¿Funciona?

Aunque toda la transacción duró menos de cinco minutos, hubo varios principios importantes en ella:

El primero, que la vendedora estaba alerta y amaba su trabajo. Ella observó el pequeño drama de 20 segundos que ocurrió cuando mi pelirroja vio el precio y yo miré la piel del abrigo. Tal vez, me oyó hablar con mi esposa sobre él, pero no puedo afirmar que haya sido así.

El segundo, que de inmediato involucró físicamente a mi esposa (vio que yo estaba convencido; ¡ya era uno menos!).

El tercero, que ella sabía que mi esposa quería el abrigo, pero quizá no pensaba que fuera práctico comprarlo.

El cuarto, que redujo su costo mediante un enfoque de "reducción del ridículo" para que ambos pudiéramos ver que era práctico y asequible hacer la compra.

Nos dio una razón (era práctico) y una excusa para comprar (la pelirroja sí quería el abrigo). Una vez más, siempre que tengas la oportunidad de darle a un cliente potencial una excusa *y* una razón para comprar, y le facilites la compra, habrá gran probabilidad de que logres hacer la venta.

20

Escuchar... de verdad

La sexta clave para cerrar ventas es muy significativa. Es la "clave de escuchar". La mayoría de vendedores no escucha con total atención todo lo que el cliente potencial dice o pregunta. Muchas veces, el vendedor interrumpe al cliente potencial e intenta anticipar lo que él va a preguntarle. Salomón cubre este tema en el libro de Proverbios cuando dice: "El que responde antes de escuchar cosecha necedad y vergüenza". (Ver Proverbios 18:13). Cuando escuches, hazlo de verdad. No lo hagas solo para poder tomar la iniciativa y "decir algo que sí sea importante". Si *escuchas* con atención lo que el cliente potencial dice y lo que tú le estás diciendo, hay una altísima probabilidad de que él te dará la clave para hacer la venta.

Un vendedor inexperto o inseguro es alguien que hace una pregunta y la responde casi al instante. Ejemplo: "¿Ve que esto le ahorraría dinero? ¡Claro que lo ve!". "¿Puede ver que esto le ahorraría trabajo? ¡Por supuesto!". El vendedor teme que le den una respuesta equivocada y por eso no permite que sus clientes potenciales le contesten. Por eso, cuando hagas una pregunta, escucha la respuesta. Te indicará el camino adecuado para cerrar la venta.

Si el cliente potencial tiene alguna objeción, ¡magnífico! De hecho, cualquier buena presentación debe ser diseñada, sobre todo en la parte inicial, para generar objeciones. Cuanto antes lidies con ellas, más probable será el cierre de la venta.

Escucha todo y registra solo algunas cosas

Enfócate en escuchar todo, pero cuando el cliente potencial diga que no, no registres ese no en tu mente. Merlie Hoke, una buena amiga mía de Carolina del Sur, trabajó conmigo durante varios años en el negocio de los utensilios de cocina. Ella tenía un "problema de audición" bastante peculiar. Vi cuando un cliente potencial casi le gritaba desde una distancia de un metro: "¡No, Merlie, no quiero comprarlo!", pero Merlie no se inmutaba ni en lo más mínimo. No "escuchaba" ni una palabra. También vi cuando un cliente potencial le susurró un sí a 9 metros de distancia y Merlie escuchó a la perfección la buena noticia. Merlie entendía que, cuando un cliente potencial dice que no, no está hablando en serio. Ella solo los tomaba en serio cuando le decían que sí.

El cierre al estilo "le ayudaré a conseguirlo"

Merlie Hoke tenía una técnica realmente sensacional. En una ocasión, vi cuando comenzó a cerrar la venta estando sentada frente a una pareja y dijo lo siguiente (mientras acercaba su silla al lado de la mujer): "Oh, estos utensilios son tan hermosos... usted se los merece... y voy a ayudarle a conseguir los suyos".

Mientras yo miraba a esta experta vendedora haciendo su trabajo, tenía la clara sensación de que estaba siendo testigo de una conspiración. Parecía como si Merlie y la otra mujer estuvieran tramando un complot contra esa enorme compañía de utensilios de cocina que tenía miles de ellos ¡y la mujer ni uno! Por lo tanto, ella "¡iba a ayudarle a conseguir los suyos!".

Los buenos vendedores ayudan a los clientes potenciales a comprar

Tuve la fuerte sensación de que Merlie Hoke se había convertido en una asistente de compras. *Se había pasado al lado de la mesa donde estaba la mujer y solo le interesaba ayudarla a tener su juego de utensilios de cocina.* Ahora, obviamente, iba a usar el dinero del cliente. En todos los años que trabajé con Merlie, nunca le escuché decir que le "había vendido" algo a alguien. Siempre decía: "Le ayudé a conseguirlo" o "Conseguí que lo tuviera".

Después de todo, lo que nosotros como vendedores profesionales queremos hacer es encontrar personas con un problema que nuestros productos, bienes o servicios puedan resolverles. Queremos convertirnos en asistentes de compras y pasarnos a su lado de la mesa. Queremos comprender sus sentimientos para poder ayudarles a resolver su problema mediante la compra de nuestros productos o servicios.

Una preparación cuidadosa, un interés sincero y una expectativa ante la acción determinarán en gran medida el que haya bien sea una venta o la consabida frase: "Después le digo".

Escucha con tus ojos. Cuando tratamos con nuestros clientes potenciales, necesitamos escucharlos con los ojos. Ellos son el único órgano de los sentidos que está conectado directamente a nuestro cerebro. Todos los demás órganos de los sentidos tienen que hacer un viaje de ida y vuelta antes de volver al cerebro. En cambio, los "ojos son la ventana del alma" y cada impulso del ojo es transmitido directo al cerebro. Esa podría ser una de las razones por las que, durante toda tu vida, has escuchado las frases: "No creas todo lo que oigas", "Lo vi con mis propios ojos" y "Ver para creer". Con esto en mente, es un hecho que necesitamos escuchar con nuestros oídos y con nuestros ojos.

Esta es una pequeña y simple fórmula para escuchar con los ojos. Se llama el "Método CHEF" para escuchar (según su sigla en inglés). La C proviene de *chin* y *cheek*, que significan "barbilla" y "mejilla" respectivamente. Cuando el cliente potencial comienza a frotarse la barbilla o la mejilla o sostiene alguna de ellas con su mano, ese es un signo de satisfacción/gratificación. En su mente, él ya está usando y disfrutando de los beneficios de los bienes o servicios que le estás vendiendo. Esa es una señal de compra que indica que es el momento de hacer el cierre.

La H es de *hands,* que significa "manos". Observa las manos de tu cliente potencial. Si está frotándose una palma contra la otra o una palma contra el dorso de la otra mano, es casi seguro que, en su mente, el cliente potencial ya se siente propietario de lo que sea que le estés vendiendo. Te está diciendo que está listo para comprar.

La E es de *eyes,* que significa "ojos". Ponles atención. Es un hecho que cuanto más abiertos y atentos estén tus ojos, mayor entendimiento y compras obtendrás por parte de tus clientes potenciales. Para ampliar este aspecto un poco, muchos de los anuncios que vemos hoy en día en televisión han sido revisados mediante cámaras. Se les muestran anuncios a grupos de personas a las que nunca se les pregunta cómo se sienten con respecto a los avisos que están viendo, pero hay cámaras muy potentes enfocándose en sus ojos a medida que ven los anuncios. En otras palabras, el grado de dilatación de sus pupilas es lo que, por lo general, determina si la idea del comercial convencerá al público.

Curiosamente, algún cliente potencial podría decir que le gustó el comercial, pero si sus pupilas no se dilatan, el comercial es rechazado. Como digo siempre, el lenguaje corporal no miente.

También hay que fijarse en los ojos del cliente potencial a medida que se empiezan a abrir. Si el cliente tiene patas de gallo y estas tienden a relajarse, estás transmitiendo bien tu mensaje. Estás comunicando y vendiendo. Esa es una señal visual para cerrar la venta.

La F proviene de *friendly*, que significa "amigable". Cuando el cliente potencial sonríe y te dice cosas como: "¡John, qué recursivo eres! ¡Mi proveedor actual usa un arma para sacarme mi dinero, pero tú estás usando un lápiz para lograr eso mismo!", eso significa que él hará la compra.

A lo mejor, te llamará por tu primer nombre o cruzará las piernas, se inclinará hacia atrás y se relajará. O puede que, de repente, se quede callado y se levante y camine alrededor de tu producto sin siquiera hablar. Quizás, estará analizándolo o, simplemente, mirará por la ventana, prenderá un cigarrillo o tomará una taza de café. Esas son señales de compra. Así que *cierra la venta*.

Actúa a partir de las señales

Cuando el cliente potencial da estas "señales de compra" (John Hammond define una señal de compra "visual" como cualquier cosa que el cliente potencial *haga* e indique que ha aceptado el producto), aprovéchalas. Esto se logra haciendo preguntas *en voz baja*. Por alguna razón, según Will Rogers, la gente parece escuchar con más atención y creer más en cualquier cosa que oiga en un tono de voz bajo o en forma de susurro.

Obvio, no hay que pasar por alto estas señales visuales de compra. El cliente potencial podría, por ejemplo, pedirte que repases en detalle qué es lo que él recibirá con la compra. Hará comentarios como: "Nunca he tenido uno de este estilo [tamaño, modelo] en particular". Preguntará cosas como: "¿Cuánto dura la garantía?", "¿Cuándo sería el primer pago?", "¿Cuánto es el depósito?", "¿Cuándo lo entregarán?", "¿Cuál es su política de servicio?", "¿Dónde se consiguen los repuestos?", "¿Tiene garantía?", "¿Cuánto dijo que era el depósito?", "Nunca hemos usado esta marca, ¿qué piensas, querida?", "¿Cuál es la tasa de interés *real?*", "¿Cuánto se demora la instalación?".

Sí, la clave de escuchar es crucial. La capacidad de ser un buen oyente es de vital importancia en la comunicación. Muchas personas compran más que todo porque tú les demuestras tu interés en ellas como individuos que son. Compran porque les escuchas cuáles son sus esperanzas y ambiciones y además les explicas los beneficios que tu producto o servicio les traerá.

La clave del evento inminente

La séptima clave es la del "evento inminente". ¿Qué es un "evento inminente"? Es un hecho que va a suceder en el futuro y que tiene una relación directa con el precio, el desempeño, el servicio, la conveniencia o la disponibilidad de los bienes o servicios que vendes.

Casi sin excepción, les garantizo a todos los que estén leyendo este libro que lo que están vendiendo hoy será más caro mañana. Habrá algunas excepciones notables (computadoras, dispositivos electrónicos, etc.), pero, en general, las cosas *suben de precio.* Con base en este hecho, al comprometernos a servirles a nuestros clientes necesitamos ofrecerles la mayor cantidad de bienes al mejor precio con el mejor servicio posible. Dado que los aumentos de precios son inevitables, si podemos persuadirlos para que actúen hoy, estaremos actuando en su beneficio.

En realidad, tenemos la obligación moral de adquirir toda la experiencia profesional posible para saber cómo persuadir a más personas de que actúen ya y en *su propio* beneficio. Si les ayudamos (a nuestros clientes potenciales), entonces, es obvio que nuestras ventas aumentarán.

Cuando entré al mundo de las ventas, una de las primeras cosas que me dijo mi buen amigo y jefe de ventas, Bill Cranford, fue que, si aprendía a manejar la actitud de "lo compraré más tarde", tendría éxito en el mundo de las ventas. Con el paso de los años, descubrí el valor de esa observación. También tuve evidencia convincente de por qué los clientes potenciales dudaban y querían "pensarlo": temían perder en términos financieros o quedar como tontos por haber comprado.

Por eso, en las primeras páginas de este libro y en otros capítulos he señalado que *el vendedor es más importante que el proceso de la venta,* aunque es lógico que el proceso también lo es. Repito, si de verdad quieres construir una carrera y ayudarles a los demás, protege tu integridad a toda costa a la vez que aprendes tanto como te sea posible sobre técnicas y procesos para persuadir más y mejor a tus clientes potenciales a pasar a la acción.

Puedes usar la clave del evento inminente para ayudarles, lo cual significa que también te estarás ayudando a ti mismo. Esto es cierto en especial cuando le vendes al cliente un producto que tiene valor de reventa y, por lo tanto, él está invirtiendo con fines de lucro o de inversión. Estamos hablando de hacer compras como bienes raíces, bellas artes, valores, diamantes de grado comercial, acciones y bonos. Tu esfuerzo para hacer la venta será convencer al cliente potencial de que las tendencias económicas determinan que la inversión que haga hoy valdrá más mañana.

El cierre del "evento inminente"

Este es un ejemplo:

- Cliente potencial: El precio de esta casa es demasiado alto.

- Tú: Sí, me inclinaría a estar de acuerdo con usted. El precio de esta casa, como el de casi todas las demás, es demasiado alto. Pero usted, Sr. Cliente Potencial, es el que fija el precio.

- Cliente potencial: ¿Cómo que yo pongo el precio?

- Tú: En realidad, usted y toda la gente que está buscando casa fueron quienes fijaron el precio. Por ejemplo, si el 90% de la gente que está buscando casa de repente dejara de hacerlo, puedo asegurarle que, en cuestión de seis meses, el precio de esta sería bastante menor. Sin embargo, todo indica que pronto habrá más —y no menos— personas buscando casa y la ley de la oferta y la demanda fijará el precio. Como usted sabe, el precio de los bienes raíces ha aumentado constantemente. Tengo la firme convicción de que, si en 1 a 10 años, usted decide vender esta casa, podrá recibir por ella mucho más que el precio actual. Si decide invertir en esta casa hoy, se beneficiará del *inminente aumento* de precio provocado por la demanda de casas generada por usted y muchos otros.

Otra oportunidad de aplicar el cierre del evento inminente es el hecho de que, hoy, las personas viven más años y, por consiguiente, deben pensar en su jubilación y en su vejez. Tu cliente potencial *querrá* disfrutar de cosas buenas en el futuro, cuando ya no esté trabajando tan duro. Por ejemplo, si estás vendiendo una casa de retiro, una playa o una propiedad a la orilla del lago, el cierre podría ser así: "Sr. Cliente Potencial, ya que ha trabajado tan duro en la vida durante tanto tiempo, ¿no cree que es hora de dejar que la vida le devuelva algo? Esta propiedad de la que le hablo hará exactamente eso por usted".

No permitas que te deslumbren con intrincados movimientos

La agudeza mental es una necesidad vital para mejorar las ventas. Hagamos una pequeña prueba. (Está bien tratar de adivinar). Aquí vamos.

Conduces un autobús y te diriges hacia el Sur con 55 pasajeros en la primera etapa de tu recorrido. Avanzas 4.4 millas; luego, giras hacia el Oriente en tu segundo viaje y recorres 3.3 millas. En tu tercer recorrido, giras hacia el Sur y esta vez conduces 2.2 millas. En la última etapa de tu viaje, giras hacia el Oriente y recorre exactas 1,1 millas.

En este viaje, condujiste en dos direcciones e hiciste tres giros durante las cuatro diferentes etapas. En realidad, manejaste 4,4 + 3,3 + 2,2 + 1,1 millas, lo que equivale a exactas 11 millas.

Esta es la pregunta (¡no se vale mirar de nuevo la información!): con base en la información que acabo de darte, escribe la edad del conductor del autobús en este espacio _____. (Repito, está bien tratar de adivinar). Adelante, participa. Resuélvelo. Así es como aprendemos. Encontrarás la respuesta en la siguiente página.

No permitas que te lleven por otro camino

Si no pudiste responder, es bastante probable que yo te haya confundido con mis intrincadas indicaciones, pues te mantuve enfocado en cosas no relacionadas como: "Gira hacia el Oriente, al Sur y luego otra vez hacia el Oriente". Hablé de 55 pasajeros, de 4,4, 3,3, 2,2 y 1,1 millas, etc. En este punto, lo más probable es que esté preguntándote: "¿Y esto qué tiene que ver con el cierre de una venta?". Respuesta: Mucho. A menudo, cuando tenemos al cliente potencial motivado e interesado en lo que vendemos, de repente, él se da cuenta de que está a punto de hacer una compra que no está en su presupuesto.

Esto es un problema, pues ahora teme estar a punto de decidir que *sí,* pero no está seguro de que deba hacerlo. La solución que elige: desviar la atención y el entusiasmo del vendedor hablándole de las elecciones presidenciales, del crimen en las calles, de la violencia en la televisión, etc. ¿Y qué debes hacer tú como vendedor? Dos cosas: primera, nunca pierdas de vista tu objetivo, que es hacer la venta. Segunda: cuando el cliente potencial cambie el tema, préstale atención, pero hazle un breve comentario que esté relacionado con la distracción, por ejemplo: "Sí, la elección presidencial es emocionante, al igual que los beneficios que trae consigo nuestro producto o servicio".

Cuando era niño, una vez vi un pajarito que parecía estar herido e intenté atraparlo. Sin embargo, al tratar de hacerlo, él luchó por elevarse y voló unos cuantos metros. Yo corrí tras él de nuevo y me decía a mí mismo: "¡Tengo que atraparlo!". Un poco más tarde y como a una milla de distancia, Mamá pájaro despegó del nido y voló un poco más lejos de allí. Lo que ella estaba tratando de hacer era llevarme por otro camino.

Moraleja: No permitas que tus clientes potenciales te lleven por otro camino cambiando de tema y alejándote del asunto en cuestión. Ten en cuenta que es agradable hablar de otras cosas, pero no le ayudará a nadie hacerlo en ese preciso instante, a menos que puedas brindarle a ese cliente potencial una solución a su problema. Tus bienes o servicios deberán ofrecerle esa solución.

Ahora, responde: ¿escribiste tu propia edad en el espacio en blanco de antes? Si no, bien puedes sentirte avergonzado, porque dije muchísimas veces que el conductor eras tú: *"Conduces* un autobús y *te diriges* hacia el Sur con 55 pasajeros en la primera etapa *de tu recorrido…* etc.".

Enfócate en el objetivo

Mantente enfocado en el tema. Se cuenta una historia acerca de un padre en los Alpes Suizos que envió a sus tres hijos a viajar por el mundo. Antes de su partida, los llevó a la ladera de una montaña y les ordenó que trajeran sus arcos. Le dijo al mayor: "Apunta tu ballesta al pájaro que está sentado en el suelo a unos 50 pies". El hijo hizo lo que su padre le ordenó. El padre le preguntó: "¿Qué ves?". El hijo le respondió: "Veo el hermoso horizonte, las magníficas nubes y la majestuosidad del universo de Dios". El padre agregó: "Muy bien. Ahora baja tu arco".

Luego, le ordenó al segundo hijo levantar su arco y apuntarle al pájaro, lo cual él hizo. Entonces, el padre le planteó la misma pregunta: "¿Qué ves?". El segundo hijo respondió: "Veo las hermosas montañas, los valles ondulados, el hermoso paisaje lleno de césped". El padre agregó: "Muy bien. Ahora, baja tu arco".

Por último, le pidió al hijo menor que levantara su arco y le apuntara al pájaro, lo cual él hizo. El padre le preguntó: "¿Qué ves?". El hijo menor dijo: "Veo donde las alas se unen al cuerpo" y habiendo dicho eso soltó la flecha que voló directo hacia el objetivo.

Punto: Cuando estés haciendo una presentación de ventas, tienes un único objetivo y es servirle a tu cliente mediante tus bienes o servicios.

21

Conclusión

D e todas las claves de la persuasión, sin duda la más incomprendida es la octava, la "clave de la persistencia". Mucha gente piensa que el vendedor persistente es aquel que "sienta" al cliente potencial y le dice: "¡Oh, usted sabe que firmará el pedido tarde o temprano! ¡FIRME AQUÍ!". "¡Usted sabe que lo quiere, así que FIRME!". "¡La única manera de comprarlo es FIRMANDO AQUÍ! Entonces, ¡FIRME AQUÍ!". Eso no es persistencia. Eso es, sencilla y llanamente, presión. Con ese enfoque, lo único que lograrás será irritar a la gente. Hablé de ese tema a fondo en el Capítulo 4, así que veamos lo que es la persistencia realmente.

Persistencia es una buena palabra, pero creo que una incluso mejor es *certeza*. Estoy convencido de que si tienes la total certeza de que el producto que vendes le solucionará un problema a la persona con la que estás tratando, serás razonablemente insistente en que ella pase a la acción por su propio beneficio. Lo harás de manera profesional, placentera y amable, pero serás insistente en ello, *persistirás*.

El cierre del "convencimiento de la presión"

La palabra *persistencia* adquirió un nuevo significado para mí hace ya varios años. Estaba en una gira de conferencias por Australia y conocí a John Nevin, que en ese momento, era el Director General de la *Enciclopedia Mundial*. Su historia corresponde al clásico caso "de mendigo a millonario". John empezó su carrera en esa empresa como representante de ventas a medio tiempo. Tenía una ruta lechera y vendía la enciclopedia durante las tardes y las noches. Su dedicación, trabajo duro y agilidad mental le permitieron ascender a gran velocidad hasta convertirse en el director general.

A inicios de su carrera en la compañía, John hizo una cita para hacerle una presentación a un inmigrante alemán recién llegado con su esposa e hijo. Los dos parecían más los abuelos que los padres del niño. Se casaron tarde en la vida y su primer y único hijo llegó cuando la esposa tenía 42 años.

"¡Gracias, joven!"

John llegó a la cita alrededor de las 8:00 p.m. y fue después de la medianoche que por fin hizo la venta. Muchos vendedores no se quedarían con un cliente potencial tanto tiempo. Pero John me dijo: "¿Sabes, Zig? Después de que hice la venta, la dama me acompañó a la puerta principal, porque tenían un perro grande en el patio. Cuando yo ya estaba afuera, la mujer, bajita y fornida, se estiró, puso su mano sobre mi hombro y, en ese gutural acento alemán que era difícil de entender, me dijo '¡Grrracias, joven, por haberte quedado hasta que entendimos lo que esos libros pueden hacer por nuestro chico!'. ¡Grrracias, grrracias, grracias!'".

John y la pareja habían tenido serios problema de comunicación debido a su desconocimiento del idioma. Entendían algunas cosas, pero John tuvo que hablarles despacio y repetir muchas veces. Al fin, la pareja logró entender que la *Enciclopedia Mundial* marcaría la diferencia en la educación de *su* hijo. Después, John me dijo: "¿Sabes? Detesto pensar que alguna vez haya perdido una venta, porque no me estaba comunicando bien y el cliente potencial no entendió lo que mi producto significaba para él".

Mensaje: *El verdadero profesional tiene tantas ganas de que su cliente potencial sea dueño del producto que se esfuerza una y otra vez porque este diga que sí.*

Como vendedor, tú también debes entender que, muchas veces, tu cliente potencial está convencido de lo que vendes, pero ya ha sido engañado antes y ha cometido errores por actuar demasiado rápido. Entonces, lo que él quiere saber es: "*¿Usted* [el vendedor] de verdad cree que lo que está vendiendo es para *mi* beneficio o solo está tratando de vender para *su* beneficio?".

Asegúrate de pasar la prueba

Con frecuencia, el cliente potencial te hará preguntas que muchas veces no tienen sentido. Lo que él está haciendo es tratando de descubrir si en verdad te ciñes a la historia que le contaste al comienzo. En otras palabras, te está investigando. En muchas ocasiones, he hecho la venta (y tú también) después de estar con el cliente potencial durante mucho tiempo. Él me mira, sonríe y dice: "Desde el principio, había decidido que lo iba a comprar. Solo quería saber qué me respondería usted".

Eso es lo que algunos me *dijeron*, pero estoy convencido de que lo que realmente estaban haciendo era poniendo a prueba mi propia convicción en cuanto a lo que el producto haría por ellos. Una vez más, en palabras de Cavett Robert: *"La profundidad de tu convicción es mucho más importante que tu elocuente oratoria y que tu fraseología de ventas".*

Algunas ideas sobre la persistencia

Se ha dicho, y creo que es cierto, que muchas veces el cliente potencial te pondrá a prueba, por lo menos, tres veces y solo por curiosidad, para ver qué dirás. Obviamente, algunas personas, sobre todo aquellas que no saben nada sobre las ventas, llamarán "presión" al hecho de que un vendedor no acepte el primer *no* como su última palabra.

Ya antes hablé sobre cómo obtener permiso para usar la "presión", así que no lo repetiré en este momento. Permíteme señalar, sin embargo, que a lo largo de los años, les he pedido a cientos de personas que identifiquen la presión y he obtenido respuestas de todo tipo. Los vendedores mismos dicen que no les gustan los vendedores que ejercen presión, pero casi nunca logran definir con exactitud qué significa esa palabra.

Estoy convencido de que no es tanto lo que significa para nosotros como vendedores, sino que es cuestión de lo que siente el cliente potencial con el que estamos tratando en el momento. Esa es otra razón por la que sigo diciendo que hay que ser sensible hacia la otra persona. Un cliente potencial podría sentirse bastante incómodo si le das la segunda razón por la que él debería hacer la compra. Pero ese podría ser el argumento que convenza a otro cliente potencial a quien le encanta ver a un vendedor entusiasmado con lo que está haciendo, creyendo con tanta vehemencia en que su cliente potencial se beneficiará de la compra que intentará una y otra vez hacer la venta.

Lo mejor que he escuchado

En su magnífico libro *Cómo multipliqué mis ingresos y mi felicidad con las ventas*, Frank Bettger explicó lo que es la presión de esta manera: "No quiero darle a nadie la impresión de que soy un vendedor que presiona. Es decir, en caso de que yo entienda qué significa ese término. Mientras pueda olvidarme de mí mismo, de lo que voy a sacar de una venta y me enfoque en lo que la otra persona va a sacar de la venta, no me asusta dar la impresión de que soy un vendedor que usa la presión".

¿Es esto presión? Imagínate por un momento que trabajas en el negocio inmobiliario y acabad de mostrarle a una pareja una casa que obviamente les encanta. El lugar es justo lo que ellos han soñado tener, pero son postergadores que dudan al momento de tomar decisiones. Son amables, agradables y amigables, pero no se deciden. Desde tu perspectiva, tú sabe que, por lo menos, hay otra pareja más que también está bastante interesada en la casa. Entonces, ¿estás haciéndoles un favor a tus clientes potenciales actuales al sonreír y decirles: "Bueno, no quiero apresurarlos, ni presionarlos para que tomen una decisión, entonces tan pronto se decidan, llámenme"? La pareja responde que aprecia tu consideración y que se pondrán en contacto contigo al día siguiente.

Problema: Esa misma tarde, la otra pareja que estaba interesada viene y compra la casa. Estoy convencido de que tú habrías sido mucho más cordial, atento, preocupado y *profesional* si hubieras escogido esta opción: decirles sinceramente a tus primeros clientes potenciales que te gustaría que tomaran ya la decisión correcta y que aunque no quieres que ellos sientan que los estás apresurando, si en realidad les interesa la casa, sería aconsejable que hicieran un abono para asegurarla, ya que otra pareja también está interesada en ella por exactamente las mismas razones que ellos.

En realidad, estás halagando a tus clientes potenciales cuando haces esto, porque los felicitas por su juicio: les gusta la casa por la misma razón que le gusta a otra gente. En resumen, ambas parejas tienen buen juicio.

Adelante, doctor, haga lo que sea mejor

En 1981, un amigo personal cercano y socio de negocios fue al dentista. El diagnóstico fue que, debido a algunos problemas con sus dientes cuando era joven, necesitaba nueve coronas. Como sabrás, un trabajo así implica una considerable cantidad de tiempo y dinero. Entonces, mi amigo le preguntó al dentista si algunos dientes necesitaban la corona más que otros. Él le respondió que se requerían cinco de inmediato y que no había tanta prisa por hacer las otras cuatro. Con esta información, mi amigo decidió no hacerse las nueve, sino solo cinco.

Varios años después, mi amigo todavía no se había hecho las otras cuatro. Pregunta: ¿su dentista era bueno en odontología o bueno en ventas? Respuesta: En ninguna de las dos. Como vendedor profesional, con una simple pregunta habría sabido que el costo estaba cubierto como uno de los beneficios de la compañía. Como odontólogo, según mis asesores, existen tres hechos muy significativos acerca del retraso para hacer las otras cuatro coronas.

Primero, dicen que la odontología fragmentada nunca es tan atractiva o efectiva como implementar un proyecto completo. En resumen, el dentista tiene más opción de hacer todas las nueve coronas al mismo tiempo y tener más posibilidades de éxito en cuanto a los resultados y a la combinación de colores que si hace cinco coronas en un momento dado y las otras cuatro después. En segundo lugar, aunque las posibilidades son escasas, sí es factible que ocurra un rápido deterioro de los dientes y mi amigo termine perdiendo uno o más de los otros cuatro dientes que se quedaron sin tratamiento. Sin embargo, hay que admitir que las posibilidades son pocas, pues él no se ha hecho revisar desde que le hicieron las cinco coronas. En ese momento, el dentista mencionó que sí necesitaba esas otras coronas, pero no le sugirió que determinara una fecha. Y como él como profesional no mostró afán en hacerlas, mi amigo tampoco se afanó en mandárselas hacer.

Desde el punto de vista de la odontología, hay gran probabilidad de que el precio de las coronas, como el de todo lo demás, haya aumentado entre las primeras cinco y las últimas cuatro, sin importar el tiempo que haya pasado. Además, un solo proyecto, es decir, hacer nueve coronas de una vez, requiere de menos tiempo en comparación con realizar dos proyectos, es decir, cinco coronas en la primera ronda y cuatro coronas en la segunda. Obviamente, existe cierto riesgo cuando un profesional anima a un paciente a tomar cierta acción. Sin embargo, cuando tus clientes potenciales o pacientes *dependen* de ti y de tu consejo profesional, tú debes estar dispuesto a tomar algún riesgo.

Ahora, tienes dos problemas

Si hay algún indicio de que el cliente potencial se está sintiendo incómodo con tu persistencia, procura sonreír y dile: "¿Sabe, Sr. Cliente Potencial? Cuando comenzamos a hablar, usted tenía un problema. Ahora tiene dos, porque además de todo, tiene que deshacerse de mí". Sonríe mientras hablas y continúa: "El segundo problema es fácil de resolver. Lo único que tiene que hacer es pedirme que me vaya y yo lo haré en un abrir y cerrar de ojos. Pero aun así, usted seguiría con el primer problema sin resolver. Lo invito a que permanezcamos juntos unos minutos más y veamos si podemos resolver también ese problema. *¿Le parece eso justo?*", "*¿Tiene sentido?*".

Este es otro enfoque: "No me malinterprete, Sr. Cliente Potencial, no estoy aquí para ponerle otro problema *más,* sino para quitarle el que tiene. Eso es lo que nuestros bienes o servicios hacen y eso es lo que usted quiere que pase, ¿verdad?".

Una excelente razón para persistir es que es ahí cuando realmente aprenderás a vender. Después de todo, *los compradores más difíciles son los mejores maestros.* Los clientes potenciales que se resisten son quienes te obligan a usar tu imaginación, tus habilidades y el conocimiento en el campo que has ido acumulando con el paso del tiempo.

Existe la otra cara de la moneda. A veces, los clientes potenciales están confundidos con respecto a su propia convicción en cuanto a lo que tú vendes y con respecto a su propio deseo de adquirir tus productos. *Ellos* no están seguros de confiar en ti, así que persisten haciendo una serie de preguntas que demuestran que en realidad no te han estado escuchando.

En ocasiones, estos clientes potenciales escépticos te harán preguntas superficiales solo para ver cómo las respondes. Quieren ver si logran "ponerte a prueba", si les dirás lo mismo de antes, así que sé cauteloso en este punto.

Si un cliente potencial te hace la misma pregunta, no sonrías, ni digas: "Bueno, como le expliqué antes...", pues cuando haces eso, lo estás llamando idiota por no escuchar. Cuando surja de nuevo la misma pregunta, actúa un poco sorprendido y responde: "¡Oh, por Dios! Con razón usted ha dudado todo este tiempo en tomar la decisión, ya que ese es uno de los puntos más importantes. Me alegra que lo haya mencionado, pues cuando se lo haya aclarado, sus dudas desaparecerán". Aclara el punto, inclínate hacia delante en tu asiento y continúa: "Así, ya eliminamos el único obstáculo que no le permitía adquirir el producto, ¿verdad? ¿Le gustaría que se lo enviara por vía aérea o terrestre?".

Sí, la persistencia es una clave importante. Aprende a usarla; luego, úsala, pero no abuses de ella. Recuerda que, en las ventas, los que más aguantan son los que ganan, porque creen en lo que hacen. Y como ya habrás aprendido, ten presente que: *"La voluntad que se debilita primero fortalece a la otra"*.

La clave de la inducción

La novena clave para cerrar la venta es la "clave de la inducción". Es muy probable que, si alguna vez has estado conmigo, hayas visto mis mancuernas de diamantes en forma de flecha que la pelirroja me dio en nuestro aniversario de bodas #25. Sinceramente, creo que son las mancuernas de diamantes más bonitas (no las más grandes) de todo el mundo.

Cuando ella me las regaló, las camisas de puño francés no eran muy populares. Fui a una docena de tiendas diferentes en Dallas, Texas, buscando camisas de puño francés y no las encontré por ninguna parte. Y no solo no pude encontrarlas, sino que era invitado a hacer mi "búsqueda" de ellas en otras tiendas. Una conversación típica era así:

- Zig: ¿Tiene camisas de puño francés?

- Empleado (¡sin duda no un vendedor!): No, no tenemos.

- Zig: ¿Sabe dónde podría encontrarlas?

- Empleado: No. Además, ¿no me vio hablando con este otro empleado? ¡Estoy ocupado!

Ese pequeño diálogo ocurrió casi igual, literalmente.

La primavera siguiente, me encontraba en Burlington, Iowa, haciendo una conferencia para la Cámara de Comercio de la ciudad. Después de ella, vi a un caballero con un traje blanco que me gustó mucho, así que le pregunté dónde lo había comprado. Me dijo que se lo compró a Doyle Hoyer, dueño de Glasgow Clothiers, en Fort Madison, Iowa. Le comenté que iría al día siguiente para comprar uno igual y él me dijo: "Yo también tengo que ir mañana y me encantaría llevarlo".

Al día siguiente, después de conocer a Doyle Hoyer, tuvo lugar la siguiente conversación:

- Zig: Doyle, ¿tiene un traje blanco?

- Doyle: ¿En qué talla?

- Zig: Uso talla 41.

- Doyle: Tengo uno, Zig.

Doyle se acercó, sacó el traje del perchero y me puso la chaqueta para comprobar el ajuste, que era perfecto. Lo único que necesitaba era arreglar las botamangas del pantalón y yo quedaría listo para salir de allí con el traje.

Mientras Doyle me medía, le pregunté:

- Zig: ¿En cuánto tiempo podré llevarme este traje?

- Doyle: Bueno, Zig, no te vas sino hasta las 2:00 p.m. ¿Verdad?

- Zig: Así es.

- Doyle: ¡Te lo llevarás sin problema!

Acto seguido, le entregó el traje a un joven que trabajaba con él y le dijo: "Llévaselo al sastre y dile que lo necesito listo enseguida".

Luego, con un brillo en los ojos, Doyle me miró y dijo: "Zig, tengo algo que quiero mostrarte".

El cierre de "se lo consigo"

Cuando terminé de comprar, recordé y le pregunté: "Oh, por cierto, Doyle, ¿tienes camisas de puño francés?". Entonces, me dio una respuesta totalmente diferente a las que había recibido en Dallas.

Dijo: "¡No, pero te las consigo!". Como frustrado buscador de este tipo de camisas, ¡esas palabras fueron hermosas para mí! Antes de salir de allí, compré dos trajes, cinco pares de pantalones, ¡y todo lo demás que va con ellos! Un par de semanas más tarde, Doyle me llamó y me preguntó:

- Doyle: ¿Recibiste tus camisas?

- Zig: ¡Claro que sí!

- Doyle: ¿Te gustan?

- Zig: Doyle, ¡las amo!

Unas dos semanas después, estaba en el Aeropuerto de Kansas City y vi a un tipo con un hermoso traje. (Ahora, ya sabes cómo selecciono parte de mi ropa). Me le acerqué, lo felicité por su traje y le pregunté dónde lo compró. Con gusto, el hombre me dio toda la información sobre la marca. Entonces, con esta información, llamé a Doyle y le pregunté si tenía este traje en particular.

- Doyle: No, no lo tengo... pero te lo consigo.

Un par de semanas después, me llamó de nuevo y me preguntó:

- Doyle: Zig, ¿recibiste tu traje?

- Zig: ¡Claro que sí!

- Doyle: ¿Qué tal te parece?

- Zig: ¡Me encanta!

Un mes después, volví a llamar a Doyle, pero esta vez, cuando contestó, me preguntó emocionado:

- Doyle: ¡Zig! ¿Sigues con el mismo número de teléfono?

- Zig: Sí, claro.

- Doyle: ¡Estaba a punto de llamarte!

- Zig: ¡Sí, y sé exactamente qué ibas a decirme!

- Doyle: ¿En serio?

- Zig: ¡Claro! Ibas a decirme que acabas de recibir un magnífico pedido de trajes y que por lo menos seis están hechos especialmente para mí. Los marcaste con mi nombre y me los enviarás a Dallas para que elija los que quiero y te devuelva el resto.

- Doyle: ¡Zig, eres un genio!

Bueno, necesito resaltar algo importante aquí: no soy daltónico, pero no sé mucho de colores. No sé cuáles quedan bien juntos. Doyle escoge un traje, una camisa, una corbata y unos calcetines y me los envía con una nota que dice: "Zig, estos van juntos". ¡Me encanta ese tipo de comunicación entre nosotros! Y para mi fortuna, mi pelirroja sabe de combinaciones de colores, entonces, cuando se me olvida o me equivoco sobre qué va con qué, ella me corrige.

Además, mi sastre queda cerca de mi casa, entonces, cuando Doyle Hoyer me envía ropa, es fácil mandarla a arreglar según sea necesario.

El cierre de "le haré una atención"

Nunca olvidaré la vez que Doyle me llamó y me habló de un nuevo y precioso abrigo de cachemira azul marino. Cuando terminó su elocuente y entusiasta descripción, temí que el precio fuera tan alto como la deuda de algún país extranjero, así que le hice la pregunta obvia:

- Zig: Doyle, ¿y cuánto cuesta esa magnífica creación?
- Doyle: No te preocupes, Zig, te haré una atención.

En realidad, no sé ni por qué le pregunté, porque siempre me da la misma respuesta. Incluso me atrevo a añadir que, después de tantos años, él se ha *ganado* ese derecho de darme esa respuesta.

Ahora, ¿qué significa "hacer una atención"? Significa que va a ser justo, que va a ser honesto, que va a ser claro. No significa que me cederá su ganancia. Verás, pienso que Doyle Hoyer necesita y se merece una ganancia. Sin embargo, lo que esa frase sí significa es que él va a tratar a sus clientes de tal manera que le compren una y otra vez. Él es un súpervendedor que les sirve a sus clientes.

El cierre de "Y hay algo más..."

Doyle entiende que las más grandes palabras en las ventas son: *"Y hay algo más..."*. Él cumple todas las promesas que hace y agrega: *"Y hay algo más..."*. La ropa que vende es exactamente lo que él dice que es... *y hay algo más*. En resumen, Doyle Hoyer da más de lo que vende, no vende más de lo que da. *Esa* es la forma de vender más en un futuro.

Hay un segundo punto que es importante: no existen las *pequeñas* ventas. Cuando Doyle me consiguió las seis camisas, no tenía forma de saber cuántas ventas más le generarían. Yo era un completo desconocido que vivía a 800 millas de su tienda y él nunca había oído hablar de mí. Sin embargo, se esforzó mucho para asegurarse de que yo tuviera lo que quería y para que fuera feliz.

En este momento, no tengo ni idea de cuánta ropa me ha vendido Doyle. Y gracias a mí, dice que recibe de 1 a 10 llamadas cada semana debido a que lo menciono en mis discursos y grabaciones. Casi puedo afirmar que sus ventas, gracias a esa "pequeña" venta inicial, deben haber superado el medio millón de dólares y quién sabe qué pasará ahora que esta historia está siendo publicada.

Para elaborar este punto de que "no hay venta pequeña", te contaré una "pequeña" historia del pasado sobre bienes raíces que también ilustra mi idea. Una joven pareja contactó a varios agentes inmobiliarios en Georgetown, Texas, en busca de un lugar para alquilar. Como los alquileres en ese momento eran casi inexistentes, nadie les prestó atención. Por fin, llegaron a la oficina de McLester & Grisham. En vez de burlarse de ellos, el vendedor Dennis Robillard los motivó un poco y dijo que intentaría ayudarles.

Después de hacer casi 20 llamadas telefónicas, por fin, encontró un apartamento adecuado y les ayudó a mudarse. Estaban tan agradecidos que le pidieron que les ayudara a encontrar un hogar permanente en el rango de $400 mil dólares. La pareja tenía unos ingresos de unos $10 mil dólares al mes de una empresa de camiones recién establecida, además de una herencia de 46.000 acres de tierra rica en uranio.

Moraleja: Trata a cada persona como un cliente valioso. O bien lo es... o bien *podría* serlo si lo tratas como tal.

La clave de la inducción es bastante importante. Es tan sencilla como sonreír o tratar de forma agradable a tus clientes potenciales o tan representativa como un descuento en efectivo. Yo la veo como el toque personal, como las pequeñas cortesías que les hacen más fáciles las cosas a los clientes en sus negocios y en su vida personal.

La clave más importante

La décima clave es, sin duda, la más importante de todas. Es la "clave de la sinceridad". Es muy probable que si tú eres un vendedor profesional exitoso, hayas tenido esta experiencia. Alguien te compró algo y luego dijo: "¿Sabe? ¡Realmente, no entiendo por qué le hice esta compra! Otras tres o cuatro personas han tratado de venderme este mismo producto" o "¡No sé por qué estoy tratando con usted, porque durante años, he estado haciendo negocios con otro vendedor!". Lo que en verdad te están diciendo estas personas es: "Confío en usted". Queda más que confirmando lo que he repetido varias veces en este libro: *la parte más importante del proceso de la venta es el vendedor.*

Si lo recuerdas, en el inicio de este libro dejé claro que no solo hablaríamos del proceso de la venta, sino de lo que es infinitamente más importante: el vendedor. La confianza es algo crítico y la sinceridad es la llave que abre la puerta hacia ese sentimiento.

Conoce al autor

Hace muchos años, Charles Laughton, el famoso actor inglés, estaba de gira por Estados Unidos leyendo la Biblia ante grandes audiencias. Era un actor shakesperiano con una considerable habilidad dramática. Personalmente, nunca tuve el privilegio de oírlo leer la Biblia, pero por lo que he escuchado, es una experiencia muy conmovedora y espiritual.

En una ocasión, después de leer ante una pequeña comunidad del Medio Oeste en una gran iglesia rural, la audiencia estaba completamente en silencio. Era casi como si Dios hubiera hecho un viaje especial y estuviera allí entre la gente. Después de lo que pareció una eternidad, pero que no duró más de un minuto, un hombre de unos 70 años se levantó y pidió permiso para leer la Biblia. Le fue concedido, y cuando el anciano comenzó a leer, era evidente que no era un actor shakesperiano. No tenía la voz, ni la elocuencia, ni la dicción del gran Charles Laughton. Sin embargo, mientras leía, se hizo completamente obvio para todos los presentes que si esto hubiera sido un concurso de lectura de la Biblia, el gran actor habría terminado de lejos en segundo lugar. Al final de la tarde, un reportero fue a ver a Charles Laughton y le preguntó cómo se sentía por haber participado en tal evento. ¿Cuál fue su reacción ante la lectura de la Biblia por parte del anciano? El actor inglés pensó por un momento, miró al reportero y le dijo: *"Bueno, yo conocía el guion, y me lo sabía bien, pero este anciano conocía al Autor del guion".*

El punto es claro y muy simple. El anciano tenía la ventaja añadida de ser totalmente sincero y convincente, porque tenía esa profunda creencia personal en Dios. De igual modo, con una profunda creencia personal en lo que vendes, tú sabrás cómo comunicarle y transferirle ese sentimiento al cliente potencial y la clave de tu sinceridad te ayudará a vender mucha mercancía. A estas alturas, deberías tener muy claro que, en el mundo de las ventas, no hay lugar para farsantes. Es sencillo: si te falta sinceridad, no lograrás tener éxito en el mundo de las ventas profesionales.

Igual que la del niño de enfrente

De todos los cierres de ventas que presentamos en este libro, el siguiente, incluso más que los anteriores, exige una total sinceridad.

Nunca he visto tanta sinceridad e integridad que en una experiencia personal que mi hijo y yo tuvimos hace varios años. Unos días antes de Navidad, Tom y yo fuimos a comprar una bicicleta nueva para él. Hace muchos años, yo sabía de bicicletas, pero hoy en día, quienes conocen de bicicletas utilizan un lenguaje totalmente diferente. Si no me crees, pasa por una tienda de todo lo relacionado con ciclismo y escucha a la gente hablar.

En esta ocasión, Tom y yo fuimos a una tienda de bicicletas Schwinn localizada al Norte de Dallas. El dueño estaba ocupado con una abuela y su pequeño nieto, quienes estaban mirando una bicicleta. La abuela tampoco sabía de bicicletas, entonces, tenía una lista con todo lo que quería tener en una bicicleta específica, incluyendo el tamaño. El dueño de la tienda miró la lista y le dijo:

- Propietario: Sí, tenemos esta bicicleta y viene en dos tamaños. ¿La bicicleta es para este amiguito?

- La abuela: Sí. El chico de enfrente tiene una como esta y quiero una exactamente igual para mi nieto.

- Propietario: Señora, su nieto es demasiado pequeño para esta bicicleta, que es muy grande, y no será segura para él. Debería comprarle la otra bicicleta que es idéntica en todos los sentidos. Es del mismo precio y calidad, pero es más pequeña y su nieto podrá manejarla mucho más fácil. Hasta dentro de, por lo menos, tres años, será seguro para él montar en una bicicleta más grande.

- La abuela: ¡No puede ser! ¡Quiero exactamente la misma bicicleta que tiene el niño de enfrente! ¡Quiero la mejor para mi nieto!

Una vez más, el dueño del almacén trató de explicarle que la que él le aconsejaba *era* la mejor, solo que era más pequeña y que, si su nieto usaba la bicicleta más grande, se movería tanto de un lado a otro que no podría controlarla. Además, le explicó con toda la paciencia del caso que su nieto podría perder el control y caerse, y si se encontrara en la calle, podría tener un accidente muy grave. Pero la abuela se mantuvo firme: "No. Quiero *esa* bicicleta de ahí, tal como la que tiene el niño de enfrente. Si no me vende la que quiero, no le compraré ninguna".

Entonces, el propietario hizo una de las cosas más hermosas que le he visto hacer a un vendedor *profesional*. Estableció el estándar de quien yo considero que es un "profesional" en el mundo de las ventas. Miró a la abuela y le dijo: "Señora, quizás usted pensará que estoy loco, pero no puedo venderle la bicicleta que quiere. No sería seguro para su nieto montar en ella y, si algo le pasara porque le vendí una bicicleta que él no puede controlar, me remordería la conciencia". Increíblemente, la abuela se fue enfadada.

El cierre de "integridad"

Espero que no pienses que el dueño llevó su integridad demasiado lejos. En el fondo, no creo que nadie que esté interesado en construir una carrera en ventas piense así.

Ese es un hombre en el que se puede confiar. Estaría dispuesto a enviar a mi hijo a su tienda con un cheque a su nombre y con la cantidad a pagar en blanco. Este hombre tiene integridad y realmente se preocupa por sus clientes. Es cierto que perdió esa venta, pero como resultado directo de haberla "perdido", es bastante probable que haya "ganado" muchas otras.

El cierre de "la firma"

Ahora, veamos el cierre de "la firma", que creo que es el más poderoso entre los que se usan hoy en día. Me considero su autor, modestia aparte.

Quiero explicar que este cierre no les funcionará a todos. Sería absurdo usarlo con productos de bajo costo como cosméticos, artículos para el hogar o pinceles. Sin embargo, la mayoría de las empresas que los vende hace mucho reclutamiento y, con algunos cambios en la terminología que te compartiré, este es un enfoque poderoso para hacer que un cliente potencial de los que les encanta aplazar su decisión de compra tome por fin una decisión.

Este cierre es el último por usar en una presentación. Es ineficaz si has estado riéndote y bromeando todo el tiempo. Debes ser serio y mostrarte como una persona sincera. No funcionará si lo usas al principio de la conversación, antes de establecer el valor. Debes usar otros cierres antes de este para preparar a tu cliente potencial para este tipo de cierre. Este es el esfuerzo final para conseguir la venta y, cuando lo usas, no queda nada más por hacer. Es ahora o nunca.

Siente, sentí, descubrí

Deberás practicar varias veces antes de usar el cierre de "la firma", porque habrá infinidad de ocasiones en que el cliente potencial te dirá que no firmará nada hasta que hable con su esposa, abogado o banquero, lo consulte con la almohada, lo piense, etc. Si así fuera, le responds con la frase más antigua de todas: "Sé exactamente cómo se *siente,* porque durante mucho tiempo, yo también me *sentí* igual. [Pausa]. Sin embargo, cuando analicé mis sentimientos, *descubrí* que todo lo que poseo y que tiene algún valor especial para mí lo adquirí solo después de *firmar* mi nombre en un contrato de compraventa" *(siente, sentí, descubrí).*

(En este punto, quiero enfatizar que voy a darte una amplia variedad de ejemplos de los que puedes escoger, aunque quizá, no todos apliquen. Nunca uses más de tres, y si alguno no se ajusta a tu personalidad o a tu sistema de creencias, entonces, no lo uses. Precaución: casi cualquier estrategia nueva en una situación tensa, como un cierre, te hará sentir un poco incómodo hasta que la domines y la hagas tuya. Por lo tanto, no juzgues demasiado al decidir qué cierre usar. Así que prueba este, ¡podría gustarte y salirte a la perfección!)

Enfatiza la voz en "firmé"

(Ahora, después de la introducción con las palabras: *siente, sentí y descubrí),* sigue la palabra *"firmé".* Así la uso yo:

"Hace más de 56 años, Dios me dio una mujer hermosa. Soy un hombre muy afortunado por amarla infinitamente más que cuando la conocí. Estoy con ella porque un día, en presencia de testigos, el ministro y Dios Todopoderoso, *firmé* con mi nombre. Tuvimos cuatro hermosos hijos: tres hijas y un hijo. Todos eran míos, pero el doctor no me dejó sacarlos del hospital hasta que *firmé* con mi nombre".

Nada sucede hasta que alguien firma algo

"Tengo muchos seguros de vida. Los compré, porque quería asegurarme de que, si algo me pasaba, el nivel de vida de mi familia no bajaría, ni mi esposa tendría que trabajar, a menos que ella quisiera. Decidí proteger el futuro financiero de mi familia y, por esa razón, en varias ocasiones, y en presencia de un vendedor competente, *firmé* con mi nombre".

"Tengo varias inversiones en bienes raíces, certificados a depósitos para emergencias, una pequeña participación en un pozo de petróleo y otro par de inversiones más. Las hice, porque quería asegurarme de que, cuando llegue el día en que no pueda hacer lo que estoy haciendo ahora, podré sentarme y tomarme la vida con calma, sin ser una carga financiera para nadie. Podré hacerlo porque, en muchas ocasiones diferentes, en presencia de un vendedor, *firmé* con mi nombre".

Luego, repito: "De hecho, Sr. Cliente Potencial, nunca he progresado, ni he hecho una adquisición de algo de valor hasta que me comprometí al *firmar* con mi nombre. Sr. Cliente Potencial, si le he entendido bien, y creo que así es, usted es el tipo de persona a la que no solo le gusta progresar, sino que también le gusta hacer cosas por su familia. Así que podrá hacer ambas cosas ahora mismo si firma con su nombre". (Señala el espacio correspondiente en la orden y dale el bolígrafo).

Se siente bien, incluso si falla

Si usas bien el cierre de "la firma", no hay nada más que decir. Este es *un* caso en el que no se habla hasta que el cliente potencial lo haga primero. Hay silencio total, pero en este caso específico, cuanto más tiempo permanezca callado el cliente potencial, más posibilidades tendrás de hacer la venta. Si hay una objeción significativa, tu cliente potencial te la comunicará casi de inmediato.

En todos los casos en que yo he usado el cierre de "la firma", ya sea que haya hecho la venta o no, me he sentido bien. Obviamente, me siento mejor si hago la venta, pero incluso si la pierdo, sabré que hice todo lo posible para obtener una respuesta positiva. Eso es bueno, porque es importante para el ego y los sentimientos del vendedor *saber* que ha hecho todo lo posible, pues se siente bien consigo mismo. Eso es importante para futuras citas de ventas.

El cierre de "la firma" para propósitos de reclutamiento

En este caso, después de haber entrevistado a fondo al cliente potencial, y de estar convencido de que puedes hacer negocios con él, llega un momento en que él parece estar inseguro y quiere "pensarlo" antes de "firmar". Entonces, le dices:

"Sé exactamente cómo *se siente* y me encanta ver que tome una decisión tan meditada, porque en la práctica, si la decisión no es correcta, entonces ambos perdemos. De hecho, me *sentí de la misma manera* que usted hace _____ años, cuando me enfrenté a la misma decisión. [Pausa]. *Descubrí* que había muchas personas en la empresa que tenían menos cualificaciones que yo, pero a quienes les iba muy bien, simplemente, porque se habían dicho sí a ellas mismas. No tenían mejores habilidades o destrezas que yo, sino mejores oportunidades.

"Piénselo, Sr. Cliente Potencial. Usted nunca ha logrado un solo avance en su carrera quedándose quieto y diciendo que no. Tampoco tuvo a su esposa, ni a sus hijos, ni su casa, ni su cuenta de ahorros hasta que *firmó* por ellos. Cada paso que dé, sin importar lo que haga, implica un compromiso de su parte. En este caso en particular, su firma junto a la mía dice que ambos estamos comprometidos con *su* éxito. En el momento en que usted firme con su nombre, se le abrirá la puerta de la oportunidad, pero si no firma, la puerta permanecerá cerrada y nada sucederá. En resumen, Sr. Cliente Potencial, usted abrirá esa puerta ahora mismo si firma con su nombre". (Silencio. Ahora, la pelota está en su cancha).

Hay cientos de cierres y variaciones de cierres a tu disposición, ya sea que vendas bienes o servicios o estés reclutando. De nuevo, más que todo en situaciones de reclutamiento, tendrás que adaptar los cierres a tu situación en particular.

Algo en lo que he enfatizado a lo largo de *Secretos para cerrar la venta* es en que, a medida que adquieras experiencia técnica y aprendas las palabras adecuadas para persuadir a tu cliente potencial a tomar la decisión de comprar, lo más importante es tu *intención*. ¿Por qué quieres hacer la venta? ¿Tanto tu corazón como tu cabeza están comprometidos por completo en la transacción? ¿Realmente crees que lo que estás vendiendo será de beneficio para tu cliente potencial? Todo esto es lo importante. Y no solo eso, sino que es crucial, porque esa misma creencia es tu mejor y tal vez tu único medio para alcanzar el éxito sobresaliente en esta magnífica profesión de las ventas.

www.ingramcontent.com/pod-product-compliance
Lightning Source LLC
Chambersburg PA
CBHW031842200326
41597CB00012B/239